JN303136

パリテの論理

パリテの論理

―― 男女共同参画の技法 ――

糠塚康江著

信山社

はしがき

　「パリテ (parité)」とは、「男女同数」を意味するフランス語である。パリテは1992年頃にフランスの論壇に登場し、1999年の憲法改正を経て、2000年に公職における男女平等参画法（通称パリテ法）としてフランス法体系に組み込まれた。パリテは英語ではparity、日本でいえば、おそらく男女共同参画社会基本法（1999年）にいう「男女共同参画」を徹底させる考え方を意味する。なぜなら、人間が男女混成であることを基礎とするパリテの論理は、あらゆる分野における性の偏在を克服するという政策課題を導かずにはいないからである。本書は、男女共同参画実現の技法としてきわめて有効かつ有用と思われるパリテの論理についてフランスの例を参考に検討し、日本の男女共同参画の促進に資することを目的とする。

　日本国憲法の制定過程において、女性の権利等に関する諸条項が、当時20歳をわずかに越えたばかりのベアテ・シロタ・ゴードン氏によって起草されたことは、今日よく知られている。戦前日本で過ごした幼い頃の経験が、日本の女性を幸福にするために、ゴードン氏を人権条項起草に向かわせたのであった。日本人の家庭に招かれたときに、そこの家の「お母さん」が食卓に姿を見せないでいた。もてなしてくれたのはもっぱら「お父さん」であった。この家には「お母さん」がいないのかと思っていたら、台所でもてなしのための料理作りに追われていた。これは日本の家庭ではごく当たり前の光景であろうか。幼いゴードン氏にはそれが全く奇異に思えたのである。もちろん、サロンの女主人であるシロタ夫人を見て育ったと

はしがき

いう生い立ちとウィーンの社交文化を割り引かなければなるまい（ベアテ・シロタ・ゴードン『1945年のクリスマス』（柏書房、1995年）参照）。このエピソードを知ったとき、幼い頃（もちろん戦後であるが）の私に同様の疑問を抱かせた光景を思い出さずにはいられなかった。それは、座敷で大勢が宴に興じている中、ひとり台所で行き来している「お母さん」の記憶である。

本書が対象とするパリテの論理は、お父さんとお母さんがいるのに、表舞台の座敷にはお父さんだけで、「なぜお母さんがいないのか」という疑問に似ている。パリテの論理は公的な領域に「なぜ女性がいないのか」と問うのである。理由は単純明快だ。人間には男性と女性がいて、いつの世でも同時に存在し、その存在は半々だからである。今でこそ、パリテという言葉は憲法学の専門用語として認知されているが、私がこの言葉に最初に出会った1997年早春時には、日本ではあまり知られていない言葉だったろうと思う（単に私が勉強不足であったからかもしれないが）。当時、在外研究の機会を得て、エックス＝マルセイユ第三大学で教鞭をとられていた故ルイ・ファヴォルー先生が主宰する大学院のゼミに参加していた。先生から、「国民議会で、史上初めて、パリテをテーマにした討議が行われた。官報に議事録が掲載されているから、読んでおくといい」（本書第2章第1節を参照）というアナウンスがあった。先生ご自身はパリテに対して肯定的ではなかったが、最初の出会いはこうしてもたらされた。正直に言えば、この構想が現実のものになるとは、夢想だにしなかった。フランスの普遍主義的共和国原理がこれを言下に否定するであろうと、信じて疑わなかったのである。単純であるはずのパリテの論理は、法のプリズムを通すとなると、複雑な問題へと変貌する。果たしてフランスの共和国原理との抵触が疑われ、たちどころに多くの知識人を巻き込んだ論争に発展した。そして見事に予想は外れた。フランスは憲法改正のハードルを乗り越

はしがき

えて、世界初の政治におけるパリテ実践の国になったのである。

　フランスは人権の母国として知られ、その歴史は1789年のフランス革命の果実である人権宣言にさかのぼる。ところが、こと女性に限って言えば、権利主体として憲法上認知され、実際に主権者として政治参画を果たしたのは第二次世界大戦後のことである。そして法制度の整備にもかかわらず、現実の男女不平等は根強く社会に残存した。とりわけ、政治における女性の進出は他の先進国に比べ、大幅におくれていた。しかし今やフランスは、女性の政治参画を積極的に促すために、選挙制度にパリテを導入した。それにとどまらず、パリテの論理をさまざまな領域に及ぼそうとしている。知識人の激しい反発を招いたこの考えは、実は、さほどの抵抗なくフランスの一般国民に受け入れられたという。いいかえれば、それは、普遍主義憲法学のパラダイムの中で思考する者と「どうして女性がいないのか」という疑問を発する者との軋轢であったように思う。パリテによって、普遍主義的憲法学のパラダイムが試されている。この挑戦にどのような「解」を提示することができるのか。これが私の関心の根底にあったものである。

　以上の問題意識を持つ本書は、2部から構成される。第Ⅰ部では、フランスにおいてパリテが導入される背景を探り、憲法改正過程、パリテを具体化する法制度、パリテによる選挙の実施状況について、分析する。第Ⅱ部では、フランスの経験をより一般化するために、平等原則とのかかわりで、パリテの理論的位置づけを試みる。本書はさまざまな機会を得て発表した論考を基礎に、新たな検討を加えて加筆・修正し、モノグラフィーのかたちで再構成したものである。フランスに導入され、実施過程に入っている「パリテ」とは何か、一定の知見を読者諸氏に提供できれば、本書の役割は大方果されることになろう。自身の問題関心からすれば、「なぜお母さんがいな

はしがき

いのか」と問うあの頃の自分に対して、本書を通じていくばくかの答えを示すことができたのか、問われなければなるまい。今となっては確かめるすべはない。かわりに、もし、本書を通じてこの疑問を読者諸氏にお受け止めいただけたのなら、望外の喜びである。

　生来怠惰な私が、このフランスの試みを曲りなりにも今日まで観察し続け、一書に纏めることができたのは、節目、節目で、関門のごとく多くの先生方が発表の機会をお与えくださったお蔭に他ならない。研究会の折には、貴重なご助言も賜った。また、内外を問わず、多くの先行研究の恩恵により、知的な刺激を受けることができた。行論で明示的に参照する以上の恩恵に与っている。さまざまな出会いに感謝したいと思う。お名前を挙げて逐一謝意を申し上げたいところだが、資源には限りがある。ここではせめて、お三人の先生に、御礼を申し上げておきたい。

　杉原泰雄先生（一橋大学名誉教授）の下で院生、助手として過ごすことができた時間は、先生からいただいた教えとともに、私の貴重な財産となっている。院生時代に、そもそも「平等」について考察する最初の機会をお与えくださったのが、杉原先生にほかならない（「平等原則についての覚書―学説の現況と問題点―」法律時報54巻10号（1982年））。そのとき「平等」を国家像と結び付ける着想を得ることができたと思う。この一書をもっても、到底その学恩に尽くしえないと思う。大学時代の恩師である丸山健先生（元静岡大学学長、同名誉教授）からは、西田幾多郎の『善の研究』の「序」の言葉とともに、学問の「面白さ」を教えていただいた。先生はもうお忘れかもしれないが、ゼミに入りたての大学3年生の生硬な議論に3時間もお付き合いしてくださったことがあった。その私が当時の先生と同じぐらいの年になろうとしている。先生が私にしてくださったことを現在の学生にしてやることができるのか、自信がもて

ない。また山内敏弘先生（龍谷大学教授、一橋大学名誉教授）には、本書の出版にあたって、信山社袖山貴氏をご紹介いただいた。東京と京都の往復でお忙しい中、私のために貴重な時間をおさきいただいたことに、心から御礼を申し上げたい。

さらに辻村みよ子教授（東北大学大学院法学研究科）には、本書の校正刷りに目を通していただき、貴重なご助言をいただいた。記して御礼申し上げたい。それを十分生かすことができなかったとすれば、すべて私の力不足である。

出版事情の困難な折に本書のような研究書を世に送り出してくださった信山社と袖山貴氏に、また刊行に向けての作業を急ピッチでおすすめくださった担当の稲葉文子氏、今井守氏に、厚く感謝申し上げたい。

最後に、私事にわたって恐縮であるが、本書を両親と家族に捧げたいと思う。

女性参政権獲得から60年の年に
2005年9月

糠　塚　康　江

目　　次

はしがき

序章　政治への男女共同参画 …………………………………1

第Ⅰ部　フランスにおけるパリテの挑戦 ……………………13

第1章　女性不在の共和制――あるいは「フランス的例外」………14

第1節　フランス革命と女性の権利（16）

　　1　能動市民と受動市民（16）

　　2　権利主体からの女性の排除（22）

第2節　共和主義の公認と「女性の不在」（28）

　　1　「半」普通選挙制の確立（28）

　　2　女子教育と共和主義的家族像（34）

　　3　女性の参政権運動の展開（39）

第3節　フランスの特殊性――女性参政権の「おくれ」（43）

第2章　1999年7月8日憲法改正――「パリテ」の登場 …………49

第1節　なぜ憲法「改正」なのか（52）

　　1　「普通選挙制」の確立と女性の政治参画状況（52）

　　2　1982年の憲法院判決とクォータ制の頓挫（56）

　　3　パリテの登場（60）

第2節　審議の経緯（64）

　　1　政府＝国民議会と元老院の対立（64）

目　　次

　　　　　　　2　議会外の論争（70）

　　　　　　　3　元老院の譲歩（74）

　　　第3節　主たる争点——「差異主義」対「普遍主義」（77）

第3章　パリテの制度設計——パリテ実施の選挙法制 ………………87

　　　第1節　パリテの具体化構想（88）

　　　　　　　1　多様なフランスの選挙制度（88）

　　　　　　　2　パリテ監視委員会の提案——ジョ報告（96）

　　　第2節　法案審議——論争の再演（99）

　　　　　　　1　政府による提案（99）

　　　　　　　2　修　正（101）

　　　第3節　2000年5月30日憲法院判決と6月6日法律の成立（105）

　　　　　　　1　元老院（議員）提訴理由と政府による反駁（105）

　　　　　　　2　2000年5月30日の憲法院判決（107）

　　　　　　　3　憲法院判決の意義（112）

　　　　　　　4　パリテのグラデーション（114）

第4章　パリテ法の実施とその評価 ………………………………………119

　　　第1節　2001年地方選挙（120）

　　　　　　　1　2001年3月11日=18日コミューン議会議員
　　　　　　　　　選挙（121）

　　　　　　　2　パリテ非対象選挙（124）

　　　第2節　元老院議員選挙（126）

　　　　　　　1　2001年9月23日の選挙（126）

　　　　　　　2　2004年9月26日の選挙（130）

　　　第3節　国民議会議員選挙（134）

　　　　　　　　　　　　　　　　　　　　　　　　　　目　次

　第4節　2004年選挙——地域圏議会議員選挙・県議会議員選挙・
　　　　欧州議会議員選挙（138）

第Ⅱ部　平等の論理とパリテの論理 ……………………………147

第5章　フランスにおける平等原則——国家像を描く平等原則…148

　第1節　平等原則の「原点」（151）

　　　1　権利主体としての「人一般」・「市民」（151）

　　　2　形式的平等と事実の不平等（156）

　第2節　平等原則の適用（161）

　第3節　平等原則の「現点」（165）

　　　1　「差異主義」の拒否（165）

　　　2　積極的是正措置（discriminations positives）への
　　　　　志向（170）

　　　3　積極的是正措置と共和国原理（174）

　　　4　地域を対象とする積極的是正措置（177）

第6章　フランスにおける男女平等とパリテ ………………………181

　第1節　男女平等の到達点と限界（182）

　　　1　「非差別原則」としての平等原則（182）

　　　2　EU法におけるポジティヴ・アクション（187）

　　　3　1982年11月16日の憲法院判決の意義（192）

　第2節　憲法改正は何を克服したか（195）

　　　1　改正条項の立法者非拘束性（195）

　　　2　改正条項 vs. 人権宣言第6条（201）

　　　3　違憲と合法の間（208）

目　次

終章　パリテが提起する普遍主義的憲法学の課題 …………………217

　　　　1　普遍主義的市民像をめぐって（219）
　　　　2　国民主権理論をめぐって（223）
　　　　3　平等原則の射程をめぐって（229）
　　　　4　脱「日本的例外」にむかって（234）

補遺　モスュ゠ラヴォとの対話（239）

初出一覧（巻末）
事項索引（巻末）
人名索引（巻末）
コンセイユ・デタ判決（巻末）
憲法院判決（巻末）

● 序　章 ●

政治への男女共同参画

序章　政治への男女共同参画

● 3つの数字

　日本のジェンダー法学[1]研究を牽引してきた1人である辻村みよ子は、1997年末に著した『女性と人権』の中で3つの数字を挙げ、日本国憲法の理念と日本の女性の権利の実態との落差を剔抉している。第1は1997年1月1日現在の衆議院女性議員率4.6%、第2は婚姻による女性の改姓率97.4%、第3は平均賃金の男女格差を示す62.5%である[2]。それから7年後、2005年の春に上梓した『ジェンダーと法』の中で、辻村は、あまり代り映えがしない数字を挙げなければならなかった。すなわち、2004年10月20日現在の衆議院女性議員率7.1%（IPU調査によると世界179カ国中136位）、婚姻による女性改姓率97.5%、平均賃金の男女格差100対66.8である[3]。この間、1999年に「男女共同参画社会基本法」（以下「基本法」という）が制定され、多くの自治体で男女共同参画推進条例（名称はともあれ）が整備されているが、数字に示されたのは「それにもかかわらず」の「変化」である。国連開発計画（UNDP）が毎年公表している女性の能力を発揮する機会を示す「ジェンダー・エンパワーメント指数（GEM）」は、2004年は0.531で、78か国中38

（1）「ジェンダー」という用語は、生物学的な性差ないし性別を意味するセックスと区別して、社会的・文化的に規制された性差ないし性別を意味する言葉として定着してきた。その後、生物学的性差についても「性差を男女に二元的に固定化し、社会的に制度として組織化してきたこと」、生物学的性差と社会的・文化的性差には「密接な相互関連性があることが分析されて」いることから、両者を含めて「ジェンダーとして考察すること」が「ジェンダー法学」の課題とされている（辻村みよ子『ジェンダーと法』（不磨書房、2005年）2-3頁参照）。本書は基本的にこの用法に従っている。

（2）辻村みよ子『女性と人権』（日本評論社、1997年）163頁による。

（3）辻村・前掲『ジェンダーと法』（注1）62頁による。2005年9月11日の選挙の結果、衆議院の女性議員率は9%（推定124位）になった。

位と低迷している（ちなみに第1位はノルウェーで、0.908である）[4]。GEMは、具体的には、国会議員に占めている女性割合、専門職・技術職に占める女性割合、管理職に占める女性割合、男女の推定所得を用いて算出するため、日本の指導的地位に女性が少ないことを示す値となっている。

● 男女共同参画社会基本法とジェンダー主流化

基本法制定の背景には、国際社会における女性差別撤廃と女性政策推進の動きがある[5]。国連は1975年を「国際女性年」とし、以後10年間を「国連女性の10年」に指定した。1979年に採択された「女性に対するあらゆる形態の差別の撤廃に関する条約（女性差別撤廃条約）」は、各国での批准に際して、法制度の整備を促す役割を果たし、多くの国で性差別禁止法などが制定された。女性差別撤廃と女性の権利保障のために、各国政府の強力なリーダーシップにより、女性政策が推進されるようになった。1995年9月、北京で開催された第4回女性会議は、男女差別撤廃（平等）から「女性の人権」への視座の転換を明らかにし、「ジェンダー主流化」を確立した[6]。「ジェンダー主流化」とは、北京会議での合意を受けた国連経済社会理事会（ECOSOC）の定義によれば、こうである。

（4）男女共同参画白書平成17年度版54頁による。
（5）基本法制定の背景となる国際的理論動向については、辻村・前掲『ジェンダーと法』（注1）30頁以下を参照。
（6）浅倉むつ子「男女共同参画施策の法的課題——ジェンダー平等の達成に向けて」大原社会問題研究所雑誌546号（2004年）9-10頁の指摘を参照。北京行動綱領パラグラフ201は、「女性の地位向上のための国内本部機構（ナショナル・マシーナリー）は、政府内部の中心的な政策調整単位である。その主要な任務は、政府全体にわたってジェンダー平等の視点をあらゆる政策分野の主流に置くことを支援することである」と定めている。「ナショナル・マシナリー」については、牧原出「日本の男女共同参画の制度と機構——『フェラモクラット・ストラテジー』の視点から」辻村みよ子・稲葉馨編『日本の男女共同参画政策——国と地方公共団体の現状と課題』（東北大学出版会、2005年）55頁以下を参照。

「ジェンダーの視点の主流化 (Mainstreaming a gender perspective) とは、あらゆる領域・レベルで、法律、政策及びプログラムを含む、計画されているあらゆる活動について、男性及び女性に対して及ぶ影響を評価するプロセスである。女性と男性が等しく利益を得て、不平等が永続化しないようにするために、女性の関心と経験を、男性のそれと同様に、すべての政治的、経済的、社会的領域における政策とプログラムの構想、実施、モニタリング、評価の不可欠な要素とするための戦略である。その究極の目標はジェンダー平等 (gender equality) を達成することである」[7]。EU は、1996 年以降、全体として「ジェンダー主流化アプローチ」に着手している[8]。

日本においては、1985 年の女性差別撤廃条約批准に先行して、国籍法の父系優先血統主義から父母両系血統主義への改正、「雇用分野における男女の均等な機会及び待遇の確保等に関する法律」(いわゆる「男女雇用機会均等法」) の制定、家庭科の女子のみ必修から男女共修化が実現された。1975 年の国連国際女性年・世界行動計画を受けて、1977 年に国内行動計画、1987 年に新国内行動計画が策定された。さらに 1991 年に改定され、「男女共同参画型社会づくり」が目標として掲げられた。男女共同参画社会とは、「男女が、社会の対等な構成員として、自らの意思によって社会のあらゆる分野における活動に参画する機会が確保され、もって男女が均等に政治的、経済的、社会的及び文化的利益を享受することができ、かつ、ともに責任を担うべき社会」(基本法第2条1号) である。基本法は「ジェンダー主流化」を明示的に定義していないが、「国及び地方公

---

(7) Agreed conclusions 1997/2 of the 1997 ECOSOC Coordination Segment in http://www.un.org/womenwatch/daw/followup/main.htm 浅倉・上記論文9-10頁にも引用されている。
(8) 大藤紀子「欧州連合 (EU) における男女共同参画政策とポジティヴ・アクション」辻村みよ子編『世界のポジティヴ・アクションと男女共同参画』(東北大学出版会、2004 年) 68 頁以下を参照。

共団体は、男女共同社会の形成に影響を及ぼすと認められる施策を策定し、及び実施するに当たっては、男女共同参画社会の形成に配慮しなければならない」(第15条)と規定するなど、ジェンダー主流化の理念を示す法として位置づけられている[9]。

● ポジティヴ・アクション──導入の可能性

しかし、この理念が具体的な施策の推進に当たって生かされておらず、法制度の施策もおくれていると判断されるなど、日本は、国際的にも厳しい批判を浴びている[10]。他国のように性差別禁止法制定の経験をもたない日本にとって、差別撤廃の趣旨を徹底させつつ、男女共同参画の理念を定着させるのは容易ではない。男女共同参画の真の目的である「ジェンダー・イコール・ソサエティ」の実現に対する、社会的コンセンサスを得るのも困難な状況にある[11]。意識改革や環境整備のための地道な活動と同時に、即効性のある法制度改革が必要とされている。とりわけ、男性支配型政治のなかで大きな限界があるといわれる政治分野における男女共同参画について、選挙を含む政策決定過程へのポジティヴ・アクションの導入が喫緊の課題とされている[12]。2003年からは、内閣府男女共同参画局「ポジティブ・アクション研究会」が活動を開始して、このほど報告書を提出した。

男女共同参画政策を推し進める世界的な流れの中で制定されたイ

---

(9) 浅倉・前掲論文(注6) 3頁。
(10) 浅倉・前掲論文(注6) 3頁以下は、国連で批判された日本のジェンダー平等政策の遅れをクロノロジー風に紹介している。
(11) 地方自治体の男女共同参画推進条例への攻撃、男女共同参画行政に携わる職員へのバッシング、性別役割分業意識の変革の趣旨を弱める条例や、専業主婦尊重条項を設ける条例の制定など、21世紀になって澎湃として起こったいわゆる「バッククラッシュ」(逆流現象)と呼ばれる動きがある。これについては、「特集 ジェンダーフリーって何?」世界 2005年5月号79頁以下を参照。
(12) 現状分析及び課題の析出については、辻村・前掲『ジェンダーと法』(注1) 95頁以下。

ギリスの1975年性差別禁止法（1986年改正）、ドイツ1980年雇用男女同権法・1994年第2次男女同権法、オーストラリアの1984年性差別禁止法、スウェーデンの1986年男女雇用平等法など、世界各国で、伝統的な性差別の積極的是正を目的として、ポジティヴ・アクション（positive action、以下PAと略記）ないしアファーマティヴ・アクション（affirmative action、以下AAと略記）が導入されている[13]。女性差別撤廃条約第4条第1項は「締約国が男女の事実上の平等を促進することを目的とする暫定的な特別措置をとることは、この条約に定義する差別と解してはならない。ただし、その結果としていかなる意味においても不平等な又は別個の基準を維持し続けることとなってはならず、これらの措置は、機会及び待遇の平等の目的が達成された時に廃止されなければならない」として暫定的特別措置（Temporary Special Measures）を認め、事実上の男女間の平等を目指した一時的な特別措置の活用を奨励している。そのほか、ポジティヴ・ディスクリミネーション（positive discrimination）、積極的措置（positive measures）など、種々の用語が用いられている。

　PP／AAにはさまざまな形態があることが知られているが、本来は、「過去の社会的・構造的差別によって不利益を被っている集団（女性ないし人種的マイノリティー）に属する者に対して一定の範囲で特別の機会を導入すること等によって実質的平等を実現するための暫定的な措置」[14]を意味する。過去の差別の害を蓄積した社会構造そのものの是正が求められるのである。政治分野においては、欧米先進諸国だけでなく、アジア・アフリカの発展途上国で、クォータ制の導入傾向が著しい。その措置形態としては、憲法改正（それ

---

(13) 世界各国の男女共同参画政策とポジティヴ・アクションについては、辻村編・前掲『世界のポジティヴ・アクションと男女共同参画』（注8）所収の各論文、辻村・前掲『ジェンダーと法』（注1）41頁以下を参照。
(14) 辻村・前掲『ジェンダーと法』（注1）77頁。

を具体化する法律）による強制クォータ制、法律による強制クォータ制、政党内規などによる自発的クォータ制ないし女性候補者擁立のための積極的措置など、厳格度に幅があるが、いずれも顕著な効果が認められている(15)。

● ポジティヴ・アクション――理論的課題

日本では、基本法が、第2条2号で、「前号に規定する機会（男女共同参画の機会―筆者注）に係る男女間の格差を改善するために必要な範囲内において、男女のいずれか一方に対し、当該機会を積極的に提供すること」を「積極的改善措置」と定義し、国の責務、地方公共団体の責務として策定する「男女共同参画社会の形成の促進に関する施策」には、「積極的改善措置を含む」と規定している(16)。また、男女共同参画基本計画では、雇用分野以外でも、政策・方針決定過程における女性の参画拡大について、PA導入が課題とされている。しかし、具体的な数値目標としては、国の審議会

---

(15) 代表的数字を挙げれば、クォータ制を導入したルワンダの女性議員率は48％で、世界第1位である。政党法改正によって比例代表選挙に50％クォータ制を実現した韓国の女性議員率は、2003年の5.9％（世界140位）から、2004年4月の総選挙後13％（世界80位）に上昇した。以上の数字は、辻村・前掲『ジェンダーと法』（注1）103‐104頁による。

(16) 基本法に先立ち、日本では、1997年の男女雇用機会均等法改正に際して、PAが導入された。第9条で「事業主が、雇用分野における男女の均等な機会及び待遇の確保の支障となっている事情を改善することを目的として女性労働者に関して行う措置を講ずることを妨げるものではない」として、片面的に女性に対する特別措置を容認した（ただし、2004年6月に公表された「男女雇用機会均等政策研究会報告書」は、その片面的性格を改めて、男女双方の労働者に対する差別禁止を定めることを提案している）うえで、第20条で、この措置を講じ又は講じようとする当該事業主に対して、国が援助できるとした。これを受けて具体的な措置に関する検討と広報活動が展開されているが、非常に緩やかにPAを解しており、厳密な意味で一方の性に対する暫定措置といえないものもPAと位置づけている。社会的に認知されやすいという側面を持つ反面、「ハードルをあまりに下げすぎることは、他の領域でのPAの導入の際に支障を生じさせることにつながる点が危惧され」（辻村・前掲『ジェンダーと法』（注1）78頁）ている。

の委員の女性率を早い時期に30％にすること、日本学術会議の女性委員を今後10年間で10％にするという目標がかかげられる（タイム・アンド・ゴール方式）にとどまっている。

日本では、女性の政治参画（女性の参政権樹立）は男子普通選挙制に20年遅れたが、今日、女性は男性と同等の「選挙権」と「被選挙権」を有し、憲法には性差別禁止条項も整備されている。人口でいえば男性より女性の方が多く、しかも1960年代後半以降、女性の投票率は男性のそれよりもほぼ一貫して上回っている。それにもかかわらず、女性議員率が低調なのである。この低調さが女性の政治的権利行使の結果であるとしても、政治過程への女性の参画を何らかの施策を講じて、「人為」的に、拡大すべきなのであろうか。それとも「おくれ」の解消を「自然」に任せるのが良いのだろうか。日本の現状は、入り口の問いで逡巡しているように思える。もし女性の政治参画に顕著な結果を求めるのであれば、即効性がある法律等による強制的クォータ制の導入が1つの選択肢となる。しかし、実際これを導入するとなると、直ちに理論的困難に直面する。

憲法第14条は「法の下の平等」を定める。通説・判例の立場によれば[17]、ここで保障される「平等」は、いかなる場合にも各人を絶対的に等しく扱うという絶対的平等ではなく、「等しいものは等しく、等しからざるものは等しからざるように」扱うという相対的平等を意味し、合理的理由による別異取扱いは許容される[18]。

---

(17) 樋口他『注解・憲法Ⅰ』（青林書院、1994年）309頁以下〔浦部執筆〕を参照。
(18) そうであると何が合理的であるのか、何が合理的ではないのかという判断が重要になるが、その判断基準の具体化は困難を極める。最近の学説では、アメリカの判例理論を参照しつつ、憲法第14条第1項後段列挙事由については、厳格な審査基準を適用し、その他の事項については、合理性の基準を適用する見解が有力である。これを前提にすると、後段列挙事由である性差別の合憲性判断基準は厳格な審査基準が適用されることになるはずである。しかし、性別を事由とする取扱いの区別が恩恵的な制度を伴う場合については、「重要な政府利益と事実上の実質的な合理的関連性を要求する中間的な審査基準を適用すべきだ」という見解がある（長谷

本条の平等保障は、国家による不平等取扱いの禁止＝法律上の均一取扱いという意味での形式的平等を原則とし、実質的平等の実現（「機会の平等」の実質化）のための法律上の形式的不平等取扱いは、合理的な別異取扱いの許容する範囲内で、平等原則に違反しないとされるにとどまり、実質的平等の要請は一義的には社会権条項に託された課題であるとされる。強制的クォータ制は、社会的メカニズムと慣行の作用によって稀少財の配分（ここでは選挙による議員職が配分の対象となる稀少財である）について不利益取扱いを受けてきた人々の集団（ここでは女性である）に対して、当該稀少財の配分について特別枠を設けることを意味する。言い換えれば、女性が女性であることを理由に男性に優先して「特別枠」を得るのである。その結果、差別されている集団を優遇することで、個別的な差別を許容するといういわゆる「逆差別」現象が生じる。すなわち、女性というグループの権利を承認し、平等原則が集団を処遇する原理として働くと同時に、個人を「差別」する原理として働くという問題に突き当たるのである。

● フランスへの関心——「パリテ」

実際、イタリア[19]、スイス[20]では、強制クォータ制に対する違

部恭男『憲法〔第三版〕』（新世社、2004年）181頁参照）。
(19) イタリアの憲法裁判所の1995年の違憲判決については、江原勝行抄訳・解説「イタリア憲法裁判所1995年9月6-12日判決（第422号）」辻村みよ子研究代表『福島県男女共生センター平成13・14年度公募研究成果報告書：国・地方自治体等の政策・方針決定過程への男女共同参画—世界のポジティヴ・アクションと日本の実践的課題』（2003年）201頁以下を参照。その後、2003年5月30日の憲法改正により、第51条第1項「男女の市民はすべて、法律で定める資格に従い、平等な条件の下に、公務および選挙による公職に就くことができる」「この目的のため、共和国は適切な措置により、男女間の機会の平等を促進する」が追加された。2004年法律第90号は、欧州議会議員選挙の候補者について各性少なくとも3分の1を含むよう定めた。この結果、女性議員率は1999年の選挙では11.5％であったのが、2004年の選挙には19.2％に増大した。2005年1月現在、政府は他の選挙についても同様の法案を検討中である（イタリア第4回・第5回報告に対する女子差別撤廃

憲判断が裁判所によって示された。同じくフランスの憲法院も、1982年、違憲判断を示したが、フランスは、その17年後、1999年に憲法改正によってその違憲性を克服し、議員職及び選挙による公職への男女平等参画促進法を制定し、実施過程に入った。ほんのしばらく前のフランスは、日本と同様に女性の政治過程への進出が、先進国の中で異例に「おくれ」ていた（1997年6月当時で、下院の女性議員率は10.9%、当時のEU加盟国15カ国中、6.3%で最下位のギリシャに次いで下から2番目）。「人権の母国」を自認してきたフランスにとって、この事実は紛れもなく「スキャンダラス」なことであり、「フランス的例外」とさえいわれていた。しかし、2005年、フランスは「パリテ」(parité)を実施した世界初の国という意味で、新たな「フランス的例外」の道を歩み始めている。ここにいう「パリテ」とは、「男女同数制」を意味し、「男女の政治的平等」、とりわけ「被選議会における等しい数の代表」を要請する。1990年代の半ば、フランスの著名な憲法学者は「パリテ」を「きな臭い言葉 (le mot sent la poudre)」と呼んだ[21]。それから10年も経たないうちに、憲法改正によってパリテはフランスの法体系に組み入れられ、選挙における積極的是正措置として制度的に具体化され、実施された。その結果、特に地方（コミューン）議会レベルにおいて女性の参画が目に見えて拡大し、その著しい効果を立証してみせたのである。フランスの経験は、日本のみならず、女性の政治的参画の拡大を課題として意識する国にとって、興味深い事例である。

委員会最終コメント（CEDAW/C/ITA/CC/4）による。at
http://www.un.org/womenwatch/daw/cedaw/cedaw32/conclude-comments/Italy/CEDAW-CC-ITA-0523854F.pdf）。

(20) スイス連邦裁判所1997年の違憲判決については、渡辺久丸「両性の政治的平等とクォータ規制——スイス連邦憲法第四条二項を焦点に」島大法学第42巻第1号（1998年）9頁以下を参照。

(21) Louis Favoreu, Principe d'égalité et représentation politique des femmes, in Conseil d'État, *Rapport public 1996*, no. 48, La documentation Française, 1997, p. 395

しかし、ここで直ちに生じる問いは、フランスにおける平等原則と強制クォータ制の理論的緊張関係の行方である。確かに、違憲の烙印を押されたクォータ制に代わって、新たに「パリテ」が登場した。それでは「パリテ」とは何か。平等原則といかなる関係に立つのか。「パリテ」はなぜ「憲法改正」を必要としたのか。「憲法改正」は、クォータ制に違憲の烙印を押した憲法上の問題を解消したのか。憲法改正によってフランスの実定法体系に組み入れられた「パリテ」は、いかなる影響を及ぼしているのか。そして、この世界初の試みをしたのが、そもそも「なぜ」フランスであるのか。

● 本書の構成

上述の問いを設定する本書は、2部に分かれる。第Ⅰ部は、パリテ登場の背景とその実施状況をクロノロジー風に描き、第Ⅱ部は、フランスにおける憲法理論とパリテの交錯状況を主題とする。第Ⅰ部は4章から構成される。フランスにおける女性の政治参加の「おくれ」の理由を、フランス共和制の歴史過程の概観を通して探る（第1章）。その「おくれ」を取り戻すことを企図して「パリテ」が登場し、それを可能にするために断行された1999年7月8日の憲法改正の経緯を分析する（第2章）。改正の審議過程が発する濃密な議論の応酬は、パリテがフランス共和主義に与える衝撃を伝えるものとなろう。次いで、パリテがいかなる制度設計を経て（第3章）、どのような効果を導いたのかを探る（第4章）。フランスの実験はなお進行中ではあるが、パリテによる選挙が一巡した今日、一定の評価と課題の抽出が許されよう。第Ⅱ部は、以上を踏まえた理論的検討にあてられる。まず理論的前提として、フランスの共和主義の法的表現として平等原則を位置づけ、その原点と現点の分析を行う（第5章）。課題の考察を男女平等に限定し、パリテの導入を可能にした憲法改正の射程を明らかにすることで、パリテがフラン

ス実定法に与えた影響について考察する（第6章）。そして終章では、より広く、普遍主義的憲法学に対してパリテが提起する理論的課題を析出することとしたい。

第Ⅰ部　フランスにおけるパリテの挑戦

● 第1章 ●

女性不在の共和制
―― あるいは「フランス的例外」

第1節　フランス革命と女性の権利
　1　能動市民と受動市民
　2　権利主体からの女性の排除
第2節　共和主義の公認と「女性の不在」
　1　「半」普通選挙制の確立
　2　女子教育と共和主義的家族像
　3　女性の参政権運動の展開
第3節　フランスの特殊性
　　　　――女性参政権の「おくれ」

第Ⅰ部　フランスにおけるパリテの挑戦

第1章　女性不在の共和制
　　　——あるいは「フランス的例外」

● マリアンヌの共和国

　フランス共和国は、「マリアンヌ（Marianne）」という愛称で呼ばれる女性でもって表現される。1792年に王位が廃止され、王制はより抽象的で合議的なシステムである共和制におきかえられた。国家の擬人化そのものだった国王の肖像や国璽にかえて、共和国に人間の姿で表現される図表を与えることが必要とされた。グレゴワール師（l'abbé Grégoire）は、「地球上を駆け巡るわれわれの標章（emblèmes）が、すべての人々に共和主義的な自由と誇りをイメージさせるために」、「自由の肖像」を提案した。これをうけて、国民公会は「フランス像は、古代風の寛衣をまとう立ち姿の女性であり、右手にフリジア帽、ないし自由の帽子を穂先にかけた槍をもち、左手は警士の束桿にそえられる[1]」と布告した[2]。

　しかし、マリアンヌは直ちにフランス共和国を率いたわけではない。1793年、ジロンド派議員の逮捕後、共和国をより急進的な鋳

（1）　マリアンヌ（マリー゠アンヌに由来し、平凡で一般的な大衆に親しみのある名前である）のイメージと彼女のフリジア帽の起源は古代ローマにさかのぼる。この女性はすぐれて自由の勝利者である。フリジア帽は古代ローマ時代の解放奴隷の頭に被せられたものであったからである。こうして奴隷身分から解放された人々はローマの市民となったのである。まさしくフリジア帽は歴史的、文化的に解放＝自由の象徴として理解されていた。

（2）　Maurice Agulhon et Pierre Bonte, *Marianne, les visages de la République*, Gallimard, 1992, pp. 16-17.

第 1 章　女性不在の共和制

型(がた)で鋳直す試みが始まり、国民公会の議員たちは、急進化した共和国の象徴として、自由と平等という姉妹の像を守るたくましい兄である巨大なヘラクレス (Héraclès) 像を選択した。男性であるヘラクレスを通して、議員たちは、国王にとって代わった兄弟集団としての彼ら自身のイメージを再確認していた。ジャコバン派指導者の考えでは、女性たちがマリアンヌを彼女たちの活発な政治参加のメタファーととるおそれがあったのである。ヘラクレスは女性たちを遠景に、男性に対する従属の位置と関係におしもどした。女性性による共和国の汚染が恐れられていた。この時期、女性クラブは違法なものとして閉鎖され、政界で名を馳せた女性たちが、断頭台にのぼった。ヘラクレスの選択は、女性の政治参加に対する拒絶、あるいは女性の政治参加の要求に対する男性議員からの回答であった[3]。

　1848 年の革命は、1830 年を媒介として、大革命期 (1789 年 - 1799 年) の伝統を継承した。国王がいないフランス共和国は女性の肖像で表現されなければならなかった。この 1848 年とともに、第三共和制期以後、永続的な事態となる共和派の分裂が始まる。フリジア帽を被(かぶ)って、前が大きくはだけた胴着を身にまとう共和国像か、葉飾りのついた帽子を被り、首のところまで寛衣に包まれた貴婦人の共和国像か。その肖像は、共和国の自己理解とともに変遷を遂げることになる[4]。こうして共和国の擬人化が女性の図像化を通じて

---

(3)　ヘラクレス像の選択については、リン・ハント (松浦義弘訳)『フランス革命の政治文化』(平凡社、1989 年) 126 頁以下を参照。Voir aussi Lynn Hunt, Pourquoi la République est-elle une femme? La symbolique républicaine et l'opposition des genres, 1792-1799, in sous la direction de Michel Vovelle, *Révolution et République, l'exception française*, KIME, 1994, p. 358 et s.

(4)　共和国像の対立については、拙稿「第三共和制憲法の成立と二つの『共和制』」(一) (二・完)」関東学院法学第 2 巻 1・2 号、第 3 巻 1 号 (1993 年) を参照。また、共和国像の歴史を通じて「共和主義的な観念」を描くものとして、モーリス・アギュロン (阿河雄二郎・加藤克夫・上垣豊・長倉敏訳)『フランス共和国の肖像

行われることは、もはや、疑いのないものとなっていく。しかし、その共和国が女性に政治参加を認めることは長い間なかったのである。女性に参政権が認められたのは、1944年になってからにすぎない。以下では、フランスがたどった「女性不在」の共和制史を概観する。

第1節　フランス革命と女性の権利

1　能動市民と受動市民

● 1789年人権宣言

大革命の最初の果実である1789年の人権宣言(「人(homme)および市民(citoyen)の権利宣言」[5])は、「すべての人」が自由かつ権利において平等であること (第1条)、あらゆる政治的結合(政府ないし国家)の目的が、人の永久不可侵の自然権の保全にあることを定めている。ここでは自然権としての「人権」が国家よりも先にあり、国家は「人権」を守るために存在しているという関係が成立していた。自然権とは、自由・安全・所有・圧制に対する抵抗の4つである (第2条)。今日、精神的自由、身体的自由、経済的自由と呼ばれる諸権利が、人権宣言の中に具体的に定められている。さらに、人権宣言は国民主権原理を採用し (第3条)、その実現のために「すべての市民」の権利を保障した。「市民」とは国家という政治的結合の構成員を指している。市民の権利には、「自らまたはその代表者によって」法律の制定に参加する権利 (第6条)、租税の決定に参加する権利 (第14条)、行政の報告を求める権利 (第15条) などがある。このような「市民」の権利は永久不可侵の自然権としての「人の権

　　──闘うマリアンヌ 1879-1880』(ミネルヴァ書房、1989年) を参照。
(5)　邦訳として辻村みよ子訳「フランス憲法」樋口陽一・吉田善明編『世界憲法集(第4版)』(三省堂、2001年) 284頁以下を参照。

利」を保障するための手段となる。なぜなら、市民が構成する政治的結合たる国家は、人の「自然的な諸権利の保全」を目的としているからである。「すべての市民」による政治的権利の行使によって権力を民主化し、このことを通して、「人権」を国家に守らせようという構造をとっていたと考えられる。1789 年の人権宣言は、「人の権利」と「市民の権利」を明確に保障した体系的宣言であり、かつ、すべての人と市民の権利を一般的に保障した「普遍的な」[6]人権宣言として位置づけられている。それゆえ、誕生から 200 年以上の年月を経た今日でもなお、憲法院による違憲判断の根拠法として実定法的価値を有しているのである。

● 普遍主義的市民像

　過去を「アンシャン・レジーム」として断ち切った革命期のフランスが、国家として再生していくためには、抽象的で普遍的な原理に依拠していくほか道はなかった[7]。その新たな政治秩序の基盤を「市民」に求めたのである。シエイエスは、このことをこう説明している。

　「市民をそれぞれ異なるものにしているという資質は、市民たる性格を超えている。財産や生業（industrie）の不平等は、年齢、性別、身長などの不平等と同じである。これらの不平等は、公民精神（civisme）の平等を変質させることはない。……市民を互いに似ているものにしている利害は、したがって、市民が共同で扱うことができる唯一の利害であり、この唯一の利害により、そしてその名において、市民は政治的権利、すなわち社会の法律の形成への能動的

（6）　もっとも「普遍的な」という意味については、それがもっぱら国境に囲われた「国内（national）」問題として把握されるにとどまるという限定が付される必要がある。このことに関連して、本書 153 頁注（13）を参照。
（7）　マルセル・ゴーシェ（富永茂樹・北垣徹・前川真行訳）『代表制の政治哲学』（みすず書房、2000 年）47-49 頁参照。

参加を要求することができるのであり、この唯一の利害が市民に代表しうる資格を与えているのである」[8]。

政治的平等を確立するためには、個々人の有する差異を考慮せず、同一の権利を与えることができるような、個々の属性のない「存在」を構想する必要があった。この「存在」こそ、肉体を持たない抽象的な存在として想定される「市民」であった。フランス革命は、事実の世界では不平等である諸個人を、法的には平等な「市民」に創り変えたのである。法律制定への参加、公職への就任、租税賦課に対する同意は、もはや、身分制の時代のように、各人の個別的社会特徴を考慮して配分されるのではない。人権宣言はこれらを「すべての市民」に対して開かれた権利として規定したのである。しかし、革命期に整備された諸法制を見ると、人権宣言に謳われた「すべての人」や「すべての市民」の権利と表現された「普遍性」という特徴が虚構に過ぎないことが判明する[9]。

● 制限選挙法制

たとえば、「すべての市民」に保障されたはずの「自らまたはその代表者によって」法律の制定に参加する権利が1791年憲法体制の下で制度的表現を得たとき、それは男子制限選挙制にすぎなかった[10]。「立法議会を形成するために、能動市民は2年毎に都市及び

---

(8) Sieyès, *Qu'est-ce que le Tiers État*, Quadrige, PUF, 1982, pp.88-89, cité par Dominique Rousseau, La révision constitutionnelle du 8 juillet 1999 : D'un universalisme abstrait à un universalisme concret in *Mélanges en l'honneur de Benoît Jeanneau : Les mutations contemporaines du droit public*, Dalloz, 2002, p. 442.（大岩誠訳『第三階級とは何か』（岩波書店、1950）114‐115頁。なお、本文は訳書の表現には従っていない。）

(9) 人権宣言の「普遍性」の限界についてはすでに多くの著作で指摘されている。ここでは、辻村みよ子『人権の普遍性と歴史性』（創文社、1992年）69頁以下を参照。

(10) 以下、1791年憲法の引用については、L. Duguit, H. Monnier, R. Bonnard, *Les constitutions et les principales lois politiques de la France depuis 1789*, 7ᵉ éd,

第 1 章　女性不在の共和制

カントンの第 1 次選挙人会に招集される」(第3編第1章第2節第1条)
として、市民のうち「能動市民 (citoyens actifs)」だけが選挙人で
あるとされていた。そして「能動市民」となるためには、以下の要
件を備えていなければならないとされていた。「フランス人として
生まれ、またはフランスに帰化したこと。満 25 歳以上であること。
法律の定めた期間を越えて、都市またはカントンに居住すること。
王国のいずれかの地において最低 3 労働日の価値に等しい直接税を
納入し、その領収書を所持すること。僕婢の身分、すなわち賃奉公
人の身分でないこと。居住地の役場において戸籍簿に登録されてい
ること。市民の宣誓を行ったこと」(同第2節第2条)。また、「告訴さ
れている者、公正証書により破産または支払不能の状態が確認され
た後、その債権者の一般受領証を持たない者」は、上記の要件を充
たしていても、能動市民から除外される(同第2節第5条)。

さらに「第 1 次選挙人会は、都市またはカントンに居住する能動
市民の数に比例して選挙人を指名する」(同第2節第6条)として、間
接選挙が採用されていた。「各県で指名された選挙人は、その県に
おいて指名すべき代表及び代表の数の 3 分の 1 にあたる代表代理
(suppléants) を選挙するために招集される」(同第3節第1条)。「代表
及び代表代理は、投票の絶対多数で選出され、県の能動市民のうち
からのみ選任される」(同第3節第2条)。

県の選挙人となるためには、能動市民になるよりも厳しい財産上
の要件が課せられている。「人口 6000 人を越える都市においては、
徴税簿上 200 労働日の地方価値に等しい所得に換算される財産の所
有権者もしくは用益権者であるか、または徴税簿上 150 労働日の価
値に等しい所得に換算される家屋の賃貸人であること。人口 6000

1952, p. 1 et s. によっている。訳語については、杉原泰雄『国民主権の史的展開』
(岩波書店、1985 年) 72 - 73 頁、只野雅人『選挙制度と代表制——フランス選挙制
度の研究』(勁草書房、1995 年) 7 - 9 頁の翻訳を参照した。

人を越えない都市では、徴税簿上 150 労働日の地方価値に等しい所得に換算される財産の所有権者もしくは用益権者であるか、または徴税簿上 100 労働日の価値に等しい所得に換算される家屋の賃貸人であること。農村においては、150 労働日の地方価値に等しい所得に換算される財産の所有権者もしくは用益権者であるか、または徴税簿上 400 労働日の地方価値に換算される財産の小作農（fermier）もしくは分益小作人（métayer）であること」(同第2節第7条)。

　選挙人資格の制限に加えて間接選挙の導入により、実際に国民代表の選挙に参加する人は限られていた。当時の人口は 2600 万人ほどで、成人男性の半数にあたる 430 万人が能動市民の資格要件にあてはまった。選挙人有資格者は、そのうちの 100 分の 1 にあたる 4 万人程度であった。

● 排除の論理

　このような制限選挙法制を正当化していたのが、納税者株主論[11]である。これは、国家は株式会社のようなもので、納税者のみが真の株主として国政に参加する権利を持っているという考え方である。税金を支払うことによって公的施設の維持に貢献している者だけが、公の問題に関心を持ち、積極的に影響を及ぼしうるのである。こうして女性は、子ども、外国人とともに能動市民から排除された。ただし、1791 年憲法は、外国人についてフランス市民（citoyen français）となる道を開いている。すなわち「国外で外国人の両親から生まれ、フランスに居住する者は、不動産を取得するか、フランス人女性と結婚するか、農業もしくは商業施設を設立するかして、市民宣誓をすれば、5 年以上継続して居住した後、フランス市民となる」(第2編第3条)ことができた。ここでは、「諸集団間の

---

(11) 納税者株主論については、杉原泰雄『国民主権の研究』（岩波書店、1971 年）243 頁を参照。

単なる交換物である女性は、不動産や農家と同一視され、意思能力を有する唯一能動的存在である男性から序列的に区別された受動的『物』という古典的表現に貶(おと)められ」[12]、女性は「物」扱いされるにいたっている。

このほか権利主体として排除され差別されていたのは、少数者としてのユダヤ人、植民地の奴隷や有色自由人、社会的・経済的に従属した存在とされた僕婢(ぼくひ)（domestique）である[13]。このうちユダヤ人については1791年までに、要件を満たした者については能動市民の資格が認められるようになったが、事実上の差別は続いた。植民地の有色自由人の平等は、1792年3月28日（-4月4日）のデクレによって認められた。奴隷については、1794年2月4日のデクレによって一旦廃止されたが、その後ナポレオン1世のもとで廃止令が無効とされて、奴隷制が復活した。全フランス領植民地で奴隷制が廃止されるのは、1848年になってからである。僕婢が権利主体から排除された理由は、僕婢は個人として自律した意思決定を行うことができない存在で、彼らに投票権を与えることは、その主人や雇主に2票以上の投票を認めることになると考えられたからである。1793年人権宣言は人身売買を禁止して、「法律は、僕婢を認めない」ことを明らかにし、1793年憲法は、21歳以上のすべての男性に市民権と選挙権を認めた。こうして1793年憲法体制のもとで、僕婢の権利は認められるはずであったが、同憲法の施行延期により差別解消には至らなかった。僕婢の権利主体からの排除が法制上なくなったのは、1848年憲法によってである。かくして、権利の主体から排除されていた少数者は、19世紀の半ばには、少なくとも法制の上では、権利主体として認められるようになった。

---

(12) Dominique Rousseau, op.cit., supra note 8, p. 443.
(13) この問題についての検討の詳細は、辻村・前掲『人権の普遍性と歴史性』（注9）118頁以下を参照。

第Ⅰ部　フランスにおけるパリテの挑戦

2　権利主体からの女性の排除

● サリカ法典時代

女性が権利主体から排除されたのは、「1789年の男性たちが、その個人主義的情熱にもかかわらず、女性を『真の個人』とは認め」ず、女性は「市民社会の外にある家事労働の領域（sphère de l'activité domestique）に閉じ込められていた」[14]からである。女性は家族のシステムの中に閉じ込められ、家族が女性を完全に吸収していた。

女性を政治から遠ざける議論は、フランスにおいては、サリカ法典（Lex Salica）にさかのぼる[15]。サリカ法典[16]は、フランク部族の主流をなしたサリー人がゲルマンの慣習法を成文の法典として編纂したゲルマン諸部族法典の1つで、成立の古いものに属する。14世紀にフランスで王位継承問題が生じた際、すなわち、1316年および1322年にルイ10世およびフィリップ5世の王女を王位継承から排斥するための根拠として、サリカ法典第59章が引き合いに出されたことが伝えられている。同規定は女性の遺産相続権（被相続人に男子ないし直系卑属がいない場合の母の相続権、母がいない場合の姉妹の相続権など）を認めるものであったが、「土地についてはただしいかなる相続権も婦女に帰属すべからずして、男性、兄弟たる者にすべての土地は帰属すべし」として、女性の土地相続権を否定していた[17]。この規定が数世紀にわたって適用された。男性と権力

---

[14] Pierre Rosanvallon, *Le sacre du citoyen : Histoire du suffrage universel en France*, Gallimard, 1992, p. 136.
[15] Jean-Claude Caron, *La nation, l'État et la démocratie en France de 1789 à 1914*, Armand Colin, 1995, p. 265.
[16] 以下サリカ法典については、久保正幡「サリカ法典について」同訳『サリカ法典』（復刊）（創文社、1977年）201頁以下を参照。
[17] 同、158-159頁による。

第 1 章　女性不在の共和制

が同一視されることになったのである。それは、女性は最高権力を行使するにふさわしくない、と名指しされたに等しいことであった。

● 啓蒙期

　確かに、啓蒙期のサロンにおける女性の社会的・文化的役割が注目されている。男女が同席する社交のあり方はフランスの特性として評価されている[18]が、アンシャン・レジーム期に女性とその本性について繰り返された過剰な言説は、女性を抑えつける必要から、女性の存在をないようなものにする、女性を限られた範囲の中でしか活動できないような控え目な存在とするという、願望を貫くものであった。そこから引き出される結論は、女性は政治社会（Cité）から排除されるべきであるということであった[19]。

　代表的啓蒙思想家である『社会契約論』の著者ルソーは、「一家の母にふさわしいひとは、社交界の女性になるようなことはしないで、修道院にいる修道女とはほとんど変わらないくらいに家のなかにひっこんでいる」[20]と述べている。そして、家庭内にあっては、「女性の条件から生じるまったく自然の、まったくはっきりした結果」として、女性は「夫には服従し忠実でなければならない」し、「子どもにはやさしく気を配らなければならない」[21]という。「女と男はたがいに相手のためになるように生まれついているが、相互の依存状態は同等ではない。男はその欲望によって女に依存している。女はその欲望とその必要によって男に依存している。わたしたちは女なしでも生きていけるかもしれないが、女がわたしたちなしで生きていくのはもっとむずかしい。……女はわたしたちの感情に、そのすぐれた点にわたしたちが認める価値に、その魅力や美徳に対し

---

(18) Mona Ozouf, *Les Mots des femmes*, Fayard, 1995, p. 323 et s.
(19) Caron, *op.cit., supra note 15*, p.246.
(20) ルソー（今野一雄訳）『エミール』（岩波文庫）下巻 70 頁。
(21) 同、59 - 60 頁。

てわたしたちが払う尊敬の念に依存している。……そこで女性の教育はすべて男性に関連させて考えなければならない。男性の気に入り、役に立ち、男性から愛され、尊敬され、男性が幼いときは育て、大きくなれば世話をやき、助言をあたえ、なぐさめ、生活を楽しく快いものにしてやる、こういうことがあらゆる時代における女性の義務であり、女性に子どものときから教えなければならない」[22]。立派な市民を育てることが、自然と理性が女性に与えた仕事である[23]。女性が男性と結ぶ関係は「個人」と「個人」の関係ではなく、また、両者は社会関係を結ぶこともない。家庭の領域と市民の領域、私的空間と公的空間の区別を前提に、男性は後者の世界を生きる新しい個人像の担い手であるのに対し、女性は前者の旧い家族共同体の中に囲われ、個人性を奪われている[24]。

● 革命期

かような知的環境を背景に制定された1789年人権宣言において、女性の権利が無視されていても、驚くべきことではなかったといわなければなるまい。よしんば人権宣言の抽象的文言の中で抽象的・名目的に女性を権利主体に含める意図があったとしても、「現実には、権利の平等は幻想であり、議会にあつまった男性ブルジョアたちは、当然のように女性を権力から排除したのである」[25]。オランプ・ドゥ・グージュ (Olympe de Gouges)[26]は、1789年人権宣言を冒頭に掲げる1791年憲法が公布されたとき、人権宣言を模した「女

---

[22] 同、20-21頁。
[23] 同、24頁参照。
[24] Rosanvallon, *op. cit., supra note 14*, p.137.
[25] 1789年7月～8月の人権宣言制定過程を分析した上で、辻村みよ子『女性の権利』(日本評論社、1997年) 44-45頁は、このように結論付けている。
[26] オランプ・ドゥ・グージュについては、オリヴィエ・ブラン (辻村みよ子訳)『女の人権宣言』(岩波書店、1995年) を参照。

性 (femme) および女性市民 (citoyenne) の権利宣言」[27]を発表し、人権宣言が女性の権利を保障するものではないことを最初に批判した[28]ことで知られる。

政治的権利についていえば、フランス憲法中もっとも民主的といわれている 1793 年憲法においてさえ、女性は未成年者とともに当然に主権者・市民の地位を認められることはなかった。「女性が政治に必要とされる精神的・肉体的能力において男性のそれに劣っている」という女性の本性論、「男は仕事（社会）、女は家事（家庭）」という性別役割分担論が、女性の政治的権利否認の理屈付けであった。もっとも 1793 年憲法制定過程では、わずかではあるが女性の参政権を要求する男性議員も出現した。コート-デュ-ノール県選出のギュヨマール (Pierre Guyomar) は、女性が個人として選挙権を行使すべきことを主張した点で、傑出している。ギュヨマールは、女性を自然状態において自律した存在と捉えた。「男性と女性は出会いが偶然である自然状態でお互いに独立している。……最も自然状態に近い政府、民主主義において、男性と女性はそれぞれ主権の構成員である」[29]ゆえに、女性が第 1 次選挙人会において投票を行うことは当然の結論とされた。こうした主張は例外にとどまった。

女性は選挙権から排除されただけでなく、あらゆる審議や政治集会からも排除された[30]。女性は男性とともに当初より革命行動に

---

(27) 辻村・前掲『女性の権利』（注 25）303 頁以下に、人権宣言と対照した全訳が掲載されている。
(28) グージュの「女権宣言」の検討については、辻村・前掲『人権の普遍性と歴史性』（注 9）131 頁以下、辻村・前掲『女性の権利』（注 25）52 頁以下を参照。
(29) P.Guyomar, *Le Partisan de l'égalité politique entre les individus, ou Problème très important de l'égalité en droits et de l'égalité en fait*, Paris, 1793 (troisième annexe à la séance du 29 avril 1793, *A.P.*, t. LXIII, p.592, cité par Rosanvallon, *op.cit., supra note 14*, p. 140.
(30) 女性の政治参加の排除についての以下の記述は、辻村『女性の権利』（注 25）44 頁以下、Rosanvallon, *op.cit., supra note 14*, p. 130 et s. による。

参加しており、パリのセクション内のクラブや民衆協会にも活発に参加していた。1793年秋の恐怖政治の始まりと同時に、多くの女性活動家が弾圧された。グージュもこのとき断頭台にのぼっている[31]。1793年10月30日にはすべての女性の政治結社が禁止されている。「いわゆる女性の民衆協会は、女性を男性と争わせ、男性を分裂させ、混乱を引き起こすために、貴族階級が〔女性を操って〕設立を望んだ」ものだと決めつけられた。共和暦3年プレリアル4日（1795年5月23日）の法律は、女性が政治集会に参加することを禁止した。「秩序の回復まで、すべての女性が各自の家庭に帰ること」が命ぜられ、5名以上の女性が街頭に集まっているのが見つかれば、武力をもって解散させられた。命令に従わない場合は、逮捕された。また女性の武器の携行も禁止された。兵士としての市民の資格で投票権を要求する女性がいたからである。「本性そのものによって女性に割り当てられた私的役目は、社会の一般秩序に由来する」[32]ことから、政治空間から排除された女性を私的領域に閉じ込める論理が追求された。

「平等を謳った」フランス革命は女性の平等の要求に応えるものではなかった。女性は革命を闘ったが、政治の空間から排除され、家族の領域に連れ戻された。しかし、「政治の空間」と「家族の領域」は厳密に区別されていたというより、いわば公的なものが私的なものに入り込んでいたことを指摘しておく必要がある。母親であることは、子どもを明日の共和国を担う市民に育てることであり、

---

(31) グージュは「女性は処刑台にのぼる権利をもつのであれば、演壇にのぼる権利をもつ」と言い放ってギロチンにかけられたという（Noëlle Lenoir, Les femmes et la République en France, in *Mélanges en l'honneur de Pierre Avril, La République*, Montchrestien, 2001, p. 79.）。このフレーズは「女権宣言」第10条に登場する。

(32) Discours d'Amar de 9 brumaire an II-30 octobre 1793, ; *A.P.*, t. LXXVII, p. 50, cité par Rosanvallon, *ibid., supra note 14*, p. 141.

妻として共和国市民の夫を支えることは社会的貢献であった。「共和主義的結婚は、夫婦に連帯した統一性、感情と思想の自由な共同体を保障するもので、直接の政治参加を不可欠なものとはしなくなる」と考えられていた[33]。「女性は、政治的責任を獲得するための戦いにおいて男性と競争しえないという条件で、男性の陰に隠れて目立たず、権力と影響力を有するとされたのである」[34]。革命期においては、両性の理性における類似性を指摘し、そこから理性的で平等な個人として政治生活のあらゆる活動に女性が参加する権利を引き出す要求は、受け入れられることはなかった。女性が「個人」として存在すると認識されていない以上、個人が活躍する政治生活に女性が登場する前提がそもそも欠けていたのである。

● 民事上の女性の権利

ところで、革命は、民事上の権利に関し、相続権、夫婦共通財産権に対する女性の権利に若干の進歩をもたらした[35]。特筆すべきは、1792年9月20日の法律で離婚が承認されたことである。結婚が非宗教化され、夫婦の関係が契約関係に変化したことの反映である[36]。こうして、夫婦という単位が対等な2人の個人の間で自由に形成されるものとして捉えられることになるはずであった。しかし、1804年に制定されたナポレオン民法典には、こうした革命の成果は反映されることはなかった。さらに1816年法によって離婚は全面禁止となった。「ナポレオン民法典は、夫と父の強力な権力によって特徴づけられる家父長型の伝統的家族像をまさに保持し」、

---

[33] Mona Ozouf, *op.cit., supra note 18*, p. 348.
[34] Dominique Rousseau, op.cit., supra note 8, p. 444.
[35] 革命期の夫婦法については、関口晃「妻としての女、母としての女——フランス夫婦法の変遷」木村尚三郎編『世界の女性史5 フランスⅡ 自由の国の女たち』（評論社、1977年）163頁以下による。
[36] 1791年憲法第2編第7条は「……民事契約としてのみ婚姻を認める」と定めていた。

そのような「上下関係で作られる家族制度を基礎にして国家に奉仕する社会の枠組を再構成」するものであった[37]。既婚女性の無能力は徹底され、「夫は妻を保護する義務を負い、妻は夫に従う義務を負う」(第213条)とされた。既婚女性は契約を結ぶことも、職業につくことも、あるいは夫の承認なしに裁判に出廷することもできなかった。ナポレオン民法典編纂にかかわったポルタリス (Jean Etienne Marie Portalis) は、「長い間両性間の平等と優先性に関して議論されてきたが、これほど無意味なことはない」という考えを示している。すなわち、男女間の権利と義務の違いは各々の性の本性に基づくもので、法律が決めるものではないというのである[38]。「女性は男性よりか弱いから保護を必要とし、男性は女性より強いから自由なのである」[39]とすれば、女性は「家庭」に囲われていることは必然である。こうして、男女の不平等が既婚女性の法的無能力として集中的に表現されたのである。

第2節　共和主義の公認と「女性の不在」

1　「半」普通選挙制の確立

● 普通選挙制

19世紀前半、選挙権の拡大要求に収斂された民主化要求は、選挙権に関する法律の改正を結実させていった。選挙人の数は増大し

---

(37) この指摘については、ジャン＝ルイ・アルペラン（野上博義訳）「ナポレオン法典の独自性」名城法学48巻4号（1999年）6‑7頁による。

(38) ポルタリスによれば、人が法典を作るのではなく、法典は時間とともに作られる。法が歴史の産物であるとすれば、立法者は、法の対象である人間が耐えられないほど完全な法を作ってはならない。立法者は変革者ではなく、現存の諸関係の認識者であり、その調整者でなければならないのである。実際ポルタリスは、慣習法と成文法の調和をナポレオン民法典の眼目としていた。以上については、阪上孝「革命と伝統――日仏民法典編纂過程の比較」思想789号（1990年）154‑155頁による。

(39) ポルタリスの見解については、Lenoir, op.cit., supra note 31, p. 79による。

第 1 章　女性不在の共和制

たが、政治上の必要に応じて選挙人資格にかせられる制限が残っていた。1848 年 3 月 5 日、ルイ・フィリップ（Louis Philippe）の投げ出した権力の空白をうめた臨時政府は、ルドリュ＝ロラン（Alexandre Ledru-Rollin）の推進で、ついに普通選挙制を確立する。

　1848 年春の熱狂の中で、普通選挙は民衆権力の技法というより、一種の「社会的一体性の聖別式」として理解されていた。1848 年 3 月 19 日の臨時政府の声明はこのことを明瞭に示していた。すなわち、政府は「われわれが制定した臨時選挙法は、あらゆる国において、これまで人の最高の権利、すなわち自分自身の主権行使のために人民を招集してきたなかで、最も気前のいいものである。選挙権は例外なしに万人に帰属する。この法律の制定以降、フランスにはもはやプロレタリアートは存在しない」[40]と言明したのである。選挙権の問題は社会的分裂の問題と根本的に結びつくものとして理解されていたと考えられる。ロザンヴァロン（Pierre Rosanvallon）は、普通選挙を「包摂の典礼」と位置づけている。

　普通選挙による最初の選挙は、1848 年 4 月 23 日に実施された。ロザンヴァロンの理解によれば、投票の目的は主権の行使というより、社会の一体性を称揚することにあった。一体感への渇望と平等主義的形式主義の奇妙な混合が普通選挙の周辺に作用していたのである。選挙は社会の分裂を政治空間に翻訳するものとして期待されているのではなく、選挙行為は集団への帰属の象徴的な表現として理解されていた。そのように構想された普通選挙制は、実際のところ人民の半分を、聖別式に招集してはいなかった。女性は相変わらず「市民」として認められていなかったのである。

---

(40)　Rosanvallon, *op.cit., supra note 14*, p. 286. また、普通選挙を「社会的一体性の聖別式」とする本文の理解については、voir *ibid.,* p.284 et s.

第Ⅰ部　フランスにおけるパリテの挑戦

● 1848 年の女性たち

この頃には、フランスでは産業革命が進展し、女性も労働者として労働市場に登場した。ナポレオン民法典が描くような家庭で「保護された」女性は、実は少数にとどまっていた。多くの女性は、労働者としての労働と家族の母親としての役割という、過酷な生活状況に置かれていた。女性は「共和国の最下層民」であった。1848年の革命はそのような境遇の女性に希望を取り戻させた。革命の混乱の中で女性クラブが活発な活動を開始し、多くの女性新聞や雑誌が発刊された。1848 年 3 月 20 日に発行された、ウジェニ・ニボワイエ（Eugénie Niboyet）が率いる『女性の声（La Voix des femmes）』紙第 1 号は、「完全なる平等、真の平等」を要求した。共和国とは、「社会的平等、社会のあらゆる構成員の平等である。したがって〔社会が男女から構成されているというただそれだけの理由で〕男女の平等は抗い難いものなのだ」[41]。これが編集者たちの見解であった。形成途上にある共和国において、政治共同体の運営にも責任ある主体としてかかわることを求め、女性たちは選挙権と被選挙権を要求したのである。

1848 年の女性たちは、伝統的に女性の仕事として割り当てられてきた家事労働を放棄したくて、かような要求をしていたわけではない。伝統的な家事労働の責任を引き受けた上で、なお政治共同体の責任を分担しようとしていた。その結果、増すことが確実な女性の負担を、集団で家事を処理すること（家事の社会化）により解消するという提案さえ行っている[42]。保育所や託児所を創設し、母親と労働者の両立を要求していた。第二共和制のごく初期の短い間に、女性たちは新聞記事、請願、小冊子、声明文に、もう 1 つの共

---

(41) Michèle Riot-Sarcey, Le rêve d'une autre république, in Vovelle (dir.), *Révolution et République, l'exception française, op.cit., supra note 3*, p. 666.

(42) *Ibid.*, p.667.

和国(男性の描く共和国とは別の共和国)の夢を書き残しているが、いずれの文書も女性の自立(indépendance)の必要性を強調していた。同様の趣旨から離婚の復活の要求もなされている[43]。女性たちは社会に存在するという地位を求めており、要求の中核には人間としての尊厳が据えられていた。失業女性にパンを与えるのではなく、「仕事」を与えることを求めていた。女性たちの政治的権利の要求は、このように社会権と不可分に結びついていた。平等という言葉の理解からすれば、一方なしでは他方は立ち行かないであろう。法律は男性だけで作られるものではない。なぜなら女性もその法律の下にあるからである。人民主権は完全なものでなければならなかった。主権者人民の中に男性も女性も含んでいなければならなかったのである[44]。

こうした女性たちの自由な政治活動の時期は長くは続かなかった。いわゆる「6月事件」以降事態は変わる。いくつかの女性新聞は発禁になり、出版物に関する保証金制度が復活した。保証金の払えない新聞は発行停止に追い込まれた。1848年7月26日のデクレは、ついに女性の公開討論を禁止した。第二共和制憲法制定議会に、1848年の女性たちの声が反映されることはなかった。オランド・ロドリグ(Olinde Rodrigues)が、例外的に、両性間の政治的権利の平等を定める草案を用意していたにすぎない[45]。確かに第二共和制憲法は普通選挙を宣言した。「選挙は直接かつ普通とする。投票は秘密である」(第24条)。「財産要件なくして、民事上および政治上の権利を享受する満21歳以上のフランス人は選挙人である」(第25条)。被選挙権については、「25歳以上の有権者は、居住要件なくて、

---

(43) 世論におされて、1830年代に代議院は1816年に廃止された離婚法を復活させる議決を2度行っているが、いずれも貴族院に阻止されている(Caron, *op.cit., supra note 15*, p. 249)。

(44) 以上について、Riot-Sarcey, *op.cit., supra note 41*, pp. 669-670.

(45) *Ibid.*, p. 671.

被選挙権を有する」(第26条) と定められた。1849 年 3 月 15 日法が憲法の規定を具体化した[46]。かくして成立したのは、「男性」だけを対象とした「半」普通選挙制であった。

● 第二共和制期のフェミニズム運動

そこで女性たちは選挙権から女性が排除されていることに抵抗し、女性候補者を擁立する試みに出た。1848 年の立法議会議員選挙に際し、『女性の声』紙は、当時一級の女流文筆家であったジョルジュ・サンド (George Sand) を立法議会議員の候補者として一方的に推薦するという挙に出たのである。しかし当然サンドには被選挙権がなく、サンド自身はこの推薦を断固として拒否している[47]。『女性の意見 (L'Opinion des femmes)』紙を発行したジャンヌ・ドロワン (Jeanne Deroin) は、1849 年 4 月、セーヌ県の有権者に対して立法議会への立候補を表明し、労働者の解放の点で利害が一致する社会主義的民主主義者に対して支持を求めた[48]。「1848 年憲法は、黒人奴隷の解放、貴族の称号の消滅、納税額による制限選挙制の撤廃によって人種、階級、富の特権を法的に廃止した。しかし性の特権が言外に残り、憲法を根底から覆そうとしている。なぜならこの性の特権は憲法が基礎づけられている原理の否定だからである」。ドロワンの立候補は、憲法違反の行為であるとして、冷笑と嘲笑をもって迎えられた。その後『女性の意見』紙は保証金を払えず、廃

---

(46) 第二共和制の選挙制度の諸規定については、只野・前掲書 (注 10) を参照。
(47) 『女性の声』紙とサンドとの応酬については、ロール・アドレール (加藤節子・杉村和子訳)『黎明期のフェミニズム』(人文書院、1981 年) 174 頁以下を参照。
(48) 支持どころか、プルードン (Proudhon) から「世迷言」として切って捨てられている。プルードンは「女性にとって、自由とは家庭への権利 (droit au ménage) にある」という。これを契機に、両性は社会的には非両立的であるとして女性を家庭と家族に追いやるプルードンと『女性の意見』紙の間で論争が戦わされた。「自由人の自由な連合を目指しながら、プルードンは女性の自由を否定し、女性を男性に依存すべき人間とするのである」(水田珠枝『女性解放思想史』(筑摩書房、1979 年) 276 頁)。

刊に追い込まれた[49]。ドロワンは、政治改革による社会の刷新に見切りをつけて、労働者のアソシアシオン連合の結成を呼びかけた。ドロワンに協力したポリーヌ・ロラン（Pauline Roland）は、精神の改革を求め、差別を撤廃した平等教育の実践のために教育アソシアシオン設立に奔走した。こうした試みは、1850年5月29日、アソシアシオンの総会が警察の手入れを受け、中心メンバーであったドロワンやロラン等が逮捕され、潰えてしまった[50]。

　労働運動において個人の解放を求めて闘争している男性たちは、女性が権力を公的に行使することを前時代と同じように突飛なことと考え続けていた。女性たち自身も多くは家庭から抜け出すために母性という役割を利用するほどまでに、家庭婦人のイデオロギーを保持していた[51]。夫や聴罪司祭の影響に晒され、選択の自律性もなく十分な教育を受けていない女性は、政治的領域の外にとどまり、神の摂理が女性のものとした領域である家庭に満足すべきなのである。君主制であろうと共和制であろうと、フランス社会は、社会秩序の維持という争点をはずしては、女性の問題を考えていない。社会秩序の根本はなお家族という単位であった。この点では、伝統的な政治対立の分水嶺は一致しない。右翼であろうと左翼であろうと、母性としての女性を公的な男性と対置させる手法がとられ続けていた。ルソーから100年後、あいかわらず、男性だけが政治、すなわち家庭の外にかかわり、女性は男性を通じて外界とつながりを持てば足りるとされていたのである。第二共和制は女性の敗北で終わる。その後、第二帝政の厳しい取り締まりによりフェミニスム運動は沈

---

(49) 以上のエピソードについては、アドレール・前掲訳書（注47）241頁以下による。
(50) ドロワン、ロランのアソシアシオン運動については、栖原彌生「女子リセの創設と『女性の権利』」谷川稔編著『規範としての文化』（平凡社、1990年）285頁以下を参照。
(51) Mona Ozouf, *op.cit., supra note 18*, p. 364.

滞する。

● 過激派女闘士

1789年と1848年の革命に続き、1870‑1871年、パリに、三度(みたび)、バリケードが築かれた。新たな危機の時期に、三度、女性が政治への参加を表明する。パリの包囲と1871年の民衆蜂起（パリ・コミューン）に際し、女性たちは監視委員会や地区のクラブに参加した。その中に「パリ・コミューンの聖処女」あるいは「世俗の聖人」と呼ばれたルイーズ・ミッシェル（Louise Michel）がいる。彼女は両性の平等を求めて闘ったが、コミューンはつかの間の出来事にすぎず、女性の政治的権利に取り組む時間さえなかった。鎮圧がコミューンに参加した女性たちを「過激派女闘士」に仕立て、人々の記憶にとどめることになる。彼女たちは男性と同様に処刑されたり流刑に処せられたりした。ルイーズ・ミッシェルはニューカレドニアに流刑となった。このエピソードが女性の市民権敵対者に口実を与えることになる[52]。

2　女子教育と共和主義的家族像

● 女子教育の改革

第三共和制期に、フランスで共和制が定着すると、フランス革命が未解決のまま残してきた大問題が浮上する。諸個人の普遍的平等という建前と市民権から女性が排除されていることの矛盾である[53]。市民権からの女性の排除を支える論理が、伝統的な性別役割分担論にあることはすでに確認したが、このこと自体、共和制と論理矛盾を孕んでいる。伝統的な性別役割分担によれば、男性は公的領域、女性は家庭という私的領域に活動の領域が区分される。家

---

(52)　以上については、Caron, *op.cit.*, *supra note 15*, pp. 255-256.

(53)　Mona Ozouf, *op.cit.*, *supra note 18*, p. 365.

庭において子どもを育てることが母親としての女性の役割であるとするならば、将来の市民の揺籃期は女性の監護の下にある。共和国市民を育成する女性を「共和国」と敵対する教会の影響の下にさらしたままにおくことは、共和国市民を育成するのに適切な状況であろうか。一方において教会の影響の下にある女性の政治的自律性に疑いを向け、他方でそのような女性に共和国市民の育成を委ねるとは、奇妙である。共和国が教会の影響から決別する（「強権主義は敵だ！」）ならば、女性を教会の影響から引き離すことが必要となろう。それは、女性を市民権から排除する理由を1つ消去するという帰結をもたらしうる。これはルソーの息子たちが望むことだろうか。

19世紀のフランスは女子教育を公教育の外におき続けてきた。1850年のファルー法（loi de Falloux）は、人口800人以上のコミューンに女子のための小学校を設立することを規定していたが、女子教育は公的には無視され、基本的に「家庭教育」中心であった。ブルジョワ家庭の娘の場合、母親から躾けられた後、12～3歳になると2～3年間修道院かパンシオンにあずけられた。女子教育は、直接的にもまた母親を介して間接的にも、教会の手の中にあった。まさしくフランスの女性は「教会の膝の上で」育てられていた。男性がフランス革命から生まれた新しい社会で理性の学校で学ぶのに対し、女性は近代社会を受け入れないアンシャン・レジームのままにある迷信の学校で学ぶ。この2人はお互いに一致することも理解もし合えず、知性と道徳の上で離婚をしている。2つに引き裂かれたフランスを統一しなければならない。すなわち、女性を「ユニベルシテの腕の中に」取り戻さなければならなかった。

1880年代のジュール・フェリー（Jule Ferry）による一連の教育改革は、初等教育の3原則—無償・義務・世俗—を確立したが、これは民衆の女子教育にも適用された[54]。特権的な女子ブルジョワ教育については、1880年12月に「女子中等教育法（loi sur l'enseignement secondaire des jeunes filles)」（通称「カミーユ・セー法（loi Camille Sée)」）が制定され、女子教育の全面的な公教育化が実現した[55]。第三共和制が女子教育の引き受け手となったとしても、それは直ちに、女子に対しても教育による社会的上昇の可能性を開いたことを意味したのではない。奨学生制度を設けて、いったんは民衆の娘がコレージュ、リセに進学する道を開いたが、後に奨学生の数を減らして、民衆の娘は排除された。自分の娘が民衆の娘と同席することを嫌ったブルジョワジーの要請により、当局が生徒の出自の同質化を図ったためだといわれている。

コレージュ、リセで女子に施されるのは伝統的な女子教育であって、それまでの教育と異なるのは、宗教教育を廃して共和国の道徳を導入した点である。また、女子リセの卒業は、いかなる職業資格も伴わず、バカロレアの受験資格にもならなかった。共和主義的教育改革の断行により、女子教育は公共の場に引き出されたが、その教育は、女性たちが卒業後再び家庭に戻り、その「本来」あてがわれた役割をよりよく果たすための手段にすぎなかった。女性たちは、「共和国市民」を育てるのに相応しい母となるために、あるいは「共和国市民」に相応しい妻となるために、女子コレージュ、リセの門をくぐるのである。第三共和制の創始者たちは、一方で女性たちを教会の影響下から解放し、「知の世界」に導いた。他方で、女性に対する知育の行き過ぎを抑えて、子どものための家庭教育に必要な範囲での知識の習得に留めておこうとした。だがこの限界は、リセ、コレージュで学ぶ女性自身の力によって乗り越えられていく。1897年には最初の女性法学博士、1900年には女性弁護士が誕生した。リセではバカロレア受験資格、コレージュでは初等教員の資格

---

(54) フェリーの教育改革については、拙稿「第三共和制の確立と共和主義的改革（四）」関東学院法学第5巻第2号（1996年）71頁以下参照。
(55) カミーユ・セー法については、栖原・前掲論文（注50）を参照。

が要求され、1924年には、リセに男子と共通のバカロレア準備課程が導入された。

● 家庭生活の変化

　女子教育の改革は、女性が家庭に戻ることを前提に断行されたのであったが、その家庭の中では変化が生じていた。19世紀後半のフランスの資本主義社会の変動に対応して、判例理論を通じて、民事上の既婚女性の地位に変化が見られるにいたったことが指摘されている[56]。1つは夫婦の同居義務の変化である。民法典は夫の居所決定権と妻の追随義務及び同居義務を定めていたが、離婚のいわば準備段階としての別居が認められる場合を除いて、妻の同居義務は消滅することはなかった。しかし、民法典成立直後から、夫の扶助義務と妻の同居義務との間に相関性を認める判例が存在していた。さらに、夫が愛人を同居させたり、その習慣・性格・言語が妻の品位を傷つけるような人間の出入りを妻に強要した場合、夫の両親との同居が家庭平和を乱した場合などには、同居の免除が認められることになった。こうして妻の同居義務は判例上相対化された。今1つは、家事委任理論である。これは、婚姻成立と同時に、日常の家事に関しては、夫から妻に対して一般的黙示的委任があった、とする考え方である。家事委任は婚姻自体によって、婚姻の効果として当然に生じ、結局、妻の家事権能は夫の委任に基づくというより、妻の固有の権能として構成すべきであるという見解を生んだ。他方、妻は、夫の名において家事上の取引を行うことを委任された受託者の立場に立つことから、家事債務を負担するのは、妻の固有財産ではなく、共通財産と夫の特有財産とである。こうして、家事委任理

---

(56) 以下、既婚女性の立場が民事上変化したことについては、関口・前傾論文（注35）180頁以下による。また、voir, Christine Bard, *Les femmes dans la société française au 20ᵉ siècle*, Armand Colin, 2001, pp. 34 et s.

論は、いわば妻の利益を保護する役割も果たしたといわれる。

立法措置においても、妻の能力が実質的に拡充されている。1881年4月9日法は、夫の許可なく預金通帳の交付を受け、あるいは預金の払い戻しを受けることを認めた。同様な目的で、夫婦財産制のいかんを問わず、妻が退職年金基金に払い込むことを認めた1886年7月20日法、夫の許可なく共済組合に加入することを認めた1898年4月1日法が制定されている。また、1893年2月6日法は、別居する妻に能力の完全な回復を認めるに至っている。それまで別居した妻は、その特有財産の処分についても夫も許可を必要としていた。法律はこの許可を廃止し、その結果、別居中の妻は、法的に婚姻継続中であっても、その人格と財産の独立を回復できるようになった。そして離婚については、1884年7月27日法が離婚を復活させた。ただし、離婚の成立を厳格に有責主義的離婚原因の存在する場合に限っていた。

妻の能力拡充の傾向は20世紀に入りさらに加速された。1907年7月13日法は、妻の得た報酬をその留保財産として夫の管理からはずし、夫が家事の必要に協力しないときは、夫の俸給ないし労働の果実の一部に関し、裁判所に債権差押を申し立てることを認めた。1920年3月12日法により、妻は夫の許可なく、労働組合に加入する自由を得た。そして、1938年2月18日法および1942年9月22日法によって、ナポレオン民法典の原始規定において定められていた妻の無能力と夫への服従義務は廃止された。妻たちは自分が配偶者と対等であると考えていた。彼女たちは夫の許可なく働き、雇主から夫の許可を求められるのはきわめて稀であった。彼女たちは自分の収入を享受し、夫婦共通財産を管理した。扶養の義務が夫に課せられたまま、家長の観念は大きく後退していく[57]。

---

(57) *Ibid.*, p. 43.

3　女性の参政権運動の展開

● 女性参政権運動

　第三共和制は普通選挙を所与の前提として出発する[58]。それは1848年に成立した「男子」普通選挙制であって、もともと女性の参政権は否定されていた。第三共和制期の憲法学の創始者の1人であるアデマール・エスマン（Adhémar Esmein）は、参政権からの「女性の排除は恣意的ではない」として、こう説明している。「女性の排除は自然法則、両性間の基本的分業に由来している。それは人類と同じぐらいといわないまでも、少なくとも文明と同じぐらい古くから存在している。女性が参政権を求めることは、女性を兵役に従わせようとするのと同じぐらい合理性がない」[59]。

　「フランス最初の女性参政権論者（la première suffragiste française）」[60]であるユベルティーヌ・オークレール（Hubertine Auclert）は、1876年に「女性の権利」協会（1883年に「女性参政権」協会に改組）を設立した[61]。1881年2月13日の「女性市民（La Citoyenne）」紙（当初週刊であったが後に月刊）創刊が、オークレールの純粋なフェミニスト運動の出発点となる。その創刊号の中で、オークレールはこう記している。「政治的権利は女性にとって他のすべての権利を女性にあたえる要である」。経済的社会的秩序における変化は自動的に女性を解放しない。「フランスでは大金持ちの女性が貧しい女性と同じ専制的な法律に隷従させられているのだ」。

---

(58)　第三共和制の成立の事情及び憲法体制については、前掲・拙稿「第三共和制憲法の成立と二つの『共和制』（一）（二・完）」（注4）を参照。

(59)　Adhémar Esmein, *Éléments de droit constitutionnel français et comparé, t. 1*, 8ᵉ éd., Recueil Sirey, 1927, p. 394.

(60)　Bard, *op. cit., supra note 56*, p. 15.

(61)　オークレールについては、voir Mona Ozouf, *op. cit., supra note 18*, pp. 199 et s.; Raymond Huard, *Le suffrage universel en France（1848-1946）*, Aubier, 1991, pp. 190 et s.

第Ⅰ部　フランスにおけるパリテの挑戦

　オークレールは共和主義のイデオロギーの枠内にあって、その論理を突き詰めているだけにすぎない。ただし彼女のとった手段は、共和主義的合法性を少々逸脱するものでもあった。1880年以来、彼女が何度も提出した請願は、1870年から1875年にかけての共和主義政党の古典的やり方をまねたものにすぎない。1882年に代議院と元老院に対して、さらに1884年8月12日には憲法改正のためにヴェルサイユに会同した憲法改正議会に対して、1885年にはより面会の可能性があるという評判のセーヌ県の議会に対して、請願を行った。セーヌ県議会は、1885年12月2日、37票対11票、棄権36票で、この請願を取り上げないことを決定した。

　1880年、オークレールはパリ10区の選挙区の選挙人名簿に登録を求めた。官報は選挙人名簿から漏れた「人 (personne)」に対して、登載を求めることを勧告していた。つまり官報は選挙人名簿の登録から漏れている「人」と表現しており、性別を示す言葉を用いているわけではなかった。そこをついたのである。「私は権利を持たない。だから私には負担はない。私は投票しない。だから私は支払わない」。彼女は納税拒否によって闘争を続け、女性たちにも納税拒否闘争を呼びかけた。投票に関して、「すべてのフランス人 (tous les Français)」という表現が女性を排除することを意味するのであれば、納税に関して、「すべてのフランス人」という表現が女性を含むことがなぜありうるのだろうか、という理屈である。1881年3月31日、コンセイユ・デタは、彼女の訴えを棄却した。1885年3月16日の破棄院判決は、選挙人名簿からの女性の排除を確認した。

　並行して女性の立候補も試みられている。その嚆矢となったレオニー・ルザード (Léonie Rouzade) は、1881年パリの12区から立候補した。投票総数1122票の内57票を獲得したに過ぎなかったが、衆目を集めるには十分であった。1884年の地方議会選挙では、複

数の女性が立候補し、かなりの票を獲得した。しかしその後この運動は退潮する。

また、この時期、労働の世界に女性が進出することに対応して、女性抜きで職業団体の運営が難しい状況が生まれていた。1885年以降、商事裁判所裁判官選出のための諮問選挙に女性が参加し、1886年からは県の初等教育委員会に女性が選出されることになった。1903年には女性が労働高等評議会に選出されうるようになり、1907年に労働審判所（conseils de prud'hommes）の女性の選挙権、1908年に同被選挙権が確立した。ただこの時期の女性の労働組合加入率は低く、1900年におけるC.G.T.の女性比率は5.2％にすぎない。

● 改革法案の行方

女性に参政権を認める法案が代議院に最初に提出されたのは、1901年7月14日のことである。この法案の端緒は、成人の独身女性、寡婦、離婚した女性に選挙権を与える請願であったが、法案としては、寡婦及び離婚した女性に対して、コミューン議会及び県議会の議員選挙について選挙権を認めることを内容としていた。既婚女性が夫と異なる政治的意見を表明することがそもそもありえない想定であったことから、既婚女性については考慮されなかったと考えられる。さらに対象がコミューン議会議員選挙に絞られたが、実現しなかった。1901年から1939年にかけて、女性の選挙権について約60の法案が代議院に提出された[62]。そのうち被選挙権を女性に認めるものは40％に満たない。15％はコミューン議会議員ないし県議会議員選挙に限っていた。4法案が代議院で採択されている。

このうち、1906年7月に提案され、1909年にフェルディナン・

---

(62) 以下の記述は元老院の次のサイトに掲載された数字による。
http://www.senat.fr/evenement/archives/D25/jeu1.html〔2004年7月8日〕

第Ⅰ部　フランスにおけるパリテの挑戦

ビュイッソン（Ferdinand Buisson）[63]によって金字塔的報告書が提出された法案は、戦争による中断後、ピエール゠エチィエンヌ・フランダン（Pierre-Etienne Flandin）を新たな報告者として、1919年5月20日、379票対95票で、代議院で採択された[64]。これはコミューン議会議員選挙について男性と同じ条件で女性に選挙権と被選挙権を認めることを提案していた。1919年10月7日、代議院は325票対95票で、元老院に対し女性の参政権に関する法案を早急に議事日程に上せることを要請するよう政府を促す決議を採択した。元老院がこの法案の検討に着手するのは、それから3年以上経った1921年11月のことであるが、156票対134票で逐条審議が否決された。その後も、代議院を通過した法案は元老院によって否決され、女性の参政権は第三共和制を通じてついに実現されることはなかったのである。元老院は、「1848年の普通選挙がボナパルトを連れてきたように、女性参政権も新たなボナパルトを連れてくる」[65]ことを恐れていた。

---

(63) ビュイッソンは、セーヌ県選出の急進党の代議士で、ドレフュス事件のさなかの1898年に、1789年人権宣言で表明された自由、平等、友愛、正義の原理を擁護するために設立された「フランス人権連盟（Ligue française des droits de l'homme)」に参加し、1913年から1926年まで総裁を務めた。1909年の代議院での報告は、1911年に『女性の投票（Les Votes des femmes)』として公刊されている。1923年のルール占領後、独仏の和解に貢献し、1927年、ノーベル平和賞を受賞している。

(64) 以下、議会に提案された法案については、voir, Joseph-Barthélemy et Paul Duez, *Traité de droit constitutionnel*, 2e éd., Dalloz, 1933, pp. 314 et s.

(65) Rosanvallon, *op.cit., supra note 14*, p. 411.

第3節　フランスの特殊性
　　　　――女性参政権の「おくれ」

● **女性参政権の「おくれ」**

　フランス議会が女性の参政権付与をについて堂々巡りの論議をしている間に、すでに、ニュージーランド（1893年）、オーストラリア（1902年）、フィンランド（1906年）、ノルウェー（1913年）、デンマーク（1915年）、イギリス・ドイツ・ポーランド（1918年）、オーストリア（1919年）、アメリカ合衆国・ベルギー（1920年）、インド（1921年）、トルコ（1934年）など、多くの国々で女性の参政権が承認されるに至った。フランスにおける女性の参政権承認の「おくれ」は、男子普通選挙制確立の早さと対照的である。

　当時、女性の参政権に好意的見解を示していた憲法の代表的な教科書[66]は、女性に対し参政権を否認する理由は、いってみれば男性の女性に対する優越論であり、このような男性の特権論は廃止されるべきだと主張していた。むしろ女性は参政権を有すべきだと断じている。その理由として、①民主主義の論理がそれを要求している、②女性は防御の利益を有している、③女性は社会に貢献すべきである、④政治的権利の行使は女性自身にとって有益であるからだ、ということが挙げられていた。民主主義原則は、すべての理性的な個人が自分の人格を表明しかつ防御することを可能にする政治権力を備えることを要請する。したがって国民は諮問されるべきである。フランスの政治体制が依拠しているのは平等原則である。投票箱の前では、最も無教養な人でも最も傑出した人と平等である。女性は理性ある人間存在である。しかも女性は国民を構成している。女性は公務の良好な運営に対して男性と同じ関心を持っている。女性は

---

[66] Barthélemy et Duez, *op.cit., supra note 64*, p. 312.

税金を支払っている。女性には護るべき経済的利益がある。女性は社会の編成に関して知らせるべき自分の意見を持っている。女性は平和主義者である。国民的努力への女性の寄与を軽視する権利など誰ももってはいないのだ。

しかし、こうした声は多数を制するには至らなかった。女性がなお教会の影響の下にあることを危惧し、女性参政権を介して、教会の影響が政治に及ぶことを危ぶむ見方が根強くあった。「選挙権は自然権であるが、女性は教育が十分でないため影響されやすく操作される」ので、選挙権を与えられないとするクレマンソー（Georges Clemenceau）の意見[67]が当時の共和主義者の声を代表していた。元老院はこの点で反教権主義的共和主義に忠実であったのだ[68]。加えて女性の特性論、女性を私的領域にとどめていた性別役割分担論が展開された[69]。女性は、妻として、母として、社会の単位である家庭を支えていたが、女性が市民として社会に貢献する道は開かれなかった。

こうした状況の説明として、モナ・オズーフ（Mona Ozouf）は、フランスにおける女性参政権運動の弱さをあげている[70]。フェミニスト団体が政府に対してきわめて控え目な圧力しかかけることができなかったというのである。女性の運命を変えた改革が生まれるのは、利害関係集団からではなくて本来国家からである。「女性問題」は、19世紀末、北米でも、イギリスでも、北欧でも、きわめて突出した問題となっていた。他方、フランスのフェミニスト運動は強固に女性参政権を求めていたわけではなく、政治的平等の土俵

---

[67] Rosanvallon, *op.cit., supra note 14*, p. 411.
[68] *Ibid.*, p. 394.
[69] 辻村・前掲『女性の権利』（注25）96頁は、20世紀に入っても、女性の参政権否定のためにフランス革命期当時に展開された論法が繰り返されたことを指摘している。
[70] Mona Ozouf, *op.cit., supra note 18*, p. 377.

というより社会民主主義の土俵に設定されていた[71]。しかし、当時においては、フェミニスト運動と社会民主主義運動とは両立しがたい、あるいは対立し矛盾しあうものでもあった。第二共和制初期の女性参政権の要求とプルードンとの対立が、このことを顕著に示している。実際の面からしても、安価な労働力として女性が家庭から職場へ進出することは、男性労働者にとっては「脅威」でもあった。

● 共和主義の内在的論理

　このことは確かにフランスのフェミニスト運動の特徴をなしているが、女性参政権付与の「おくれ」についてより本質的な内在的理由があることが、ロザンヴァロンによって指摘されている。すなわち、共和国自身の論理が女性の声を聴くことを拒否したのだ、というのである。ロザンヴァロンによれば、イギリスやアメリカ合衆国で女性に参政権が与えられたのは、アングロサクソン諸国で支配的である民主主義の功利主義的アプローチによる。女性はその特性ゆえに政治的権利を獲得したのだ。そこでは、女性は政治空間に女性固有の関心と物の見方をもたらしうると考えられている。女性が投票を認められるのは、特殊な利益の代表者、特殊な利益の集団の構成員としてである。すなわち、アングロサクソン的民主主義が女性を投票箱に呼び寄せたのは、「女性としてであって、個人としてではない」[72]。これに対しフランスでは、選挙権は個人の政治的平等原則に由来している。このフランス的普遍主義が、女性の選挙権にとって障害になっている。女性はその本性上影響されやすいと決め付けられている。兵役に服す男性のように、女性は結婚によってと

---

(71) Caron, *op.cit., supra note 15*, p. 264.
(72) Rosanvallon, *op.cit., supra note 14*, p. 395, aussi voir Mona Ozouf, *op.cit., supra note 18*, pp. 376-377.

らわれているから、選挙権を奪われているのである。女性がかくも長きにわたり投票用紙記載場所から排除されているのは、特殊利益に対する嫌悪（ジャコバンの遺産）と女性を自律した個人として捉えることの難しさゆえなのである。

モナ・オズーフは、ロザンヴァロンによるフランスとアングロサクソン諸国の対置を引き受けたうえで、「平等のフェミニスム（féminisme de l'égalité）」と「差異のフェミニスム（féminisme de la différence）」を対比させる[73]。個人の絶対的平等がいずれにせよ差異に打ち勝つべきであるという本質的な確信を有するときは、差異を荒々しく捨て去ることもそれを物神化することもなく差異を生き抜くことができなければならない。オズーフは、「フランス人は自分を鏡の中に見るとき自分を生来（par nature）人間であり、たまたま（par accident）フランス人であると見る」というルイ・デュモン（Louis Dumont）の言葉を引用し、人間主体の普遍性にフランスのイデオロギーがあることを指摘している。フェミニスムの要求は普遍主義を特殊主義としばしば組み合わせ、オークレールも交互に両者を主張していた。これら2つの論理は対等ではない。オークレールはその上下関係を見失っていなかった。すなわち特殊主義的で経験的情緒的な論理は、普遍主義的で抽象的理性的な論理に従うものである。さらに、オズーフは、ギュスターヴ・フローベール（Gustave Flaubert）に宛てた1867年1月15日の書簡の中で、ジョルジュ・サンドが以下のように記していることを紹介している。「それからまた、解剖学に通じている人たちにとっては次のようなことがあります。ひとりの男とひとりの女はほとんどまったく同じですから、男女の問題に関して各国の社会が没頭しているあれこれの夥

---

[73] Mona Ozouf, *op.cit., supra note 18*, pp. 381-384. オズーフの見解を紹介するものとして、堀茂樹「フランスのフェミニズムと文化的伝統——普遍性と差異をめぐって」大航海44号（2002年）28頁以下を参照。

しくも巧妙な区別や理屈はまったく理解できません」。デュモン風に言い換えれば、「自分は生来人間であり、たまたま女性である」という見方である。このような根本的確信をもってフランス女性が自由かつ平等な個人として自分を想像するのであれば、この確信に保護されて女性は恨むことなく性差を生き、幸運とアイロニーとともに性差を楽しみ、性差を本質化することを拒否するのである。これがフランスにおけるフェミニズムの源流であり、アングロサクソンのモデルと対照的な点であると、オズーフは結論付けている。

　ロザンヴァロンやオズーフの見解がどの程度フランスにおける女性参政権承認の「おくれ」を説明しうるのか、ここでは判断は留保するが、以下の点を確認しておきたい。フランスにおいては高度に抽象化された普遍主義の枠組の中で女性の参政権は承認されなければならない。選挙権が政治的平等原則の名において構想されつつ、その主体は自律した個人像と強く結び付けられていた。個人としての「解放」なき限り、女性は選挙権行使の主体となることはないのである。この文脈で女性を家庭に閉じ込める性別役割分担論の影響は無視しえない。女性は個人としてではなく、家族という単位において男性の補足物として存在する。フランス共和主義が厳格に貫こうとする公私二元論は、フランス的な共和主義的家族像を生み出し、女性を没個人化してしまうような不平等を、見えないもの、存在しないものにしてしまうトリックとして機能した[74]。女性は、彼女を外界で代表するものに政治的人格をゆだねたことと引き換えに、

---

(74) フランス共和主義の公私二元論は、「聖」「俗」の区別（「政教分離」）に根ざすものであるが、それが結果として女性の無権利状態の放置に一役買っていたとしても、論理的にそれを導くのかは、なお論証を要する問題である。なお、公私二元論が男女不平等を放置した問題を論ずるものとして、中山道子『近代個人主義と憲法学——公私二元論の限界』（東京大学出版会、2000年）がある。リベラリズムの公私二元論に対するフェミニズムからの批判に対し、それを克服する論証を試みるものとして、井上達夫「フェミニズムとリベラリズム——公私二元論批判をめぐって」ジュリスト1237号（2003年）23頁以下を参照。

家族に対し影響力を行使する。女性の自律権は家族内に限っては存在していたが、政治空間、さらには市民的空間において消滅していた。公的空間を民主化することとこの空間内部へ女性を統合することには、構成要素のうえでも条件のうえでも両立しがたい。女性が不在なのではなく男性によって代表されているような一元的な政治社会の構想と同様に、均質な社会も女性が男性によって代表されることを要求する。この論理からすれば、男性本位の選挙もまさしく「普遍的」である。なぜなら男性本位の選挙でも代表民主制の帰結と符合するからである。普通選挙の哲学、さらにはフランスにおける政治哲学の構想は、女性の参政権に逆行するように作用したのである[75]。

---

(75) 以上については Caron, *op.cit., supra note 15*, p. 265.

第Ⅰ部　フランスにおけるパリテの挑戦

● 第 2 章 ●

1999年7月8日憲法改正
——「パリテ」の登場

第1節　なぜ憲法「改正」なのか
1　「普通選挙制」の確立と女性の政治参画状況
2　1982年の憲法院判決とクォータ制の頓挫
3　パリテの登場

第2節　審議の経緯
1　政府=国民議会と元老院との対立
2　議会外の論争
3　元老院の譲歩

第3節　主たる争点
　　　　——「差異主義」対「普遍主義」

第2章　1999年7月8日憲法改正──「パリテ」の登場

● 本章の課題

シモーヌ・ボーヴォワール（Simone de Beauvoir）の『第二の性（*Deuxième Sexe*)』(1948年)が出版されてから50周年を記念する国際シンポジュウムがパリで開催（1月19日-23日）された1999年、フランスにおいて、パリテを容認するための憲法改正が実現した。この憲法改正は、あえていえば正門から堂々と、「パリテ」の要求を実定法の中に挿入させるものである。21世紀を目前にして、そうせざるをえなくなったフランスの状況には、あらためて興味をそそられる。

対象となるのは、憲法第3条に第5項として、「法律は選挙によって選出される議員職と公職への男女の平等なアクセスを促進する」(La loi favorise l'égal accès des femmes et des hommes aux mandats électoraux et fonctions électives.) を、第4条に第2項として、「政党は、法律によって定められた条件で、第3条の最終項で表明された原則の実施に貢献する」(Ils contribuent à la mise en œuvre du principe énoncé au dernier alinéa de l'article 3 dans les conditions déterminées par la loi.) を、それぞれ追加する憲法改正[1]である。政府提案の当初の憲法的法律案は第3条のみを改正の対象としていた。その提案理由[2]の骨子は、こうである。男女平等はすでに法的に確立されて

---

(1) Loi constitutionnelle n° 99-569 du 8 juillet 1999 relative à l'égalité entre les femmes et les hommes, *J. O., Lois et décrets*, du 9 juillet 1999, p. 10175.

(2) 政府の提案理由の全文は以下の通りである。
　「公的生活およびその諸制度への女性の参加がきわめて不十分であるため、適切な措置によって男女間のパリテの目標を奨励することが重要である。
　こうした努力は、そもそも、公的生活に限定されるべきではない。国民生活のあらゆる側面でパリテの方向に向かっていこうという配慮は、職業上のそして社会的な責任のある地位に女性がつくことを同様に考慮に入れることを正当化する。

第 2 章　1999 年 7 月 8 日憲法改正——「パリテ」の登場

いるにもかかわらず、政治生活における事実上の男女の不平等があり、その是正がフランス社会の喫緊の課題とされている。職業的・社会的領域では、男女の事実上の平等実現のために積極的な措置をとることが憲法上可能である[3]。しかし、政治生活については、憲法院の判決によって、憲法上不可能であるという法学的状況がある。それゆえ、この課題に取り組むためには、憲法を改正する必要がある。

本章では、なぜ憲法「改正」を必要としたのかを明らかにし（第1節）、当初、第3条のみの改正の提案であったのに、なぜ第3条および第4条の改正となったのか、審議過程の分析を通じて探る（第2節）。これらの作業を通じて「パリテ」をめぐる論点を明らか

　しかし、こうした領域では、『法律は、女性に対して、すべての領域において、男性のそれと平等な諸権利を保障する』と定める憲法は、男女間で責任ある地位のより均衡のとれた配分を確保するための措置をとることに対し、原理的な障害を含むものではない。こうしたわけで憲法院は、最近、加盟国に対してそのようなルールを定める権限を与えるヨーロッパ共同体設立条約に追加された条項が、批准にあたり憲法の事前改正を必要とする条項に数えられないと判断したのであった。

　逆に公的制度に関しては、憲法院は、1982 年 11 月 18 日の判決で、政治的代表に適用されるルールおよび原理は男女間のあらゆる区別を禁止していると判断した。それゆえ、国民主権の不可分にして普遍的な性格を定める憲法第 3 条を補完して、これらの諸原理と議員職および公職への男女の平等なアクセスの目標を両立させる必要がある。

　これが本憲法的法律案の目的である。」（*J. O., A. N., Documents parlementaires*, no. 985〈Projet de loi constitutionnelle relatif à l'égalité entre les femmes et les hommes〉(1997-1998)）.

（3）　注2で政府提案の理由が引用する「ヨーロッパ共同体設立条約に追加された条項」とは、1997 年 6 月 18 日に採択されたアムステルダム条約によって、ローマ条約第 119 条を修正し、第 141 条第 4 項として新設されたものである。その条項は「職業生活における男女の完全な平等を実際に確保する観点から、均等待遇原則は、少ない性の者が職業活動を遂行するのを容易にし、または職業上のキャリアにおける不利益を防止しもしくは補償するための特別な便宜を定める措置を加盟国が採用することを妨げないものとする」と規定している。アムステルダム条約は、憲法院に付託され部分違憲の判決が下されているが、当該条項については合憲と判断されている（Décision n° 97-394 DC du 31 décembre 1997 in *J. O., Lois et décrets*, du 3 janvier 1998, p. 165.）。

にしたい（第3節）。

第1節　なぜ憲法「改正」なのか

1　「普通選挙制」の確立と女性の政治参画状況

●「半普通」選挙制から「普通」選挙制へ

　フランス的「国民」= nation は、成員自らが nation 形成の参加者であるという意思を持っていることによって規定されていることから、nation という言葉自体、民族的な観念を連想させるものでありながら、外見からそれと判断できるような、血統による「フランス民族」は存在しないことになっている。この意味で、フランスの nation 観念は普遍性を持っている。現実の政治過程に目を転ずると、樋口教授の定式にしたがえば、革命期を通じて、近代国家が国民= nation の統合、「均質な国民」の創出という課題を追求したとき、citoyen は〈citoyen = politique〉と〈citoyen = civil〉に分裂させられて、ルソーの用語法では sujets というべきはずの後者の資格の点で、「均質な国民」を描くという手法がとられた[4]。原義に忠実な意味での citoyen は、実は、国籍保持者の一部にすぎなかったのである。また、1793 年憲法で「普通選挙」の原則が掲げられたとしても、それは女性をすべて排除したうえでのことにすぎなかった。1789 年の人権宣言と同時代に、「人」権宣言にいう droits de l'homme の「homme」は、ヒトではなく、「femme = 女性」に対する男性を意味するにすぎないとして、オランプ・ドゥ・グージュは、あえて「女性および女性市民の権利の宣言」を草して世に問うた。その名とともにこの歴史的文書が長い間埋もれていたことは、第1章で概観したように、フランスの近代から現代への歩みが、女性に対して冷淡であったことを物語っている。

（4）　樋口陽一『近代国民国家の憲法構造』（東京大学出版会、1994年）156頁。

第 2 章　1999 年 7 月 8 日憲法改正——「パリテ」の登場

　長きにわたって女性不在の共和制が続いた後、女性が選挙権・被選挙権を獲得したのは 1944 年になってからのことである。それを実現したのは、「憲法」（憲法制定権力）でも「法律」（国民代表）でもなかった。ドゴール（Charles de Gaulle）将軍の臨時政府が発した 1944 年 4 月 21 日のオルドナンスによってであった（実際に女性がその権利を行使したのは、翌年の 4 月 25 日である）。一説には、共産党の伸張を保守的な女性票で抑えることを狙ってのことといわれている。こうして、フランスは「半」普通選挙制の国から漸く「普通」選挙制の国となったのである。

● 政治生活における女性の過少

　1946 年憲法前文第 3 項は「法律は、女性に対して、すべての領域において、男性のそれと平等な諸権利を保障する」と定め、1958 年憲法第 3 条第 4 項は「民事上及び政治上の権利を享有する成年男女フランス国民は、すべて、法律の定める条件にしたがって、選挙人である」と規定している。しかし、法的に「男女平等」が確立され、政治的市民としての男女の対等な地位が憲法上承認されていることと、政治生活において男女が対等であることとは別問題である。比例代表制によって選出された第四共和制の国民議会における女性議員率は、1946 年 11 月の 5.7％ をピークに低迷し、選挙が小選挙区制で実施される第五共和制では、1％ 台後半にまで落ち込んだ。1967 年の選挙が例外的に、2.1％ であった。1987 年になってやっと、6％ 付近で安定することになる。1997 年の社会党女性議員の大量進出により、国民議会女性議員率は 10.9％ となったが、当時の EU 諸国のうち、6.3％ のギリシアを抑えてかろうじて最下位を免れている程度であった[5]。元老院については、321 名中 19 名で 6％ に達

---

(5) *J. O., A. N., Documents parlementaires, Rapport no. 1240*（1998-1999）, p. 18 で紹介された資料による。その他の国の会員女性議員率の数字もあげておく。（）

していなかった。

　フランスにおいて、政治の領域における女性の存在がかくも「過少」であった(有権者の女性割合は53%)ことの要因は、多くの論者によって指摘されている[6]。それを要約的に述べれば、こうなる。第1に、女性の参政権の承認が1944年にずれ込んだという歴史的事実である。150年の参入の「おくれ」は、そうたやすく取り戻すことができるものではない。そしてこの「おくれ」を正当化するために、第1章でみたように、市民社会における女性の「生まれながらの」男性に対する劣位性というイデオロギーが再生産され続けたのである。

　第2に、環境的要因として、性別役割分担論の結果、女性を取り巻くすべてのもの(伝統・家族生活・教育・文化など)が、女性を政治から遠ざけ、女性に社会における副次的役割しか与えてこなかったことがある。フランスにおける女性の就業率は19世紀の半ばからかなり高かったが、その割には社会・経済的に影響力のある地位についている者は少なかった。職種内における地位も概して低いままにあった。性別役割分担論によって、子育て・家事を負担する女性の就業は、パートタイム的な形態をとることを余儀なくされるのである。社会的地位の低さと公的経験の不足から経済的に弱者とならざるをえなかった女性にとって、時間・知識・社会的名声・十分な収入を有する少数のエリートに許された政治の世界に入っていく

　　内の数字は算定基準となった選挙の年を表す。スウェーデン(1994)40.4%；フィンランド(1995)33.5%；デンマーク(1994)33%；オランダ(1994)31.3%；オーストリア(1995)26.8%；ドイツ(1994)26.2%(後の選挙の結果→31%)；スペイン(1996)24.6%；ルクセンブルク(1994)20%；イギリス(1997)18.4%；ポルトガル(1995)13%；ベルギー(1995)12%；アイルランド(1997)12%；イタリア(1996)11.1%。

(6)　山元一「第5共和制における女性の政策・方針決定過程への参画——その展開と課題」辻村みよ子編『世界のポジティヴ・アクションと男女共同参画』(東北大学出版会、2004年)89-96頁による簡潔な要約が参考になる。

第2章　1999年7月8日憲法改正——「パリテ」の登場

ことは、きわめて困難である。

　第3に、フランスの政治制度に由来する困難な要素がある。一般に、小選挙区制に比し、名簿式比例代表制の方が女性が進出しやすいといわれている。実際、1997年の時点で女性議員率が20％を越えていたEU加盟国は、すべて比例代表制を採用していた[7]。ただし、フランスは第四共和制において国民議会議員選挙について比例代表制を採用していたが、この選挙制度の下で女性議員率は減少している。第五共和制においては、国民議会議員選挙はほぼ小選挙区制、多数代表単記2回投票制[8]によって実施されているが、1986年の選挙は比例代表制によって実施された。女性候補者の数こそ増大したが、女性議員率そのものは変わらなかったのである（5.9％）。小選挙区多数代表2回投票制は、選挙区を地方名士である現職議員の封土に変える。引退年齢のない政界にあって、当該議員を終身で優遇するこの選挙制度の下で、新規参入が難しくなっている。間接選挙による元老院議員選挙も、地方名望家に有利に働き、女性の新規参入が困難である。さらに、フランス独特の「兼職制度」の影響がある。これは国会議員が地方自治体の首長や地方議会の議員を同時に兼ねることを認める制度で、共和主義者による国と地方の一元的支配を可能にする制度として歴史的な意味を持つものであった。地方政治は政治家としての体験を積み、知名度を上げる場として機能するといわれている。この場が国会議員によって占められていることは、これから体験を積もうとする者や知名度を上げようとする者の参入の機会を奪うことを意味する。かような状況が、女性が有力政党の候補者となることを、国会レベルのみならず地方議会レベ

（7）　Voir *Direction générale des études : Document de travail Série droits des femmes -W-10-, Incidences variables des systèmes électoraux sur la représentation politique des femmes*〔http://www.europarl.eu.int/workingpapers/femm/w10/〕
（8）　本書第3章第1節を参照。

ルにおいても、妨げているのである。

以上に加え、政党が男性本位で女性の政治参画に積極的ではないこと、フェミニストの運動が議会への進出を目標に掲げてこなかったこと、職業活動と家事労働にさらに政治活動を加えることへの女性のためらいなどが挙げられる[9]。

2　1982年の憲法院判決とクォータ制の頓挫

● 性別クォータ制導入の試み

女性による選挙権の行使が、女性の政治的進出に必ずしも結びついてこなかった状況を打開するために、1970年代に入って、一部フェミニストたちにより、政党の候補者名簿へのクォータ制（人数割当制）導入の要求が始まった。1974年に大統領に就任したヴァレリー＝ジスカール・デスタン（Valéry Giscard d'Éstaing）は、一挙に多くの女性を大臣に起用した点で、彼の前任者と隔絶していた（政府構成員に占める女性率が2.4％から9.5％に上昇）。しかし彼女たちの多くは、政治手腕よりも専門的知識を有する専門家として起用されたにすぎない。議会における女性の進出は進展することはなかったのである（1978年国民議会議員選挙後の女性議員率3.67％）。1979年1月、モニク・ペルティエ（Monique Pelletier）家族・女性の地位担当大臣（ministre de la Famille et de la Condition féminine）は、人口2500人以上のコミューン（フランスの基礎的地方公共団体。市・町・村の区別がない。）議会議員選挙[10]の候補者リストが少なくとも女性を20％義務的に含んでいなければならない、という提案を行った。1980年11月、大統領選挙の数ヶ月前、レイモン・バール（Raymond Barre）首相は、コミューン議会議員選挙の候補者名簿に

---

(9)　ジャニーヌ・モスュ＝ラヴォ（拙訳）「政治におけるパリテ：歴史とその最初の評価」関東学院法学第13巻第4号（2004年）150頁以下を参照。

(10)　コミューン議会議員の選挙制度については、本書第3章第1節を参照。

第2章　1999年7月8日憲法改正——「パリテ」の登場

「各性を少なくとも25％」含むことを強制する法案を議会に提出した。「各性」という文言は、違憲判断の危険を回避するために、当時まだ憲法院のメンバーではなかったヴデル（George Vedel）教授の示唆を受けてのものであった。この法案は439対3という圧倒的多数をもって国民議会第1読会で可決されたが、会期終了により、元老院の審議に付されることはなかった。

フランソワ・ミッテラン（François Mitterrand）新大統領は、1965年に初めて大統領選に立候補してドゴール大統領（当事現職）に敗れて以来、新しい時代において女性が果たすべき役割に一貫して大きな関心を示してきた政治家として知られていた（クレッソン（Cresson）氏をフランス初の女性首相に任命した）。しかし、1981年の国民議会議員選挙による女性議員率は5.3％にとどまり、与党社会党の女性議員も19名で、女性議員率は6.6％であった。1982年夏、政府が準備したコミューン議会議員選挙の改正法案は、クォータ制の創設の提案を再び取り上げることはなかった。ガストン・ドゥフェール（Gaston Defferre）内務大臣は候補者名簿が女性を十分な比率で含むように監視するのは政党の役割であると考えていた。社会党の国民議会議員、ジゼール・アリミ（Gisèle Halimi）氏は、名簿式投票で実施される（人口3500人以上の）コミューン議会議員選挙について、一方の性の候補者を必ず30％含むとするクォータ制を設立することを内容とした修正案を提案した。審議の過程で、アラン・リシャール（Alain Richard）修正により、一方の性の割合が25％に変更された。結局、選挙法典L 260条の2として、名簿式投票で実施されるコミューン議会議員選挙について、「候補者名簿は同一の性の候補者を75％以上含んではならない」という規定を定めるという提案が、賛成476、反対4、棄権3をもって、国民議会で可決された。この規定はそのまま国民議会第3読会で最終的に採択された。

第Ⅰ部　フランスにおけるパリテの挑戦

● **性別クォータ制違憲判決**

フランス第五共和制憲法は、法律等の合憲性審査機関として、憲法院を設立している。組織法律はその審署前に、議院規則についてはその施行前に必要的に憲法院の審査に付され (第61条第1項)、通常法律は、その審署前に、共和国大統領、首相、国民議会議長、元老院議長、60人以上の国民議会議員または元老院議員によって、任意的に憲法院の審査に付される (第61条第2項)。国際協約については、その批准または承認前に、共和国大統領、首相、国民議会議長、元老院議長、60人以上の国民議会議員または元老院議員によって、任意的に憲法院の審査の審査に付される (第54条)。1982年10月23日、反対派の国民議会議員60人によって、選挙法典改正法律は憲法院に付託された。提訴者が問題にしたのは、選挙法典新L262条が定める人口3500人以上のコミューン議会議員選挙の名簿式2回投票制方式についての違憲性であって、性別クォータ制に異議を唱えたわけではなかった。しかも、先に見たように、提案されているクォータ制は男女どちらにも適用可能なものであり、法文のうえでは、女性にのみ有利に働くというものでもなかった。ところが、憲法院は職権でクォータ制条項を審査の対象とし、選挙法典の「L265条に『性』という言葉を付加することは憲法に反する」と判断した (Décision n° 82-146 DC du 18 novembre 1982)[11]。

クォータ制条項を違憲と判断した理由はこうである。法律の第4条によれば「人口3500人以上のコミューン議会は名簿式投票で選出され、選挙人は名簿記載の内容も順番も変更できず」、「候補者名簿は同一の性を75％以上含むことはできない」。憲法第3条は「国

---

(11) 本判決を分析するものとして、建石真公子「フランスにおける市町村会選挙と国民主権——『クォータ制法』と『マーストリヒト条約にもとづく外国人の選挙権』に関して」法政論集第156号 (1994年)、武藤健一「選挙におけるクォータ制の違憲性と『政治的選挙』——クォータ制」フランス憲法判例研究会編『フランスの憲法判例』(信山社、2002年) 122頁以下を参照。

第 2 章　1999 年 7 月 8 日憲法改正――「パリテ」の登場

民（国）の主権は人民に属する。人民は主権を代表者を介してあるいは人民投票を通じて行使する。人民のいかなる部分もいかなる個人も主権の行使を自己のものとすることはできない。選挙は、憲法に定められる条件に従って、直接または間接で行われる。選挙は常に普通、平等、秘密である。民事上および政治上の権利を享有する成年男女のフランス国民はすべて、法律の定める条件に従って、選挙民である」と定め、人権宣言第 6 条は「すべての市民は、法律の前に平等であるから、その能力に従って、かつ、その徳行および才能以外の差別なしに、等しく、すべての公的位階、地位および職に就くことができる」と定めている。ここから「市民という資格は、年齢や法的無能力や国籍を理由とする除外、また、選挙人の自由や選出された議員の独立性の保護を理由とする除外のほかは、すべての人に同一の条件で選挙権と被選挙権を与えていること、これらの憲法的価値を有する諸原則は選挙人や被選挙人のカテゴリーによるあらゆる区別に対立すること、そのことはすべての政治的選挙の原則であり、とりわけコミューン議会議員選挙についてそうであることが、帰結する」。「選挙人に付される名簿の作成のために性を理由として候補者間の区別を含む規則は、上記に引用した憲法原則に反する」。従って、選挙法典 L 260 条の 2 は憲法に反する。選挙法典 L 260 条の 2 を L 265 条、L 268 条で適用する条項も憲法に反する（Con. 5 ～ 9 ）。

1982 年の性別クォータ制違憲判決は、その後、政治領域におけるポジティヴ・アクションの導入を阻止する論理を提供することになった。憲法院は、パリテ条項を含む「地域圏（レジオン）議会議員・コルシカ議会議員選挙および地域圏議会運営に関する法律」を付託された際も、性別クォータ制判決と全く同じ論理で、違憲の判断を導いている（Décision n° 98-407 DC du 14 janvier 1999）。

1946 年憲法前文第 3 項が「法律は、女性に対して、すべての領

域において、男性のそれと平等な諸権利を保障する」と定めていることから、「両性間の政治的平等を『保障する』ために法律が介入しうる」[12]可能性が開かれたという解釈も可能であった。しかし、1982年と1999年の2度にわたって憲法院が示した解釈は、1946年憲法前文第3項に触れることなく、女性の代表者を優遇する措置を平等原則の名において否定した。確かに、女性にはすでに「選挙権」と同時に「被選挙権」が保障されている。しかし、女性による政治的権利の「正当な行使」がなされても、なお、女性の過少代表状況が続いたのである。150年以上にわたって女性に参政権を拒み続けてきたフランス社会は、女性の政治世界への参入を快く迎え入れる準備ができていたわけではなかったのである。

　実際のところ、クォータ制は、女性の政策決定過程への進出を促進するという目的にとっては現実的な手段であったかもしれない。だが理論的には曖昧で、一種の違和感があることも確かである。たとえば「女性は（数の上で）選挙人団の53％を占めているのになぜ25％で満足しなければならないのか」[13]という疑問に明瞭に答えることができない。25％というのは理論的に導かれた数字ではなく、「この程度なら受け入れてもいい」という妥協の産物でしかない。1982年の違憲判決後、クォータ制の要求は急速に退潮してしまう。クォータ制は、理論の上でも運動の上でも、頓挫した形となった。

3　パリテの登場

● パリテの主張と欧州議会議員選挙

1992年にフランソワーズ・ガスパール（Françoise Gaspard）、ク

---

[12] Dominique Rousseau, La révision constitutionnelle du 8 juillet 1999 : D'un universalisme abstrait à un universalisme concret in *Mélanges en l'honneur de Benoît Jeanneau : Les mutations contemporaines du droit public*, Dalloz, 2002, p. 446.

[13] Janine Mossuz-Lavau, *Femmes/Hommes pour la parité*, Presse de Sciences Po, 1998, p. 32.

ロード・セルヴァン゠シュライバー (Claude Servan-Shereiber)、アンヌ・ル゠ガル (Anne Le Gall) の共著書『女性市民よ！権力の座へ——自由、平等、パリテ』(*Au pouvoir citoyennes! Liberté, égalité, parité*) が公刊され、パリテの思想がフランスで知られるようになった[14]。ファヴォルー (Loui Favoreu) 教授の整理[15]によると、パリテの要求は選挙制度レベルに移ることによって法律問題に移行することになる。1993 年の社会党大会で、ロカール (Michel Rocard) 書記長は、1994 年の欧州議会議員選挙に際しては、「厳格に均等な割合の男女から構成され、リストの先頭から最後まで、男女交互に並べられる」(シャバダ (chabada) 方式) の社会党リストの先頭にしか自分は名前を連ねないことを宣言した[16]。1994 年 6 月の欧州議会選挙において提出された 20 リストのうち、社会党、共産党、市民の運動 (Mouvement des Citoyens)、緑の党などが提示した 6 リストが、パリテないし準パリテ構成のリストであった。この結果、女性議員率は、23.4％から 29.9％に上昇した。

● パリテの政治課題化

1995 年の大統領選挙に際しては、主要 3 候補 (シラク (Jacques Chirac) 氏、ジョスパン (Lionel Jospin) 氏、バラデュール (Édouard Balladur) 氏) が、比例代表制で実施される選挙にクォータ制を導入することを公約に掲げた。選挙後、当選を果たしたシラク大統

---

(14) 背景に、EC／EU における女性政策の進展がある。この点については、梶本玲子「フランスの女性の政治参画—— EU の女性政策の影響とパリテ・クォータ論争」国際女性 12 号 (1998 年) 141 頁以下を参照。Voir aussi Olivia Bui-Xuan, *Le droit public français entre universalisme et différencialisme*, Economica, 2004, pp. 262-264.

(15) Louis Favoreu, Principe d'égalité et représentation politique des femmes, in Conseil d'État, *Rapport public 1996*, no. 48, La documentation Française, 1997, p. 397.

(16) *Rapport d'information, no. 2074*, mis en distribution 18 janvier 2000, A. N., http://www.assemblee-nati.fr/2/rap-info/i2074.htm

領は、首相を委員長とする「男女間のパリテ監視委員会」(l'Observatoire de la parité entre les femmes et les hommes) を設置した。

1996年6月には、クレッソン元首相をはじめとする10人の閣僚経験のある女性が、「パリテを求める10人宣言」(Le Manifeste de dix pour la parité in *L'Expresse* du 6 juin 1996) を発表している。その内容は、さまざまなレベルの議会の女性議員率を3分の1にするために義務的クォータ制導入にふみきること、兼職の制限、政党幹部および議員レベルにおける政党のパリテ尊重度に応じて政党に公的助成金を支出すること、積極的是正措置導入のために必要であれば憲法を改正すること、であった。

パリテ導入を目的とした憲法改正の最初の提案は、1994年のシュヴェーヌマン (Chevènement) 議員ら5人による提案で、第3条に「議員職への女性及び男性の均等なアクセスはパリテによって確保される」という1項を追加するという内容であった[17]。次の提案は、1996年6月のニコル・アムリヌ (Nicole Ameline) 議員とジル・ドゥ・ロビャン (Gilles de Robien) 議員によるもので、同じく第3条に「法律は選挙用候補者名簿に掲載される同一の性に属する候補者の割合を制限することができる」という1項を追加するという内容である[18]。

パリテ監視委員会は、1997年1月、最終報告書を提出した。その作成の中心となったのが、ジゼール・アリミ氏である。報告書は、政治生活における女性の進出のおくれを取り戻し、その進出を促進させる有効な手段として、パリテ、またはパリテを最終目標とするクォータ制導入の立法化を提唱するものであった[19]。この最終報

---

(17) *J. O., A. N., Documents parlementaires*, Proposition de loi constitutionnelle, no. 1048, (1993-1994).

(18) *J. O., A. N., Documents parlementaires*, Proposition de loi constitutionnelle, no. 2911, (1995-1996).

(19) Gisèle Halimi, *Rapport de la commission pour la parité entre les femmes et*

第2章　1999年7月8日憲法改正——「パリテ」の登場

告書を受けて、3月11日、国民議会議場で史上初めてパリテが討論のテーマとなった。ジュペ（Juppé）首相は、女性の政治参画促進を目的とした積極的是正措置を導入するために、憲法改正に賛成するとしつつも、この措置に論理的に適合するのは、名簿式投票制で実施される選挙（コミューン議会議員選挙、地域圏（レジオン）議会議員選挙、欧州議会議員選挙）に限られるとしたにとどまった[20]。またこの年に発行されたコンセイユ・デタ（Conseil d'État）の年報は「平等原則」を特集しており、パリテについての賛否両論を掲載している[21]。コンセイユ・デタ自身は、1982年の憲法院判決がパリテ導入のための障害となっているから、憲法第3条を改正するという改革案がありうることにふれている。しかし、そのように実行したからといって、「すべての障害、とりわけ共和主義の伝統における市民の普遍的性格に結びついた障害を取り除くであろうか」と疑問を提示している[22]。

1997年の国民議会解散に引き続いて実施された総選挙で、社会

---

les homes dans la vie politique : La parité dans la vie politique, La documentation Française, 1999. 委員会の活動については、voir Gisèle Halimi, *La nouvelle cause des femmes*, Seuil, 1997. なお、石田久仁子「欧州の女性の政界進出——パリティ・デモクラシーをめざして」時の法令1570号（1998年）31頁に、報告の内容について簡単な紹介がある。

(20) *J. O., A. N., Débats*, du 12 mars 1997, p. 1804.

(21) *EDCE, no. 48, op. cit., supra note 15*. パリテ賛成派として Blandine Kriegel, Parité et principe d'égalité（佐藤修一郎訳「パリテと平等原則」比較法雑誌第36巻第1号（2002年）45頁以下）、パリテ慎重派として Louis Favoreu, Principe d'égalité et représentation politique des femmes : La France et les exemples étrangers（佐藤修一郎訳「平等原則と女性の政治的代表——フランスと諸外国の例」比較法雑誌第35巻第1号（2001年）55頁以下）、Évelyne Pisier, Des impasses de la parité（福岡英明訳「パリテが提起する解決困難な諸問題」比較法雑誌第34巻第2号（2000年）107頁以下）が掲載されている。以上の3論文については、拙稿「パリテの提案と『市民』概念——『国家像の変容と平等原則』補遺」関東学院法学第8巻第2号（1999年）で紹介している。

(22) *EDCE, no. 48, op. cit., supra note 15*, p. 112.

党は全候補者の28%強に当たる女性候補者を擁立（女性候補者率の平均より5ポイント高い）し、42名の女性代議士を誕生させた。こうして解散前、下院女性議員率5.6%であったのが10.9%に達し[23]、フランスはやっと女性議員率EU15ヵ国中最下位を脱した。社会党政権が誕生し、ジョスパン首相のかねてからの公約どおり[24]、政府はコンセイユ・デタの意見を徴した後、1998年6月18日、憲法的法律案を国民議会に提出したのである。

第2節　審議の経緯

1　政府=国民議会と元老院との対立

● 国民議会第1読会

政府案「法律は（選挙によって選出される）議員職と公職への男女の平等なアクセスを奨励する」（La loi favorise l'égal acssès des femmes et des hommes aux mandats et fonctions.）の公表直後、ここにいう〈favoriser〉には2つの意味があると、フランソワーズ・ジルー（Françoise Giroud）氏が指摘している[25]。第1は「優遇して扱う」（traiter de façon à avantager）という意味で、早晩、積極的是正措置を導くことになるという。第2は「進展に貢献する」（contribuer au développement）という意味である。かように二重の意味に取れる曖昧な表現を用いていたにもかかわらず、政府の提案はほ

---

[23] 石田・前掲論文（注19）33頁。

[24] 1997年6月17日、ジョスパン首相は、施政方針演説の中で、「フランスのデモクラシーの現代化は制度改革だけを想定しているのではない。根本的な文化的変更を必要としている。まずフランス人女性が、何の拘束もうけずに、公的生活に参加できなければならない。この領域では、ものの考え方の変化と行動の変更を通じて、進歩がある。……女性と男性の間のパリテの目標を憲法に定めるために、憲法改正が提案されることになろう」として、憲法改正によるパリテ導入の意向を明確に打ち出した。以上については、国民議会第1読会本会議冒頭で、政府案の説明にあたったギグ法相による（*J. O., A. N., Débats*, du 16 décembre 1998, p. 10496.)。

[25] Françoise Giroud, La parité, oui, hèlas ! in *Le Nouvel Observateur*, 25 juin 1998.

第2章 1999年7月8日憲法改正——「パリテ」の登場

とんどの政党によって歓迎され、国民のパリテに対する支持はかなり高いと報道された[26]。

政府草案は、社会党のカトリーヌ・タスカ（Cathrine Tasca）議員を長とする国民議会の委員会に付託された。同委員会は、table ronde 形式で意見聴取を実施した後[27]、12月2日、タスカ委員長のラポール（Rapport no. 1240）を受け、憲法第3条に、「法律は（選挙によって選ばれる）議員職および公職への男女の平等なアクセスが組織される条件を定める」（La loi détermine les conditons dans lesquelles est organisé l'égal accès des femmes et des hommes aux mandats et fonctions.）という1項を追加する修正案を可決した。

このラポールに関し、そこで確認された憲法的法律案の文言について、ここでは以下の2点を指摘しておきたい。

第1点。ラポルトゥール（rapporteur）は、〈mandats〉と〈fonctions〉の意味について、〈mandats〉は、選挙によって選ばれる議員職（国民議会議員、元老院議員、地方議会議員、欧州議会議員）を指し、〈fonctions〉は、兼職禁止に関する立法で用いられているような、選挙によって選ばれる公職（コミューンの首長および助役、県ないし地域圏議会議長・副議長など）を意味する[28]と説明した。これに対し、後に触れる元老院委員会のラポルトゥールは、〈mandats〉と〈fonctions〉の区別が実定法上一様ではないことを指摘している[29]。ギグ（Elisabeth Guigou）法相も、その意味するところが「政治的性格を有する選挙を対象としている」ことは明白だとしな

---

(26) Libération du 18 juin 1998, *Le Monde* du 19 juin 1998.
(27) 出席者は以下の通り。Guy Carcassonne, Louis Favoreu, Geneviève Fraisse, Gisèle Halimi, Danièle Lochak, Monique Pelletier. 実質的なパリテ慎重派はファヴォルー教授のみである。会議録については、voir *Rapport no. 1240*, pp. 47-88.
(28) *Ibid.*, p. 40.
(29) *J. O., Sénat, Documents parlementaires, Rapport no. 156* (1998-1999), pp. 40-43.

がらも、〈mandats〉と〈fonctions〉の区別が明確ではないことを、元老院本会議で認めた(30)。このことから、どんな議員職および公職についてパリテを導入するのかは、憲法の規定から一義的には定まらず、その範囲は要するにパリテを具体的に導入する立法者の判断に任されることにならざるをえないだろう(31)。

第2点。政府の提案理由はパリテという文言を掲げ、その導入という明確な目標を示していたが、法文には「パリテ」という文言は登場しない。シラク大統領が憲法改正に賛成するかわりに、「パリテ」という文言を使用しないように要求したとも伝えられている(32)が、国民議会のラポルトゥールの示す理由(33)はこうである。パリテは、男性50%、女性50%という数値化された結果を求める数学的概念である。それは絶対的平等をめざし、実現は不可能である。パリテは実質的平等に至るための手段である。法律によって実質的平等が獲得されるための条件を定めることが必要なのである。言い換えれば、女性の政治への進出を促す手段ないし方法の選択は、立法者に委ねられることになる。このため、ヴデル教授は、憲法は、「機会の平等」なのか、「結果の平等」なのかという選択の原則を、立法者に示していない、結局のところ判断を憲法院に委ねることになりはしないか、という批判をルモンド（*Le Monde*）紙(34)に寄せている。

---

(30) *J. O., Sénat, Débats,* du 27 janvier 1999, p. 243.

(31) ギグ法相は続けて、憲法院の判決に依拠しながら、労働裁判所裁判官の選挙は含まれる（voir décision n° 78-103 DC du 17 janvier 1979, in *RJC* I-69.）が、社会保険加入者の代表者の選挙は含まれない（voir décision n° 82-148 DC du 14 décembre 1982, in *RJC* I-137.）としている（*ibid.*）。

(32) Raphaëlle Bacqué, Egalité ou 〈parité〉entre les hommes et les femmes ?, in *Le Monde* du 15 décembre 1998.

(33) *Rapport no. 1240*, p. 40.

(34) Georges Vedel, La parité mérite mieux qu'un marivaudage législatif !, in *Le Monde* du 8 décembre 1998.

第 2 章　1999 年 7 月 8 日憲法改正──「パリテ」の登場

　12 月 15 日に開催された国民議会の本会議は、〈mandats〉と〈fonctions〉に、それぞれ「選挙によって選ばれる」の意である〈électoraux〉と〈électives〉という形容詞を付すよう修正し、委員会案を、投票総数 83 票、賛成 82 票、反対 0 票で可決した(35)。政府もこの委員会修正案を受け入れた。この投票結果をどうみるかは措く(36)として、女性議員の出席率はよかったものの、左派についても右派についても男性議員があまり出席していなかったことが、ルルーシュ（Pierre Lellouche）議員の発言によって伝えられている(37)。

● 元老院第 1 読会

　法案は元老院に移送され、ジャック・ラルシェ（Jacques Larché）元老院議員を長とする委員会に付託された。同委員会は、国民議会

---

(35)　*J. O., A. N., Débats*, du 16 décembre, 1998, p. 10495.
(36)　審議の対象となった憲法改正草案に対し、普遍主義との抵触を懸念する発言もあったが、1997 年 3 月 11 日の討議とは異なり、堂々と反対論を打つ議員はほとんどいなかった。不受理申し立てを行ったジュリア（Didier Julia）議員の発言は、例外に属するだろう。「……主権は法律の前の全市民の平等からのみ発する。人権宣言第 6 条も、『すべての市民は、法律の前に平等であるから、その能力にしたがって、かつ、その徳行と才能以外の差別なしに、等しく、すべての位階、地位および公職に就くことができる』と規定している。」「今日われわれに求められているのは、草案の起草者によれば、女性のパリテへの接近を可能にしないような能力、資格、才能以外の基準、今日まで共和主義の徳行のリストになかった新しい基準を付け加えることである。それは、女性性（féminité）という基準である。」「肉体的差異に基づく優遇の形式を可能にする憲法条項を議決することは、大昔に逆戻りすることにならないだろうか。それは女性自身をも害することになるだろう。」「被選者は国民を代表するのであって、特別なグループを代表するのではない。男性の代議士が定義上、男性の利益の名においてのみ語ると考えて、女性議員に女性の利益を代表するという命令的委任を与えるのは、議員の職務を歪曲するものである」。「われわれは女性の地位向上に全面的に賛成するが、政治的には、他のあらゆる領域と同様に、それは機会の平等、アクセスの条件の平等によるものである」「女性は男性と平等になるために優遇される必要があるということこそ、時代遅れで男権主義的である」(*ibid.*, pp. 10506-10509)。ジュリア議員はこの発言の後、退席している。「おじいさんの話を聞いているようだった」(*ibid.*, p. 10514)という皮肉とともに、ジュリア議員の不受理の申し立ては否決された。
(37)　*Ibid.*, p. 10542.

第Ⅰ部　フランスにおけるパリテの挑戦

第1読会終了の翌日から活発に活動を始めている。すなわち12月16日には、ジゼール・アリミ氏とヴデル教授を招いて、第1回目の意見聴取を行っている[38]。両氏はパリテに関して異なる立場を表明していることで知られていた[39]。年が明けて1999年1月19日には第2回目の意見聴取が実施されている[40]。

この間、1998年12月24日、60人の保守派元老院議員は、憲法院に「地域圏議会議員とコルシカ議会議員選挙および地域圏議会運営に関する法律」の違憲審査を申し立てている。その理由の1つが、同法第4条と第17条で、「各候補者名簿は男女の候補者間のパリテを確保する」としているのは、憲法院の1982年のクォータ制に関する判決に照らして憲法に反する、とするものであった[41]。政府は、これらの条項は、1946年憲法前文第3項「法律は、女性に対して、すべての領域において、男性のそれと平等な諸権利を保障する」によって提示された原則を、立法者が実施しただけのことだと反論した[42]。憲法院が元老院議員の申し立てを受け入れ、1982年

---

(38) *Rapport no. 156*, pp. 63-67.

(39) かつて、アリミ氏が「パリテ委員会」の意見聴取にヴデル教授を招いたとき、教授は立場の違いを理由に出席を拒否したといういきさつがある (Halimi, *La nouvelle cause des femmes, supra note 19*, p. 186)。またパリテに対する理解にも両者には違いがある。ヴデル教授は「パリテは50％のクォータ制にすぎない」としているのに対し、アリミ氏は「パリテはクォータ制の哲学とは全く異なる」と表明している (*Rapport no.156*, p. 65)。

(40) 当日の出席者は、ギグ法相、ペリ (Nicole Péry) 女性の権利および職業教育担当雇用と連帯大臣補佐、カルカソンヌ (Guy Carcassonne) 教授、オスタリエ (Françoise Hostalier) 元社会教育担当大臣補佐、エリザベット・バダンテール (Elisabeth Badinter) 教授、ピジエ (Évelyne Pisier) 教授、デュアメル (Olivier Duhamel) 教授である。前3名はパリテに積極的に賛同、次の3名は普遍主義の立場から反対を表明、デュアメル教授は暫定措置としてパリテの導入を容認する立場である (*Rapport no. 156*, pp. 69-85)。

(41) Décision n° 98-407 DC du 14 janvier 1999 in *J.O., Lois et décrets*, du 21 janvier 1999, p.1033.

(42) *Ibid.*, p. 1039.

第2章　1999年7月8日憲法改正——「パリテ」の登場

の判決を踏襲したのは、先に見たとおりである。政府が1946年憲法前文第3項を援用したのに対し、憲法院がこの条項について言及していないことに注意を払う必要がある。

委員会のラポルトゥール、ギー・キャバネル（Guy Cabanel）元老院議員は、女性の政治的進出の「おくれ」という現状を改善する必要はあるが、近年、政党の政策的判断により、女性議員が増える傾向が見られる、これを助長することが望ましい、と考えた。こうした理由から、普遍主義と対立する憲法第3条ではなく、政党に関する第4条改正を提案した。すなわち「政党は選挙によって選ばれる公職への男女の平等なアクセスを促進する」（Ils favorisent l'égal accès des femmes et des hommes aux mandats électoraux et aux fonctions électives.）「政党に対する公的助成に関する定めは、前項で表明された原則の実施に用いることができる」（Les régles relatives à leur financement public peuvent contribuer à la mise en œuvre des principes énoncés aux alinéas précédents.）という2項を第4条に付け加えるという提案である[43]。

政党助成金の調整を用いて女性候補者の増員を政党の政策判断に委ねる方式[44]は、女性の進出を促すためのより厳しい兼職制限、年齢制限とともに、普遍主義との折り合いをつけるために、国民議会でも提案されていた。しかし、憲法院の1982年判決という障壁を乗り越えるためにはあくまでも第3条改正が必要だと考えるギグ法相とタスカ委員長は、これらの提案を退けている。1999年1月

---

(43) *Rapport no. 156*, op. cit., p. 50.
(44) 例えばカタラ（Nicole Catala）議員の提案（*J. O., A. N., Débats*, du 16 décembre 1998, p. 10535)。タスカ委員長は「1982年の憲法院の判決は制憲者の意思が女性を優遇する措置について十分明瞭ではない、と考えたことに起因すると考えうる。……今時においては、主権と選挙（suffrage）の統一性についてわれわれがもっている観念を憲法上変更することが問題となっている。そのため、われわれが補って完全なものにしなければならないのは第3条に他ならない」（*ibid.*, p. 10547）とその趣旨を説明している。

26日の元老院第1読会本会議は、激しい議論の末、投票総数306票、賛成163票、反対113票で、委員会修正案＝第4条改正案を可決した[45]。

● 国民議会第2読会

舞台は再び国民議会に戻った。2月10日、委員会は国民議会が第1読会で採択した改正案（「法律は選挙によって選ばれる議員職および役職への男女の平等なアクセスが組織される条件を定める」）を復活させるというタスカ委員長の提案を受け入れた[46]。2月16日、第2読会本会議は、ほぼ満場一致（全員一致には2名足りない）で、委員会の提案を可決した[47]。

2　議会外の論争

● 関心の変化

ヌヴェール・オプセルヴァトゥール（*Le Nouvel Observateur*）1月14日号（1999年）は、「パリテ」を特集している[48]。18歳から35歳までの女性を対象にしたインタビューから構成されている記事の中で、政治の場面における「パリテ」という言葉自体が、これらの女性の間で、まだ十分に浸透していないというエピソードが紹介されている。ところが、政府・国民議会と元老院との対立が明らかになるにつれて、パリテ論争は論壇を熱くしていったようである。日刊紙、週刊誌、月刊誌、インターネットなどさまざまなメディアを使って、論争が戦わされていると、2月14=15日付のルモンド紙

---

[45]　*J. O., Sénat, Débats*, du 27 janvier 1999, p. 295.

[46]　*J. O., A. N., Documents parlementaires*, Rapport no. 1377（1998-1999）.

[47]　*J. O., A. N., Débats*, du 17 février 1999, p. 1468.「全員一致に2名足りない」というのは、国民議会第3読会冒頭で、ギグ法相が指摘したことによる（*J. O., A. N., Débats*, du 11 mars 1999, p. 2225.）。

[48]　*Le Nouvel Observateur*, 14 janvier 1999, pp. 40-44.

第 2 章　1999 年 7 月 8 日憲法改正——「パリテ」の登場

は伝えている(49)。

● パリテ推進派

　そのルモンド紙は、2 月 6 日、つとにパリテ推進派として知られ、ジョスパン首相夫人でもあるシルヴィアヌ・アガサンスキ（Sylviane Agacinski）氏の普遍主義批判の論説(50)を掲載した。アガサンスキ氏は、パリテの主張によって、権利の平等にもかかわらず、男性による権力独占が永続化していることを隠蔽している「非差異主義」のイデオロギー（idéologie "indifférencialiste"）を捨て去るのだといい、普遍主義に厳しい批判を浴びせかける。パリテの思想を、政治の場面での「政治的平等に新しい中身を与えるやり方」と位置づける。「2 つの性が普遍的に人間（humanité）を構成していることに同意するのであれば、その二重の構成を考慮に入れて人民の主権を代表するのが正当である。そうであるなら、女性は代表者を選出するのみならず、同胞の男性市民と同じ資格で、人民を代表することができなければならない（もとより男女の別々の代表を問題にしているわけではない）。したがって、女性は立候補することができなければならないのだ」。こう論じた後、政府および国民議会案に賛意を示し、それによって「フランスの民主主義の中で女性が消し去られている状況を修正する法律が可能となる」と結んでいる。これに対する普遍主義からの 3 本の反論(51)が 11 日に、さらに 14 = 15 日付

---

(49)　Pascale Robert-Diard, Une mobilisation par voie de presse ... ou de Web in *Le Monde* daté du 14 et 15 février 1999. この時期フランス人の 4 人に 3 人はパリテに賛成していたという報告がある。また、1999 年 2 月に実施されたある世論調査によると、80％がパリテを憲法に書き込むことに賛成している。以上の指摘については、voir, Marie-Jo Zimmermann, *Effets directs et indirects de la loi du 6 juin 2000 : un bilan contrasté, Rapport de l'Observatoire de la parité entre les femmes et les homes*, 2005, p. 6, note 3.

(50)　Sylviane Agacinski, Contre l'effacement des sexs, in *Le Monde* du 6 février 1999.

(51)　Evelyne Pisier, Contre l'enfermement des sexes ; Elisabeth Roudinesco, Une parité régressive; Danièle Sallenave, Manifeste, in *Le Monde* du 11 février 1999.

けでは、パリテ慎重派の論客であるバダンテール（Robert Badinter）元老院議員に対するインタビュー記事[52]が掲載された。その後、アガサンスキ論説擁護の3本の論文[53]が掲載されている。25日には、賛否両論とり混ぜ、6本の論説が掲載[54]された。

● パリテ懐疑派

2月11日付エクスプレス（*L'Expresse*）誌[55]は、パリテ反対派の陣営に紙面を提供した。哲学者で、バダンテール元老院議員の夫人でもあるエリザベット・バダンテール（Elisabeth Badinter）教授、法律家のエヴリヌ・ピジエ（Evelyne Pisier）教授、作家のダニエール・サルナーヴ（Danièle Sallenave）氏が連名で、パリテ反対の意見表明を行っている。反対の根拠は3点ある。①パリテの主張が普遍主義的共和国に背を向けることについて。「普遍は、分離し差別をするものである差異に対する、武器である。歴史が示すとおり、差異の名において統合されることはなかったし、逆にその名において排除されてきたのだ。発展途上社会で、女性の（男性との）差異が女性の隔離と屈従を正当化しているのを見るがいい」。②女性と男性という区別を設けることについて。これは「人間を自然的区別に閉じこめることを拒否するという解放の第一原理と決別することを意味する。女性の世界と男性の世界という古いシェーマを再生する

---

(52) Entretien avec Robert Badinter, in *Le Monde* daté du 14 et 15 février 1999.

(53) Bernard Pingaud, La parité permet à Lionel Jospin de mettre en porte-à-faux Jacques Chirac, in *Le Monde* daté du 14 et 15 février 1999, Blandine Kriegel, Non, la mariée n'est pas trop bell ; Francine Comte et Alain Lipietz, Briser le plafond de verre !, in *Le Monde* du 17 février 1999.

(54) Stany Grundzielski, La parité républicaine par la double vote ; Janine Mossuz-Lavau, Les antiparitaires se trompent ; Brithe Pederson, Quand copulent les mouches ; Joëlle Wiels, Ne pas confondre sexe et genre ; Michelle Perrot, Oui, tenter cette expérience nouvelle ; Elisabeth de Fontenay, L'abstraction du calcul contre celle des principes, in *Le Monde* du 25 février 1999.

(55) *L'Expresse*, 11 février 1999.

ことになる。女性にその場を与えながら放棄し始めている伝統に、男性をたち戻らせることになる」。③女性の（男性との）「差異」をあらゆるカテゴリーを横断する絶対的なものとしていることについて。「差別による犠牲者間の連帯原則を放棄することである。排除のレベルは区別されても、多くの女性が苦しめられている経済的、社会的、人種的不平等が理解されていない。そのものとして女性の形式的連帯を完全に作りあげながら、すべての女性が同じように差別されているわけではないことが、あまりに簡単に忘れ去られている」。この主張に加え、11人の錚々たる女性たち（パリテのなくても地位を築いてきた！）が、パリテ反対のコメントを寄せている。

● フェミニスト陣営内の対立

　賛成論であろうと反対論であろうと、パリテをめぐる議論は、さまざまな立場を浮かび上がらせるという効果があった。左翼に位置づけられてきたフェミニストである女性たちの間に違いがあることが明らかにされた[56]。他面、賛成論・反対論が、ともに「論争」として深まった議論に展開したのか、という点については疑問がある。ある反対論者は、パリテ派は「啓蒙の名において、パリテ反対論者を反動的で女性蔑視の輩のカテゴリーに組み入れようと主張している」[57]と、不快感を露わにしている。エクスプレス紙に集合したパリテ反対派の14名は、パリテ論者の反対派の扱いが、「イデオロギー的テロリズム」（terrorisme idéologique）であると告発している[58]。そうであるとするならば、これは全くの想像の域を出ないのであるが、パリテ反対論を声高に主張することは、かなりの勇気を必要とする空気が醸成されていたのではないだろうか。そうだと

---

(56)　Voir Josyane Savigneau, Elles enfin au pluriel, in *Le Monde* du 22 avril 1999, supplement : L'avenir des femmes / Du《Deuxiéme Sexe》de Simone Beauvoir à la parité.

(57)　Elisabeth Roudinesco, op. cit., supra note 51.

(58)　*L'Expresse, op. cit., supra note 55*, p. 53.

第Ⅰ部　フランスにおけるパリテの挑戦

するならば、政府・国民議会案を否定した元老院議員たちには、この空気は耐えられないほど重いものであったことは想像に難くない。

3　元老院の譲歩

● 元老院第2読会

2月になると、「共和国連合（RPR）のロズリヌ・バシュロ（Roselyne Bachelot）議員から『バカ者』（cons）扱いされた元老院議員たちは、かなり広い範囲で、ソースのだし汁にセロハンテープで留められた古いクルトン（時代遅れの偏狭な考えの持ち主）と考えられている」[59]という状況が生まれていた。

元老院第2読会本会議で委員会修正案の趣旨説明に立ったラポルトゥールは、「元老院の精神状態」について語るのは無益ではない、「われわれはメデイアからの文字通りのショックによって激しく動揺させられている。われわれはそれを客観的に評価しなければならないし、そこから結論を引き出」す[60]ことから始めなければならなかった。議会外の論戦の結果、マスコミ論調は、頑迷なる元老院が憲法改正を阻んでいるという色彩を帯び、元老院は世論と乖離した、浮いた状態におかれたのである。

かような空気の中で、政府・国民議会対元老院という対立図式からどう抜けだすかという政治的妥協が模索された[61]。3月3日、キャバネル元老院議員は第3条＝第4条改正案を修正案として委員会に提案した。第3条改正については政府原案に戻し、「法律は選挙によって選出される議員職と公職への男女の平等なアクセスを促進する」（La loi favorise l'égal accès des femmes et des hommes aux man-

---

(59)　Ibid. また、当時の空気を伝えるものとして、voir J. O., A. N., Documents parlementaires, Rapport no. 1451（1998-1999), pp. 5-6.

(60)　J. O., Sénat, Débats du 5 mars 1999, p. 1286.

(61)　Le Nouvel Observateur, 25 février 1999, p. 30 ; Le Monde du 5 mars 1999.

第2章　1999年7月8日憲法改正——「パリテ」の登場

dats électoraux et fonctions électives.) とした。ただし、〈mandats〉と〈fonctions〉の意味を限定するために、それぞれに「選挙によって選ばれる」という形容詞をつけている。政府原案の方が国民議会案よりも、立法者の裁量の範囲は広がり、必ずしもパリテを法的に強制する手段をとらなくてもよいことが明瞭になった、とキャバネル元老院議員は説明した。第4条改正は、「政党の公的助成金は、法律によって定められた条件で、第3条の最終項で表明された原則の実施に貢献する」(Leur financement public contribue à la mise en œuvre du principe énoncé au dernier alinéa de l'article 3 dans les conditions déterminées par la loi.) とするものである。これは、単記投票制による選挙について、男女の平等なアクセスを可能にするための措置を政党にとらせることを目的としている。1つに政党の活動の自由との抵触を回避するという意味があるが、より本質的には、パリテの導入が比例代表制による選挙の範囲拡大の口実にされないための保証、という意味があった。委員会でどのような議論がなされたか、詳らかではないが、ルモンド紙は、3月3日時点で敗北を悟った最も強硬な反対派の元老院議員は本会議欠席を選んだ[62]、と報じた。

3月4日の元老院第2読会本会議では、第1読会のような、激しい議論の応酬はなかった。会議の冒頭で趣旨説明にたったギグ法相は、「哲学的議論に閉じこもるべきではない」と、現実に見合う具体的な解決を元老院議員に迫った[63]。バダンテール元老院議員は、少し長めの発言を許されたが、もう時の勢いは止められないというあきらめの表明にとどまった[64]。本会議では、第3条改正案は無修正で、第4条改正案については、「政党の助成金の調整は」が、

---

[62] *Le Monde* du 6 mars 1999.
[63] *J. O., Sénat, Débats,* du 5 mars 1999, p. 1283.
[64] *Ibid.*, pp. 1322-1324. 議長は「割り当てられた発言時間を超過しても発言を許したのは、同僚議員があなたの発言を聞きたいと願っていたからである。このことで私はとがめられないと思う」とわざわざ断っている (*ibid.*, p. 1324.)。

「政党は」に修正され、最終的には、「政党は、法律によって定められた条件で、第3条の最終項で表明された原則の実施に貢献する」(Ils contribuent à la mise en œuvre du principe énoncé au dernier alinéa de l'article 3 dans les conditions déterminées par la loi.) が、第4条の最終項として追加されるという改正案となった。この修正案は、投票総数306票、有効投票297票、賛成289票、反対8票で可決された。バダンテール元老院議員は、他の13名の議員とともに、投票に加わらなかった[65]。会議を終え、共和国連合のジョスラン・ドゥ・ロアン (Josselin de Rohan) 元老院議員は、「元老院は一兵卒に戻ったわけではない。民主的議論を豊かにすることに貢献しているのだ」と語ったが、次のような、キャバネル元老院議員の発言は、より明瞭に、事態を物語っていると伝えられている。「われわれは憲法改正という祭壇に駒を1つ犠牲にしたのだ」[66]。

● 国民議会第3読会

この元老院修正案は無修正のまま、3月10日、全会一致で、国民議会第3読会を通過した[67]。6月23日のデクレ[68]によって招集された6月28日の両院合同会議 (Congrès) は、投票総数836票、有効投票788票、賛成745票で、原案を可決した[69]。大統領が審署し、ここに1999年7月8日付の憲法改正は成ったのである。

---

[65] 投票結果については、voir *ibid.*, p. 1333-1334. 第1読会の際には、バダンテール議員は、政府・国民議会案に反対であり、むしろ第4条を改正すべきだという考えをもっていたが、左翼として、元老院委員会修正案（保守多数派案）に反対票を投じている (Entretien avec Robert Badinter, op. cit., supra. note 52)。

[66] 以上の元老院議員の発言については、voir *Le Monde* du 6 mars 1999.

[67] *J. O., A. N., Débats*, du 11 mars 1999, p. 2236.

[68] Décret du 23 juin 1999 tendant à soumettre deux projets de loi constitutionnelle au Parlement réuni en Congrès, *J. O., Lois et décrets*, du 24 juin 1999, p. 9246. もう1つの憲法改正は、53条の2として、1998年7月18日に署名された条約にともない、国際刑事裁判所の管轄権を承認する内容の条項を設けるものである。

[69] *J. O., Congrès du Parlement, Débats*, du 29 juin 1999, pp. 29-47.

第3節　主たる争点
　　──「差異主義」対「普遍主義」

● 第3条改正案 vs. 第4条改正案

　審議過程では、第3条改正を求める政府＝国民議会（左派多数）と第4条改正を求める元老院（保守派多数）という対抗関係がみられた。とりわけ、パリテの導入が比例代表制選挙採用の口実に利用されることへの元老院議員の警戒は、かなり強いものであった。

　第3条改正案は、パリテの目標の具体的実現を立法者の判断に委ねるもので、ある場合は選挙法上の規定として、またある場合は政党に対する助成金の調整を通じて、政党にパリテに関心を持たせる方法がとられることになる。この提案によれば、立法者によってパリテが強制される可能性がある。第4条改正案は、公認候補選定段階でのパリテの導入を政党に委ね、インセンティヴを与えるために、助成金の調整手段をとりうることを規定する。したがって、立法者がなし得るのは、政党に対するパリテへの動機付けにとどまる。

　女性の政治参画が不十分であるという現状を改善するという認識で一致し、異なるのはその実現の手段だけのような印象を与える。1946年憲法前文第3項によって、男女の平等は法的に確立されている。にもかかわらず現実に女性の政治的進出が不十分なのは、政党が女性候補者を立てないせいだとして、政党の責任を問題にしたのが第4条改正案であった。第3条改正案は、政党に任せていては女性の政治的進出を促進できない、法律によって促進すべきだが、1982年のクォータ制に関する憲法院の判決がそれを妨げているから、それを可能にするために、その根拠となっている憲法上の障害を除く必要があるとする。発言した議員の何人かは、女性の政治の場への進出を促すという共通の目的に対する、異なる手段の選択の問題にすぎないとしていた。確かに、パリテそれ自体は、ギグ法相

が指摘するように、「男女平等に、抽象的にではなく事実において到達するための、手段ないし装置である」(70)。しかしパリテをめぐる議論は、それを超えた哲学論争を覚醒させ(71)、憲法上の論点を浮かび上がらせた。

● **普遍的人間像——男女混成性**

第1の争点は、普遍的人間（humanité）像をめぐるものである。パリテ論者は人間（humanité）が女性と男性という性の二元性から構成されていることこそ、「普遍的だ」という(72)。人間（humanité）は男女混成（mixité）であり、それ以外の存在様式を持たない。性は人間の1つの状態であるから、人間存在とは切り離せない。性別は他のカテゴリー区別とは別次元である。なぜなら、あらゆるカテゴリーを横断して、男女の性別は存在するからである(73)。パリテ慎重派は、かような生物学的差異を人間（humanité）の概念に持ち込むのは、「危険な概念操作」として拒否する(74)。生物学的

---

(70) *J. O., Sénat, Débats,* du 5 mars 1999, p. 1283.

(71) *Le Nouvel Observateur,* 25 février 1999, p. 30. 多くの知識人を巻き込んだパリテ論争を分析するものとして、堀茂樹「パリテ論争——市民に性差はあるか？」三浦信孝編『普遍性か差異か——共和主義の臨界、フランス』（藤原書店、2001年）237頁以下を参照。

(72) 元老院第1読会本会議で政府案の趣旨説明にたったギグ法相は、「人間（humanité）は、半分は男性、半分は女性から構成されているから、われわれがこのテキスト（国民議会第1読会通過の憲法的法律案）によって提案しているのは、普遍主義についての別の観念である」として、「普遍主義」からの離脱ではないことを強調していた（*J. O., Sénat, Débats,* du 27 janvier 1999, p. 242.）。また、タスカ議員は、シルヴィアヌ・アガサンスキの哲学に依拠しながら、「性の二元性が普遍的差異を構成する。政治社会はこの男女混成性を受け入れなければならないし、もはやそれを無分別に否定することはできない。なぜなら男女混成性は平等原則を侵害するものではないからだ」としていた（*Rapport no. 1377,* p. 13）。

(73) *Ibid.,* p. 243.

(74) 元老院による意見聴取でのエリザベット・バダンテール教授の発言を参照（*Rapport no.156*, p. 77.）。Aussi voir Elisabeth Badinter, Un remède pire que le mal, in *Le Nouvel Observateur,* 14 janvier 1999, p. 43.

第2章　1999年7月8日憲法改正——「パリテ」の登場

差異は生殖領域において現実的な意味を持ちうるが、政治領域に介入すべきではない。人間（humanité）の概念は、個々の人間の違いを超えて人間に共通するものとして概念構成される。「こうしたわけで普遍性が人権の本質になる」「この普遍性は、性別を含め、いかなる区別も許容しない」[75]のである。パリテ論者は、その「普遍性」が女性排除を隠蔽してきたというだろうし、普遍主義者は、「男女の生物学的差異」が女性排除を正当化してきたと反論することになろう。

● 抽象的国民主権 vs. 具体的国民主権

憲法上の最大の争点の1つは「国民主権」（souveraineté nationale）の問題であった。第3条改正の提案は、「国民主権」の新しい解釈をうち立てる意図からでている[76]。国民議会第1読会本会議で、政府提出案の説明にたったギグ法相は、この憲法改正を行うことによって、「われわれは、重大な象徴的効果を持つ決定を行おうとしている。主権の観念は、もはや抽象的なものではなく、現代に生きる男性と女性の具現化された代表となる」[77]と語った。言い換えるなら、「国民主権は女性と男性から構成されている人民に属する。人民は女性と男性の代表者を通じて主権を行使する」「1946年憲法前文第3項は、すでに男女の平等を承認しているが、ここで提案されていることは、主権観念の新しい解釈（une lecture nouvelle）である」[78]。「この憲法改正は……きわめて重要な政治的行為である。

---

[75] バダンテール元老院議員の発言による（*J. O., Sénat, Débats,* du 27 janvier 1999, p. 279）。

[76] パリテの導入に肯定的立場をとる哲学者のジュヌヴィエーヴ・フレス氏は、「パリテは実践的には正しいが、（男女とも理性的存在であるという意味で）理論的には誤っている」とした上で、問題は「主権者を再定義すること」だという（*Le Monde* du 22 avril 1999, supplement, *op. cit., supra note 56*）。

[77] *J. O., A. N., Débats,* du 16 décembre 1998, p. 10496.

[78] *Rapport no. 1377*, p. 11.

普遍主義を再考し、男性の支配を表明した抽象的概念を捨て、主権が男性と女性に具現化されていることを知らしめなければならない」[79]。共和主義的普遍主義は男性に傾いた片側麻痺の状態にあった。パリテを導入してそれに実質と公正を与えようというのである。パリテは、「政治的決定機関（les instances politiques）における男女の配分に人口における男女の比率を反映させることを含む」[80]のである。

キャバネル元老院議員は、ラポールの中で、政府・国民議会案の検討に際し、パリテを肯定する代表制論として、フランシーヌ・ドゥミッシェル（Francine Demichel）教授の議論を取り上げた[81]。同教授によれば、性別は、人の観念そのものから分離することができない唯一の要素であるが、「人のもつ属性は、偶然であったり（名前、職業、資産状態、階級ないし社会的グループへの帰属など）、変動したり（年齢）、民主的法においては承認しがたいもの（人種、肌の色）であったりする。代表においてこれらの要素（性別以外の属性……筆者註記）を考慮することは、代表の変容となるだろう。なぜならそうした考慮は代表を社会的多様性の写真（une photographie）にしてしまうからだ。性別は個人と社会体のアイデンティティそのものを定めるのに役立ち、それゆえに、代表制理論において考慮されなければならない唯一の要素である」[82]。だからといって、女性が女性を代表すべきだというのではない[83]。かつて選出

---

(79) *Le Nouvel Observateur*, 14 janvier 1999, p. 43.「国民主権」の保持者を「人民」から「男女」に解釈を「具体化する」というが、「国民主権は人民に属す」という文言に変更がなければ、これは保持者の「変更」とはならないということなのか、疑問であるが、議会での論点とはなっていない。

(80) *J. O., Sénat, Débats*, du 27 janvier 1999, p. 243.

(81) *Rapport no. 156*, p. 32.

(82) Francine Demichel, A parts égales : contribution au débat sur la prité in *Recueil Dalloz*, 1996-12e cahier, p. 97.

(83) 審議を通じて、ギグ法相、タスカ議員によって、何度も繰り返されている。ま

第 2 章　1999 年 7 月 8 日憲法改正——「パリテ」の登場

された男性が女性も代表していたように、選出された女性は男性を代表する。女性は人民の一部として国民主権の行使を自己のものとするわけではない[84]。したがって、パリテの導入は共同体主義（communautarisme）に道を開かない。そもそも女性は共同体（communauté）[85] ではない。

　普遍主義者バダンテール元老院議員は「主権は女性と男性という人間（humanité）の 2 つの部分で具現化されるべきだという議論についていけない」と反駁する。「2 つの部分に具体化される主権というものを理解できないし、具体的な普遍主義というのもわからない。普遍主義は普遍主義そのものである」。普遍主義によれば、フランス人民はすべてのフランス人から構成される。いかなるものであろうと、その区別をすることはできない。主権は共和国同様、統一・不可分である[86]。

　憲法は共和政体が憲法改正の対象とならないことを明記している（第 89 条第 5 項）が、もとよりパリテ論者は共和政体を否定している

　　た、voir Halimi, *La nouvelle cause des femmes, op. cit., supra note 19*, p. 193. この言明に説得力があるわけではない。国民議会第 2 読会でブタン（Christine Boutin）議員は、パリテの主張の基礎には「女性は女性によって代表される」という哲学があると指摘している（*J. O., A. N., Débats*, du 17 février 1999, p. 1463）。

(84)　*Rapport no. 1377*, p. 14.

(85)　Communauté とは、「共通の性質・利害をもった社会集団（groupe social）」をいう（*Rapport no. 1377, op. cit.*, p. 13）。パリテを導入しても communautarisme に結びつかないのは、女性が、さまざまなカテゴリーを横断して存在するからだという説明のされ方が、一般的である。例えば、「年老いていようと若かろうと、黒人であろうと白人であろうと、金持ちであろうと貧しかろうと、キリスト教徒であろうとイスラム教徒であろうと、男であるか女であるかである」、という類の表現が、パリテ論者によって好んで用いられる。しかし黒人を例に取れば、「年老いた人にも若い人にも、キリスト教徒にもイスラム教徒にも、男性にも女性にも、黒人はいる」ということができる。これに対し、「女性はあらゆるカテゴリーにおいて男性と共生しているゆえに、女性だけの厳密な意味での集団を構成しないからだ」という理由付け（Janine Mossuz-Lavau, *Femme/Homme : Pour la parité, op. cit., supra note 13*, pp. 84-85）のほうが、より説得力があるように思われる。

(86)　*J. O., Sénat, Débats*, du 27 janvier 1999, pp. 279-280.

わけではなく、パリテの導入によって、むしろ共和国がより完全なものになるという理解を示している。それでは主権（保持者）の観念を変更することはどうか[87]。憲法第3条の改正が必要になったのは、憲法院による主権の解釈がパリテの導入の障害となっているためである。共和国は裁判官政治のもとにあるわけではない。なぜなら主権者は、いつでも、憲法制定権者として現れることによって、裁判官の判決をうち破ることができるからである。パリテが望ましいと考えるのであれば、「憲法が自分たちの幸せに反していると人民が考えたときに、それを変更する権利を人民に対して承認している共和政体の根本原則に従って、憲法を変更することが必要なのである」[88]。

● 平等原則――「類似」と「差異」

平等原則の議論も注目される。ギグ法相は、論議すべき実質は、「平等原則」についてであると指摘している。「男性と女性について平等であるということは、彼らの間には、もはやいかなる差異もないということなのか。なぜ平等は、差異の否認をともなわなければならないのか。われわれは平等と差異を同時に考えられないほど無能なのか。……今日、差異の承認が平等の現実的な達成にとって必要ではないのかどうかを問うべき時期ではないのだろうか」[89]。「差異における平等（égalité dans la différence）を望むことができると思う」[90]。パリテ論者は男女の平等を求めるが、その「平等」が

---

(87) *Rapport no. 1377* は、憲法第3条を改正が可能であることを、次のように説明している。「フランスの法体系は、超憲法規範（normes supraconstitutionnelles）を認めていない。その始源的形態としては人民、派生的形態としては両院合同会議としての主権者は、根本法の第89条が定めているように、共和政体を改正の対象とできないという唯一の実質的条件の下に、いつでも憲法を変更できる」(p. 9)。

(88) ギグ法相の趣旨説明。*J. O., Sénat, Débats*, du 27 janvier 1999, p. 243.

(89) *J. O., A. N., Débats*, du 17 février 1999, pp. 1448-1449.

(90) *J. O., Sénat, Débats*, du 27 janvier 1999, p. 282.

性差と同時に考えられるものであると指摘する。憲法第1条は「フランスは、出生、人種または宗教による差別なしに、すべての市民に対して法律の前の平等を保障する」と定めているが、パリテ論者は、この条項に「性別」による差別禁止を明示的に加えようとはしない。「性に基づくあらゆる差別を禁止する」結果を受け入れるわけにはいかないからである[91]。男女の事実上の不平等を解消するために事実上の差異を考慮する必要がある。それがパリテだというのである。パリテは女性を優遇する制度ではなく、女性を政治的責任ある地位から排除してきた過去の過ちをただすことであり、平等の理念と両立すると結論づけている。普遍主義者によれば、平等は人間（humanité）の統一性を強調するために類似への権利（droit à la ressemblance）に基づくものでなければならない。かような平等の観念は形式的平等として現れる。あらゆる差別（区別）は、たとえそれが積極的是正を目的とする措置に伴うものであったとしても、「共和主義的統合に反する排除の源」として観念されることになる[92]。このように、性差の考慮が女性を排除するか否か、正反対の結論がぶつかっている。

● **選挙人の自由と個人の尊厳**

その他、憲法上の問題として選挙人の選択の自由が論ぜられている。立候補制をとる以上、選挙人の選択は候補者間に限られているのであり、とりわけ拘束名簿式投票制の下では、パリテ導入による選挙人の選択の自由の制限をことさらあげつらうことはできない。また、パリテによって政界進出を果たすことになる女性たちが、個人の能力のゆえでなく、もっぱら「女性」という性に属するゆえに選出されたというスティグマ（焼き印）を押されることになり、個

---

(91) *Rapport no. 1377*, p. 10.
(92) *Rapport no. 156*, p. 36.

人としての尊厳が傷つけられるのではないか、という問題点が指摘されていたことも付け加えておく[93]。

● 政治的妥協としての憲法改正

到達した憲法改正は、政治的妥協の産物にほかならない。国民議会は第3条が改正されることで、名簿式投票制の選挙については、パリテのルールが導入される可能性という成果を、元老院は第3条については政府原案に戻し、第4条改正を行うことで、単記投票制については政党にインセンティヴを与える方法をとることとし、パリテの導入が比例代表制による選挙対象の拡大に道をひらかないという保証を得た。元老院第2読会では、哲学的・法学的議論は避けて、女性の政治的進出が不十分であるフランスの現状をどう改善するかというプラグマティックな判断が求められた。したがって、論争点自体に決着がつけられた結果、憲法改正案に行き着いたわけではなかったことを確認しておきたい。

パリテ慎重派の論理からすれば、第3条の改正は、フランスの「普遍主義」からの「離脱」が疑われる。パリテ推進派からすれば、権利の主体を、「homme から homme et femme へ」、「citoyen から citoyen et citoyenne へ」と「具体化」することで、フランス的「普遍主義」を再構築することにつながる。

もっともこの点については、若干の留保が必要であろう。すでに指摘したように、「パリテ」というターム自体は明文上登場しない。改正案の文言からすると、男女の政治的平等を実質化するための措置をとるにあたっての、立法者の裁量の範囲は広い。したがって、立法者の裁量で、具体的な法律制定に際しては、暫定措置としての

---

(93) このことについては、政党が候補者を選定するときには、当該政党の政策を遂行する人物を選定しているはずだ、という反論がありうる。Voir Janine Mossuz-Lavau, Les antiparitaires se trompent, op.cit., supra note 54.

扱いですますこともありうる。つまり、一時的な、「普遍主義」の違背状態で終わる可能性もないわけではない[94]。立法者の手段に関する選択の範囲が広がることは、とりもなおさず、憲法院の判断の範囲も拡大されることを意味する。このことへの懸念はつとに指摘されていたが、これについてはどうか。タスカ議員は、第3条改正の結果、国民主権の理解が変わったことは議会の議論ではっきりしており、それは制憲者のメッセージとして憲法院に届いているはずだとして、かような懸念を一蹴している[95]。そうだとするなら、同じく憲法院が依拠している人権宣言第6条の扱いはどうなるのか。この点については、バダンテール元老院議員が指摘している[96]が、審議過程では議論されることはほとんどなかったのである[97]。

　フランスがパリテ導入のための憲法改正に着手した直接の、そして最大の理由は、人権の母国でありながら、女性の政界進出が他のEU諸国に比べて著しくおくれているという事実であった。女性の政治への進出の「先進国」であるスウェーデンやノルウェーでは、政党の政策によって実現されてきた。ドイツが近年女性議員率を高めているのも、政党の基本政策による候補者名簿へのクォータ制導入の成果であるといわれている[98]。法律[99]でクォータ制を強制し

---

(94) 注(39)で指摘したように、デュアメル教授の提案でもある。但し、タスカ議員は、10年もしないうちに、目標が達成されることを望むとしながらも、たとえそうなったとしても、「この原則（選挙によって選ばれる議員職および公職への男女の平等なアクセス）を憲法から消し去ることはないし、この原則は引き続き有効であり続ける」として、右の原則導入を最大10年の暫定措置とする修正案を退けている（*J. O., A. N., Débats*, du 16 décembre 1998, p. 10548）。ギグ法相も、憲法じたいに暫定的規定を入れることには反対であると明言している（*ibid.*, p. 10549）。

(95) *Rapport no. 1451*,（1998-1999), p. 9.

(96) *J. O., Sénat, Débats*, du 5 mars 1999, p. 1323.

(97) この論点は、後に浮上してくる。本書第6章第2節を参照。

(98) 参照、斎藤純子「北欧諸国の男女平等政策——ノルウェー・スウェーデン・デンマークの場合」レファレンス556号（1997年）73頁以下、同「ドイツの男女平等政策（二）」レファレンス565号（1998年）72頁以下。

ているベルギーでは、1994年の地方議会選挙では期待はずれの結果になっている。リストのうえでは女性候補者は32％を占めたが、選出された女性議員率は19.9％にとどまった。女性の候補者がリストの下位に登載されたからである。憲法改正によって女性の政治の場への進出を促すフランスの試みは、いかなる制度的表現を得て、どのような成果に結実するのだろうか。次章以下では、これらの点についてみていこう。

---

(99) 1994年5月25日法。名簿に登載される同一性の候補者は3分の2を超えてはならないと規定されている。ベルギーの事例については、voir Louis Favoreu, Principe d'égalité et représentation politique des femmes, op. cit., supra note 15, p. 400. その後、同法律は2002年に改正され、候補者名簿の上位3名に必ず両性が含まれることになった。その結果、下院の女性議員率は1999年に19.3％であったのが、2003年には34.6％となった。Voir, Pascale Joannin, *L'Europe, une chance pour la femme*, Fondation Robert Schuman, 2004, p. 34 et pp. 36-37.

第Ⅰ部　フランスにおけるパリテの挑戦

● 第3章 ●

パリテの制度設計
—— パリテ実施の選挙法制

第1節　パリテの具体化構想
　1　多様なフランスの選挙制度
　2　パリテ監視委員会の提案——ジヨ報告
第2節　法案審議——論争の再演
　1　政府による提案
　2　修　正
第3節　2000年5月30日憲法院判決と6月
　　　　6日法律の成立
　1　元老院（議員）提訴理由と政府による
　　反駁
　2　2000年5月30日の憲法院判決
　3　憲法院判決の意義
　4　パリテのグラデーション

第3章　パリテの制度設計——パリテ実施の選挙法制

● 本章の課題

1999年7月8日の憲法改正によって創設されたいわゆる「パリテ条項」(第3条第5項)は、実際のところ「パリテ」という文言を含んでいない上に、「強制」とも「奨励」とも取れる《favoriser》を選択したことから、立法者の裁量の範囲(それに伴う憲法院介入の範囲)は広い。また、審議過程の中で「選挙によって選出される」という形容詞を付された「議員職および公職」が具体的に何を対象としているのかは、それが「政治的性格を有するものである」という理解が憲法改正の審議過程で確認されたとはいえ、憲法の規定から一義的には確定されえないのである。この判断もまた立法者に委ねられているということになる。こうしたことから、「パリテ条項」を具体化する法整備に際し、憲法改正審議過程での論争が再燃し(第2節)、憲法院の判断を経ていわゆる「パリテ法」の成立にいたる(第3節)のである。かくしてパリテを具体化する制度設計が法的表現を得るのであるが、その前に、フランスにおける選挙制度とパリテの具体化構想を概観する(第1節)ことから始めよう。

第1節　パリテの具体化構想

1　多様なフランスの選挙制度

● 国民議会議員選挙

国会は、国民議会(下院)と元老院(上院)の二院から成る。国民議会議員選挙[1]は、第五共和制において、1986年に1度だけ比

---

(1) 只野雅人『選挙制度と代表制』(勁草書房、1995年)は、フランスにおいて普通選挙制が定着する第三共和制以降の、下院(代議院、国民議会)の議員選挙制

例代表制による選挙が実施されているが、それを例外として、アロンディスマン（arrondissement）投票制が実施されている。これは、アロンディスマンを単位として実施される小選挙区多数代表2回投票制である。1回目の投票では、有効投票の絶対多数及び登録有権者数の4分の1を超える得票をしなければ当選できない。2回目の投票は相対多数で当選が決せられる。1回目の投票に立候補しなかった者、および登録有権者数の12.5％を越える得票をしなかった者は、2回目の投票の際、立候補できない。

アロンディスマン投票制は、第三共和制において導入され、定着した選挙制度である。第三共和制の初期において、保守派は普通選挙制の影響力を抑えこむ意図でこの選挙制度を導入した[2]のであるが、その意図に反して、アロンディスマン投票制は共和派、特に中間層を代表する急進派、20世紀にはいってから急進社会党の支配をゆるぎないものとした。かつてガンベッタ（Léon Gambetta）が、「普通選挙と戦い、それを破壊するために、共和制の中に打ち立てられた少数者統治のシステム」、[3]「フランスがその姿を映し出すことができない割れた鏡（miroir brisé）」[4]、「抽象的な観念と呼ばれる思想や原理を金袋や札束に変え」[5]てしまうような腐敗を生むと強烈に皮肉ったアロンディスマン投票制は、20世紀に入ると「共和主義的投票制」とさえ呼ばれるようになった。第1回目の投票で、人々はできる限り自分の意向に見合う候補者に投票する。第2回目の投票、すなわち決選投票では、選挙民は議会で形成されることに

度・代表制の問題を包括的に扱っている。
（2） 拙稿「第三共和制憲法の成立と二つの『共和制』（二・完）」関東学院法学第3巻第1号（1993年）88頁以下を参照。
（3） Pierre Barral, *Les fondateurs de la Troisième République*, 《Collection U》, 1968, p. 289.
（4） *Discours et Plaidoyers choisis de Léon Gambetta*, 1901, p. 325.
（5） *Ibid*., p. 340.

なる多数派の傾向を指示することができると考えられるようになったからである。前提として、第2回目の投票に先立って、政党ないし政治グループ間で選挙連合が組まれる傾向が生じたということがある。

第三共和制においても選挙連合が組まれることがあったが、選挙区によってしばしば提携する相手が異なることがあり、より根本的には政党、選挙連合内部の規律が弱く、政府・多数派形成の段になると、選挙連合は崩壊することを繰り返した。第五共和制下の政党は規律を強め、さらに大統領直接公選制の影響もあり、政治勢力は二極化の傾向にある。1999年当時の国民議会は1997年の総選挙の結果を受けたものであった。1464人の女性が立候補（女性候補者率23.02%）し、当選者は63名（女性議員率10.9%）であった[6]。

● 元老院議員選挙

「元老院は間接選挙により選出される。元老院は、共和国の地方公共団体の代表を保証する。フランス国外に居住するフランス人は、元老院議員によって代表される」（憲法第24条第3項）。フランスの元老院は、直接選挙によって選出される国民議会に対して、間接選挙で選ばれる地方公共団体の代表である点で、際立った特徴を示している。「地域代表」[7]としての元老院の原型は、1875年2月24日の

---

(6) 以下女性議員数および女性議員率の数字は、A. N., Rapport d'information no. 2074,（1999-2000), p.7 at
http://www.assemblee-nationale.fr/legislatures/11/pdf/rap-info/i2074pdf, Dominique Gillot, Vers la parité en politique, Rapport au Premier ministre, 2001, La documentation Française, p. 57 による。

(7) 「地域代表」としての元老院の存在については、只野雅人「『国民主権』『一般意思』と『特殊利益』——フランスにおける『集権』と『代表』をめぐって」樋口陽一・森英樹・高見勝利・辻村みよ子編『国家と自由——憲法学の可能性』（日本評論社、2004年）147頁以下を参照。また、同「二院制の意味と代表制——フランスにおける第二院」杉原退官『主権と自由の現代的課題』（勁草書房、1994年）237頁以下も参照。

第3章　パリテの制度設計——パリテ実施の選挙法制

組織法[8]に求めることができる。当時は、定員の4分の1（75人）を終身議員[9]とし、4分の3（225人）を県・植民地から任期9年で選出し、3分の1ずつ3年毎に改選していた。議員を選出する選挙人団は、代議院議員、県議会議員（conseillers généraux）、アロンディスマン議会議員（conseillers d'arrondissement）および各コミューンにつき人口の多少にかかわらず各1名割り当てられた代表者[10]から構成されていた。普通選挙に対する抑制を期待された元老院は、ガンベッタによって「フランスのコミューン大会議」（le Grand Conseil des Communes Françaises）[11]と呼ばれた。

　第五共和制の元老院議員は、パリテ法制定当時、任期9年で、3分の1ずつ（各県がアルファベット順にA・B・Cの3つの改選グループに分かたれる）、3年毎に改選されていた。定数は321名で、本土選出議員は296名である。選挙人団は、主たる選挙区である県においては、国民議会議員、地域圏（レジオン）議会議員、県議会議員、コミューン議会議員及びコミューン議会議員補助代表から構成される。選挙方法は、県に配分される議席数によって異なる。定数5以

---

(8)　第三共和制における元老院については、拙稿「第三共和制の成立と二つの『共和制』㈠」関東学院法学第2巻第1・2合併号（1993年）110頁以下を参照。また元老院議員の選挙法（1875年8月2日の組織法）については、拙稿・前掲（注2）、73頁以下。

(9)　1884年12月9日の組織法によって、終身元老院議員制度は廃止されている。ただし遡及効は及ばないとされたため、文字通りの廃止は1918年4月26日であった。以上については、拙稿「第三共和制の確立と共和主義的改革㈡」関東学院法学第4巻第2号（1994年）30-31頁を参照。

(10)　1884年12月9日の組織法によって、コミューン代表の数も、コミューン議会の議員数に応じて、1～24人の範囲で配分されることになった。代表の割り当てによって大都市が軽んじられていることは明らかで、多くを中規模のコミューンに割り当てることが企図されていた。元老院は「実在の社会的勢力、農村の少数の権力者」を代表する（Bertrand de Jouvenel, *Du pouvoir*, Hachette, 1972, p. 483）といわれている。以上については、拙稿・前掲（注9）、32-34頁を参照。

(11)　Discours de Gambetta du 23 avril 1875 à Belleville cité par Pierre Barral, *op. cit., supra note 3*, pp. 302-306.

上の県(定数4のヴァル‐ドワーズ県を含む)においては、拘束名簿式比例代表制によって選挙が行われるが、定数がそれに満たない県では、多数代表連記2回投票制で選挙が実施される。全元老院議員のうち3分の1が比例代表制で選出される。1998年の選挙では88人の女性が立候補(16.18%)したが、最終的に当選したのは3名(2.9%)で、非改選を含めた女性議員率は、5.92%であった。

● コミューン議会議員選挙

コミューン議会議員選挙も、コミューンの人口規模によって選挙方法が異なる。フランスの総計36,000を越えるコミューンのうち、その大半であるおよそ35,000を占める人口3500人未満のコミューンでは、多数代表連記2回投票制で選挙が行われる。そのうち人口2500人以上3500人未満のコミューンでは、立候補は名簿登載によるもののみが認められ、個人の立候補は禁止されている。ただしパナシャージュ(異なる名簿に記載された候補者を選んで連記すること)が可能である。人口3500人以上のコミューン議会議員選挙は、比例代表2回投票制[12]で実施される。1回目の投票で有効投票の過

---

(12) この選挙システムは日本になじみがないため、具体的な議席確定作業によってシステムを概観しておく。人口11万人の都市で有権者が7万人であるとすると、コミューン議会議員の定数は55である。第1回目の投票に際し、A〜Eの各々55の候補者を登載した5つのリストが提示された。有効投票数が54,000で、リストAが27,540(51%)、Bが13,500(14%)、Cが7,560(14%)、Dが3,240(6%)、Eが2,160(4%)をそれぞれ得票したとする。過半数を超える票を得たAは、55の半分、切り上げで28議席を獲得する。5%ラインに達しなかったEは議席を得ることはできない。残り27議席について比例配分される。有効投票数を議席数で割った当選基数(54,000：27＝2,000)に応じて、A〜Dに議席を割り当てる。その結果、Aは13議席、Bは6議席、Cは3議席、Dは1議席を獲得する。残り4議席は、最大平均システムで(à la plus forte moyenne)割り当てられる。すなわち、各名簿の獲得投票数を比例配分で獲得した議席数＋1で割った商が最も大きい順に残余の議席を割り当てる。Aは27,540：13＋1＝1,967；Bは13,500：6＋1＝1,928；Cは7,560：3＋1＝1,890；Dは3,240：1＋1＝1,620であるから、52番目の議席はAに配分される。53番目の議席は、A(27,540：14＋1＝)が1,836となったが他のリストの平均は変化がないので、第53番目の議席はBが獲得

半数を得た名簿があればこの名簿に半数の議席が付与され、残りの半数の議席については、全名簿に最大平均法による比例代表制によって配分される。どの名簿も有効投票の過半数を獲得できなければ、10％以上の票を得た名簿で第2回目の投票が行われる。この場合、最大の得票をした名簿に対して全議席の半分が付与され、残り半数は全名簿に最大平均法による比例代表制で配分される。ただし、有効投票の5％を獲得しない名簿には議席は付与されない。第2回目に際し、名簿の修正が可能である。パリ、リヨン、マルセイユの3大都市については、アロンディスマンから構成される地区（secteur）ごとに定員を定めて、議員を選出する（これらの都市にはアロンディスマン議会も存在する）。

1998年9月現在で、コミューン議会の女性議員率は21.8％であるが、人口3500人以下のコミューン議会の女性議員率は21.1％、人口3500人以上のコミューン議会の女性議員率は25％を越えていた。コミューンの首長の女性割合は8.1％（36,496人中2,970人）であるが、そのほとんどが人口3500人未満のコミューンである。人口50,000人から100,000人規模のコミューンでは2人、それを越えると0である。

● 県議会議員選挙

県は、フランス革命以降にその面積がほぼ均衡になるように作られた人為的な行政区画である。県議会（Conseil général）の議員選挙は、伝統的にカントン（canton）を選挙区とする。カントンはアロンディスマンとコミューンの中間に位置する行政区画であり、それ自体としては法人格をもたず、地方自治体を構成しない。それぞれ

する。同様な確定作業で、第54番目の議席はCに、第55番目の議席はAが獲得する。以上の結果、全体として、リストAは43議席、リストBは7議席、リストCは4議席、リストDは1議席となる。以上については、J.-Y Vincent et M. de Villiers, *Code electoral 2001*, 5ᵉ éd., 2000, Litec, p. 278 による。

の人口の多少にかかわらず、各1名の県議会議員を多数代表2回投票制で選出する[13]。「カントン選挙区選挙」においては、候補者が自らの党派性を明らかにしないことに特徴がある[14]。県議会議員の任期は6年で、3年ごとに半数が改選される。ただし、パリはコミューンにして県の地位を有しており、パリ議会（Conseil de Paris）が普通法上の県議会にあてがわれた権限を行使している。したがってパリについては「カントン選挙区選挙」は実施されない。1998年の県議会議員選挙では、1662人の女性が立候補した（女性候補者率14.86%）が、当選者は162人（7.9%）であった。非改選部分とあわせると女性の県議会議員は268名で、女性議員率は6.6%であった。

● 地域圏（レジオン）議会議員選挙

フランスには広域行政の必要から複数の県を統合して、本土に22の地域圏（régions）が設けられている。コミューン、県、海外領土と並んで、憲法第72条第1項には列挙されていないが、1982年3月2日の法律によって「地方公共団体」の地位を得た（2003年の憲法改正により、地方公共団体として第72条第1項に列挙された）。議決機関として地域圏議会が設置されている。この議会の議員は、地域圏（当初は県）を単位とする選挙区で、任期5年（1999年1月19日の法律で任期が6年から5年に縮減された）、比例代表2回投票制により選出される。1回目の投票で有効投票の過半数を得た名簿があればこの名簿に定数の4分の1の議席が付与され、残りの議席は、全名簿に最大平均法による比例代表制によって配分される。どの名

---

(13) カントン選挙区の問題については、只野雅人「フランスにおける選挙制度と平等」山下健次・中村義孝・北村和生編『フランスの人権保障——制度と理論』（法律文化社、2001年）127頁以下を参照。

(14) *A. N., Rapport no. 2103*（1999-2000）p. 25 at
http://www.assemblee-nationale.fr/legislatures/11/pdf/rapports/r2103.pdf

簿も有効投票の過半数を獲得できなければ、5％以上の票を得た名簿で第2回目の投票が行われる。この場合、最大の得票をした名簿に対して全議席の4分の1が付与される。最上位の名簿が同数である場合は、候補者の平均年齢が低い名簿にこれらの議席が付与される。残りは全名簿に最大平均法による比例代表制で配分される。有効投票の3％を獲得しない名簿には議席は付与されない。1回目と2回目の名簿の変更は禁止されるが、第1回目の投票で有効投票の3％を獲得できなかった名簿の結合（fusion）が認められる。1998年の地域圏議会においては6333人の女性が立候補（女性候補者率35.93％）し、463人（女性議員率25.3％）が当選した。

● 欧州議会議員選挙

1976年9月20日の欧州共同体理事会決定並びに付属議定書により、欧州議会議員は普通直接選挙で選出されることになった[15]。憲法院は、理事会決定が「共和国の不可分性」と矛盾する選挙方式を含んでいないことを指摘すると共に、「『統一選挙手続き』（procédure électorale uniforme）という文言がこの〔共和国の不可分性という〕原理の侵害を許容するものとして解釈してはならない」という解釈留保の上、当該議定書が「共和国の制度的秩序に属さず、国民主権（la souveraineté nationale）の行使に参加しない総会（une assemblée）の構成員の選挙に関するものだ」として、合憲判断を下した[16]。この判断を受けて1977年7月7日法が制定され、選挙は、最大平均法による拘束名簿式比例代表制で、全国単一選挙区で

---

[15] フランスにおける欧州議会議員選挙については、只野雅人「欧州統合下の意思形成と『国民主権』——欧州議会・欧州議会選挙を素材として」中村睦男・高橋和之・辻村みよ子編『欧州統合とフランス憲法の変容』（有斐閣、2003年）40頁以下を参照。

[16] Décision n° 76-71 DC du 30 décembre 1976, in *RJC* I-41. 本判決については、水鳥能伸「直接普通選挙による欧州議会選挙の合憲性」フランス憲法判例研究会編『フランスの憲法判例』（信山社、2002年）13頁以下を参照。

実施されることとなった。ただし有効投票総数5％を獲得できなかった名簿は議席を配分されない。1999年の欧州議会議員選挙では、687人の女性が立候補（女性候補者率39.48％）し、35人（女性議員率40.2％）が当選した。

● 兼職制度

以上のように、フランスでは名簿式投票制と単記投票制が併存し、名簿式投票制は多数代表制とも比例代表制とも結合すると考えられている。これに加えてフランスの選挙制度に特徴的な「兼職制度」がある。「兼職制度」が女性の政治参画にマイナス要因になっていることは、第2章で触れたとおりである。パリテの具体化に先立ち、兼職制限の強化に関する2000年4月5日組織法（loi organique no. 2000-294）および普通法律（loi no. 2000-295）が制定されている。兼職そのものが禁止されることはなかったのであるが、国会議員職と兼職できる地方公職が、人口3500人未満のコミューン議会議員を除いて1つに制限され、欧州議員と国会議員との兼職が禁止された[17]。

2　パリテ監視委員会の提案——ジョ報告

● 「強制なくして平等なし」

ジョスパン首相から、パリテを具体化するためのシステムを検討するよう委ねられたパリテ監視委員会を代表して、ヴァル・ドワーズ県選出のドミニック・ジョ（Dominique Gillot）国民議会議員は、1999年9月に報告書[18]を提出している。報告の作成に先立ち、さ

---

(17)　兼職制限の強化については、只野・前掲「『国民主権』『一般意思』と『特殊利益』——フランスにおける『集権』」と『代表』をめぐって」（注7）151頁を参照。Voir aussi Pierre-Olivier Caille, Le cumul des mandats au regard des experiences étrangères, in *RDP*, no. 6-2000, pp. 1701 et s.

(18)　Dominique Gillot, *op. cit., supra note 6*.

まざまな政党や政治団体の意見聴取を行ったジョ議員は、圧倒的多数で憲法改正が成ったが、この改正の理解をめぐって2つの立場があることを指摘している[19]。1つは、憲法改正はパリテに向かうための必要条件であるが十分条件ではなく、「第1歩」にすぎないとし、制憲者がもっと大胆に「パリテ」を憲法の文言に挿入させても良かったのではなかったかと考え、次回選挙からパリテを法的に強制できる立法整備を求めている。数年来パリテを求めて運動を進めてきた女性団体や左翼政党、緑の党がこうした立場を表明している。今1つは、すでに大きな前進は果たされたのであり、最終的な変革は法律の改正というよりもむしろ政党幹部の意思にかかっていると考える保守政党の立場である。ジョ議員は「強制なくして平等なし」というジョスパン首相の言明を取り上げて、制定されるべき法律の役割は、政党幹部が過去数十年やってこなかったことをやることであると、確認する。そして、一方でパリテの目標に短期間で達するという要請に応え、他方、選挙人の自由の保障、現行の選挙制度の維持、公的支出の制限、政治的リアリズムを尊重しつつ、いくつかの手法を検討している。それをふまえた提言が、以下のものである[20]。

● 名簿式投票制によって実施される選挙

　名簿式投票制によって実施される地域圏議会（およびコルシカ議会）議員選挙、欧州議会議員選挙については、次回改選時から男女交互のパリテ構成の名簿であることを名簿受理の条件とする。コミューン議会議員選挙については、人口3500人未満のコミューンに対する適用には限界があり、次回改選（2001年）については、候補者名簿は同一の性の候補者を60％以上含んではならないとする

---

(19) *Ibid.*, p. 27.
(20) *Ibid.*, pp. 51-52 にリストアップされている。

一段階を置く。パリテは2007年の改選時以降に適用可能となる。

● 元老院議員選挙

　元老院議員選挙については、比例選挙制が適用されている県を含めて、ジョ報告はなんら提言をしていない。現行の元老院議員選挙にパリテを具体化する仕組みを導入することついて、ジョ議員は次のような問題点を指摘している。すなわち「110人の元老院議員に対する比例選挙にはまだ解決されていない法的問題がある。仮に立法者が名簿の提示について男女混成の条件を導入した場合、このことは男女混成ではない名簿は受理されないと判断されることになり、当該名簿に記載された元老院議員候補者には被選挙資格がないと解釈されることを意味する。国会議員に選出されるための被選挙資格は組織法律の管轄であって普通法律事項ではないから、同一文言での元老院の表決を必要とするのである」[21]という点である。これは意見聴取の際、憲法学者のギー・カルカソンヌ（Guy Carcassonne）教授から提起された問題点[22]であったが、本報告の中で解決策は提示さていない。

● 国民議会議員選挙

　単記2回投票制で実施される国民議会議員選挙については、「男女混成基金」（fonds de la mixté）設立のアイデアが示されている。この基金は、現在国会議員数によって配分されている政党への公的助成の第二部分（deuxième fraction）を原資とする。国民議会議員最低1名を擁し、同一の性に属する候補者を60％以上立候補させていない政党であることが、この基金の受給資格である。男女混成基金は、国民議会議員選挙の第1回目投票において、当該政党の女性候補者によって獲得された得票総数に比例して配分される。女性

---

(21) *Ibid.*, p. 28. 第五共和制憲法第25条第1項参照。
(22) *Ibid.*, p. 61.

候補者の獲得する票数を多くするために、政党は自党が高得票を期待できる選挙区に女性候補を立てる必要がある。これによって女性が選出される可能性が増大し、結果としてパリテの目標に近づくと考えるのである。

● パリテ対象選挙

以上のように、元老院議員選挙、県議会議員選挙、人口 3500 人未満のコミューン議会議員選挙については、本報告段階においてはパリテの導入が見送られている。「選挙による公職へのアクセスに関しては、2001 年の改選時に、コミューン首長と助役について女性率 40%、2007 年には 50% を目指すとしている。このほか、コミューン間広域組織（structures intercommunales）についても、パリテの対象となることを求めている。また、男女のより均衡の取れた政治参画を実現するために、兼職制限の必要性が指摘されている。男女の公的生活への平等なアクセスを実現するためには、職業生活、社会生活、家庭生活のあらゆるレベルで、男女混成を進展させていくための措置をとることが必要であると指摘している。

第 2 節　法案審議
——論争の再演

1　政府による提案

● 政府原案

政府はジョ報告を踏まえ、1999 年 12 月 8 日、2 つの法案（projet de loi, n° 2012 et projet de loi organique, n° 2013）を提出した。1 つは 1999 年の憲法改正を実施に移すための普通法律案である。この法案は、一方で、男女候補者の平等を直ちに取り入れることができる名簿式投票制で実施されるあらゆる種類の選挙に関して男女候補者の平等を確保し、他方で、政治生活の財政上の透明性に関する

第 I 部　フランスにおけるパリテの挑戦

1988 年 3 月 11 日法律が設立した政党および政治団体に対する公的助成金配分のメカニズムを変更して、国民議会議員選挙に際し、政党が女性候補者を擁立するインセンティヴを与えようとするものである。選挙による議員職への男女の平等なアクセスという憲法原則は、海外領土についても完全に実施されるべきであることから、第 2 の法案として、ニューカレドニア、フランス領ポリネシア、ワリス-フツナの領土議会議員選挙に関する組織法律案が提出された（後者が対象とする 3 つの領土議会の議員選挙は名簿式投票で実施されるため、以下においては、後者の論点は前者の法案の論点に含まれるものとして扱う）。

　法案は 3 部から構成されている。第 1 部は名簿式投票制による選挙を扱う。男女の候補者数の差が 1 名を越えてはならないとされた。定員が奇数である選挙区への対応のためである。パリテのコントロールは候補者名簿登録時に行う。名簿上の男女の順位を拘束する規定は用意されていない。第 2 部は政党・政治団体に対する公的助成の調整の方法を定める。政党ないし政治団体に帰属する各性の候補者数の開きが候補者全体数の 2% を越えると、当該政党ないし政治団体に配分される公的助成金の第 1 部分（国民議会議員選挙で獲得された得票数による配分）が減額される。したがって女性候補者が 49%、男性候補者が 51% であれば、減額の制裁を受けない。海外領土の候補者については、各性の候補者の人数の開きが 1 名を越えた場合に、減額の制裁が適用される。減額率は、一方の性の候補者の比率と他方の性の候補者の比率との差の半分に等しいものとする。例えば一方の性の候補者の全体に対する比率が 55%、他方の性の候補者の全体に対する比率が 45% であれば、その差は 10% であるから、5% 分の減額となる。極端な場合、ある政党が 100% 同一の性の候補者を擁立したならば、公的助成金は半分になる。第 3 部は経過規定で、上記の諸規定が次の選挙の機会から直ちに実施さ

れることを定める。但し、マイヨットについては、2001年3月の地方議会選挙および2007年以前に実施される補欠選挙では、候補者名簿は同一性の候補者を最大66％まで含みうるとされていた。

政府案は、国民議会の共和国の憲法的法律、立法および一般行政委員会（Commission des lois constitutionnelles, de la législation et de l'administration générale de la République）と並行して、女性の権利および男女の機会均等に関する国会議員代表団[23]（Délégation parlementaire aux droits des femmes et à l'égalité des chances entre les hommes et les femmes）においても検討され、それぞれのラポール（Rapport n° 2103 du 20 janvier 2000, Rapport d'information n° 2074 du 12 janvier 2000）が提出された。さらにパリテ監視委員会も、2000年1月17日に、パ-ド-カレー県選出のカトリーヌ・ジェニソン（Catherine Génisson）国民議会議員による報告書『政治におけるパリテ（*La parité en politique*）』を首相宛に提出した。

2 修 正

● パリテ監視委員会報告[24]

パリテ監視委員会は、人口2500人以上のコミューン議会議員選挙にもパリテ法を適用することを提案した。この人口規模のコミューン議会議員選挙は、選挙人がパナシャージュを留保している名簿式投票制で実施されている。個人立候補は禁止されるが、候補者名簿は登録される必要がない。人口2500人以上のコミューン議会議員選挙に法案の規定を適用するために、人口3500人以上のコ

---

[23] 1999年7月8日の憲法改正に基づき、同年7月12日の法律（loi no. 99-585）によって創設された。国民議会、元老院のそれぞれにおいて議員36名をもって構成される。政府によって追求される政策に関し、それが女性の権利および男女両性の機会平等に及ぼす影響の観点から、議会に情報を与え、この領域における法律の適用の追跡調査を行う。

[24] http://www.observatoire-parite.gouv.fr/travaux/genisson.html による。

ミューン議会議員選挙の選挙制度をこの人口規模のコミューン議会議員選挙にまで拡大するか、この規模のコミューン議会議員選挙においても男女のパリテを義務付けるために立候補登録制を導入するかであると提案している。人口2500人以上のコミューン議会議員選挙、地域圏議会議員選挙にも男女同数の候補者を課すが、6人の候補者グループの方法をとる。この単位の内部においては名簿掲載の順序は問わない。欧州議会議員選挙、比例代表制で実施される県の元老院議員選挙については、候補者の名簿登載順を男女交互方式にすることが提案された。政党助成についての新たな提案はなかった。

● 国民議会議員代表団報告

オデット・カザノヴァ（Odette Casanova）議員による報告書は、次のような提案を行っている。

① 政治生活における男女間の真正のパリテとは男女の候補者の平等ではなく、選ばれた議員の平等として理解されなければならない。

② したがってパリテ原則の適用は、名簿式選挙制度にあっては、各候補者名簿において男女の交互方式の原則の遵守が義務付けられなければならない。

③ 男女交互方式の原則は欧州議会議員選挙、地域圏議会議員選挙、比例代表制で実施される元老院議員選挙について直ちに義務付けられるべきである。

④ 次回のコミューン議会議員選挙が間近に迫っていることから、暫定的にこれらの選挙に限って、男女交互方式の原則を2001年の選挙に適用しないで、名簿登載順に6人毎のグループによってパリテが遵守される。

⑤ 国民議会選挙については、県のレベルで候補者のパリテが組

第3章　パリテの制度設計——パリテ実施の選挙法制

織される。
⑥　新しい法律が適用されて、政党に付与される助成金の減額から生じる予算が政治生活における男女間のパリテを助長する行動に割り当てられる。
⑦　人口2500人以上のコミューン議会議員選挙においてパリテの原則が適用されるように、人口2500人以上3500人未満のコミューン議会議員の選挙方法を、人口3500人以上のコミューン議会議員の選挙方法と同一にすることが望ましい。
⑧　次回のコミューン議会議員選挙後、コミューン間協力組織の構成員を直接普通選挙で選出することを検討すべきである。
⑨　男女交互方式のパリテの原則は、比例代表で選出される元老院議員選挙代表についても確保されるべきである。
⑩　候補者の性別は、法案が予定するように名簿式投票で実施される選挙のみならず、単記ないし連記の多数代表制で実施される選挙についても、候補者届出の際に示されるべきである。
⑪　新しい法律の評価報告が2002年に、その後は3年毎に国会に提出されるべきである。この報告書は、県議会議員選挙および法律が適用されない元老院議員選挙とコミューン議会議員選挙並びにコミューン間協力組織の審議機関と地方行政府の女性進出（féminisation）の進展の詳細な調査を含む。

● 国民議会委員会報告

これらの提案をふまえた国民議会の委員会報告は政府案に次のような修正を加え、国民議会の支持を得た。

第1に、比例代表制1回投票制による選挙（比例代表制によって実施される県の元老院議員選挙、ヨーロッパ議会議員選挙、フランス領ポリネシア、ニューカレドニア、ワリス-フツナの領土議会議員選挙）について、男女交互の名簿登載方式を採用した（厳格パリテ）。こ

れは、パリテは男女の候補者の平等としてではなく、選出される男女の議員の平等として捉えることからの帰結として理解された。

第2は、比例代表制2回投票制による選挙（人口3500人以上の市町村議会議員選挙、レジオン（地域）議会議員選挙、コルシカ議会議員選挙、サン-ピエール-エ-ミクロン領土議会選挙）について、名簿登載順に6人の候補者ユニット毎に男女同数であることが要請された。すなわち「男女男女男女」「女男男女女男」など6人グループで見た場合に男女同数であればよく、そのユニット内での名簿登載順位は問わないとするものである。この方式（緩和されたパリテ）は、当初、厳格パリテへの移行措置として考え出され、第2回目の投票に向けた名簿間の駆け引きの余地を残すものと理解されていた。「6人」という数字は「偶々」ではなく、シミュレーションの結果、ほぼパリテの効果が得られたことを前提にしている[25]。

第3は、比例代表制によるコミューン議会議員選挙の対象コミューンの人口規模を、現行の3500人から2000人に引き下げるという修正である。それ以下の人口規模のコミューン議会議員選挙では多数代表制が維持され、パリテの仕組みの外におかれる。この小規模なコミューンの数は多い（1999年現在で36,669中31,949）が、フランスの人口3分の2以上は、2000人以上の規模のコミューンに住んでいる。

第4は、政党への公的助成の減額から生じた剰余金の利用に関する年次報告を決算報告とは別途に作成するというものである。ここで生じた剰余金はパリテ促進のために用いられるとされた。

国民議会委員会による政府案の修正で強調しておかなければならないことは、政府案が名簿の登載順に言及していなかったことに対し、「名簿の登載順」にこだわったことである。候補者名簿が男女

---

[25] *Rapport no. 2103, op. cit., supra. note 14*, pp. 56-57; *Rapport d'information no. 2074, supra note 6*, p. 16.

第3章　パリテの制度設計——パリテ実施の選挙法制

同数で構成されていても、女性候補者が名簿の下位半分に登載されているようでは、期待はずれの結果となることを、ベルギーの 1994 年 5 月 24 日法律の例を通じて、国民議会の法案検討委員会は知り尽くしていたのである[26]。

● 元老院の異論

元老院は、こうした国民議会の修正案に直ちに異を唱えた。元老院の議員代表団は、国民議会が修正案を提案することで政府原案の性格を変えたことを批判し、男女交互方式の原則は選挙人の自由な選択を著しく制限することを指摘した[27]。元老院の委員会は、国民議会の修正案を否決して、政府原案に戻すことを提案している[28]。特に第3点については、政府の介入で 2000 人という数字が 2500 人に変更された上で、同数合同委員会が開催されたが、一致をみることはなかった。最終的に国民議会の議決が成案となった。5 月 5 日、元老院は憲法院提訴という最後の手段にでた。その提訴のモチーフに、両院の対立点とそれに関する元老院の立場が明確に現れている。

第3節　2000 年 5 月 30 日憲法院判決と 6 月 6 日法律の成立

1　元老院（議員）提訴理由と政府による反駁

● 元老院の提訴理由

提訴理由[29]のうち、「一般的考察」と題されたパラグラフは、改

---

[26] *Rapport no. 2103, op. cit., supra note 14*, pp. 32-33.
[27] Sénat, *Rapport d'information no. 215*（1999-2000）, at
http://www.senat.fr/rap/r99-215/r99-215.hml
[28] Sénat, *Rapport no. 231*（1999-2000）, at
http://www.senat.fr/rap/199-231/199-231.html
[29] http://www.conseil-constitutionnel.fr/decision/2000/2000429/saine.htm による。

正規定が〈favoriser〉というタームを選択したことに注目している。このタームは、「一切の強制措置を斥けて、憲法上の諸原理に由来する選挙人の選択の自由を不当に制限することがない奨励手段を受け入れること」を意味する。「改正された憲法条項は、規範的（normatives）ではなく、目的的（objectives）である。……新たな強制を課すのでもなく、拘束的なあるいは制裁的な措置を正当化するものでもない。それは憲法的性格を有する目標（objectifs）にすぎない」。憲法第3条の規定は人権宣言第6条と結合し、その妥当性をすべて保持している。それゆえ1982年11月20日の判決（Décision n° 82-146 DC）および1999年1月14日の判決（Décision n° 99-407 DC）に由来する憲法院判例は、今日も有効である。改正されなかった憲法第4条第1項によれば、政党および政治団体は、政治による意思表明に協力し、国民主権と民主主義の原則を尊重するという制約の下で、自由に結成され政治活動を行う。従って政党および政治団体に財政上の制裁を課すことは、政党の結成と活動の自由に対する重大な侵害となる。

　こうした前提から、国民議会が採択した成案の定めるパリテの具体的措置について疑問が提示されている。①比例代表制2回投票制で実施される選挙について、6人の候補者単位での男女同数の要請は、各性50％のクォータ制を課し、被選挙人をカテゴリーに区別しようとするもので、先に挙げた憲法院判例に反する。②比例代表制1回投票制で実施される選挙について、名簿登載順の義務的男女交互方式は、①の方式より強制力の強い措置で、再選を望む候補者は別の名簿を作成しなければ事実上再選を禁止される事態が生じ、政党および政治団体の自由を侵害する。③国民議会議員選挙について公的助成の減額という手段は「財政的サンクション」と考えられるが、例えば、男女を不均等な割合で立候補させても、国民議会に選出された議員のレベルでは男女同数であった場合についても制裁

の対象とし、明白な制裁の不均衡がある。④人口3500人以上の規模のコミューンに適用されるコミューン議会議員選挙方法（比例代表制）を2500人規模のコミューンにまで拡げること、海外フランス人高等評議会選挙方法の変更などの修正は、法案とは連関がない（憲法改正を現行の選挙方法変更の口実としないという政府の約束があったことは措くとしても）。

● 政府の反論

政府は、国民議会の加えた修正の一部が修正権の範囲を超えていたことは認めたものの、提訴理由の主張は制憲者の意思に反していると反論した[30]。パリテのための2つの措置（法律によるものと政党を媒介とするもの）は、憲法的法律の審議の際に提案されていたものであるとの見解を示した。

2　2000年5月30日の憲法院判決[31]

● 憲法院判決

「憲法院は、……男女平等に関する1999年7月8日憲法的法律による憲法第3条及び第4条、1958年11月7日オルドナンス、兼職禁止に関する2000年4月5日組織法律、ニューカレドニア及び仏領ポリネシア地方議会選挙に関する規程を改正する1983年1月19日法律、政治生活の財政的透明性に関する1988年3月11日法律、……2000年3月30日憲法院判決……などを参照し」、（ⅰ）比例選挙制に導入されるパリテ原則具体化の手法、（ⅱ）政党に配分される公的助成金の第1部分の新たな算定方式、（ⅲ）コミューン議会議員選挙が比例選挙制で実施されるコミューンの人口規模について

---

(30)　http://www.conseil-constitutionnel.fr/decision/2000/2000429/obs.htm による。
(31)　Décision n° 2000-429 DC du 30 mai 2000 at
　　　http://www.conseil-constitutionnel.fr/decision/2000/2000429/2000429dc.htm

第Ⅰ部　フランスにおけるパリテの挑戦

3500人から2500人への変更、(iv) 立法手続き上の問題について検討し、(iii)、(iv) について違憲判断を下した。

● **比例選挙制における候補者名簿登載順位の強制について**

付託者は、憲法改正による新規定は「憲法のその他の規定、とりわけ改正前の憲法第3条と第4条全体を廃止するものではない」こと、「規範的 (nominatives) ではなく目的的 (objectives) である」こと、目標だけを定めるにすぎないから、「強制措置あるいは不利益をもたらす措置を正当化することはできない」こと、従って、比例代表制によって実施される選挙に各性にほぼ50％のクォータ制ないしクォータ制の真正な義務 (véritable obligation) を課すことは、「立法者は憲法第3条及び第4条、並びに人権宣言第6条、1982年11月18日及び1999年1月14日の憲法院判決に違反する」と主張している［Con. 4］。

「第1に、憲法第7条、第16条、第89条の規定に従うことを条件に、照準が定められている場合について憲法的価値を有する規範ないし原則に違背する新規定を憲法制定権力が憲法正文に持ち込むことを妨げるものは何もな」く、改正された憲法規定は「前記判決において憲法院によって指摘された憲法上の障害を取り除く目的と効果を有する」から、「付託者は前記判決に結びついた既判事項 (chose jugée) の権威を利用することはできない」［Con. 6］。第2に、憲法第3条第5項の制定過程から明らかなように、「制憲者は立法者が選挙による議員職及び公職への男女の平等なアクセスを効果的なものにするあらゆる仕組みを設立できることを了解していた。この目的のために、奨励的性格を帯びるものであろうと強制的性格を帯びるものであろうと、そうした規定を採用することは立法者の自由裁量 (loisible) である。憲法の新規定と憲法制定権力が触れようとしなかった憲法的価値を有する規範及び規則との両立を確保する

第 3 章　パリテの制度設計——パリテ実施の選挙法制

ことは立法者の領域に属する」[Con. 7]。

　批判された法律の条項が定める措置は、「立法者が憲法第 3 条の新しい規定を適用して採用することができる措置の範囲に入っており」、「先述の憲法的法律が違背することを了解していない憲法的価値を有するいかなる規範も原則も無視するものではない」[Con. 8]。

● 政党・政治団体への公的助成金について

　付託者は、国民議会議員選挙候補者の男女の比率差に基づく政党・政治団体への助成金第 1 部分の新たな分配方式は、「人権宣言第 8 条によって表明された刑罰の必要性（nécessité des peines）の原則に違反する」と批判する。この仕組みは「制裁の性格をもっていない。政党および政治団体へ配分される公的助成金の調整であ」り、「憲法第 3 条と第 4 条に従って政党と政治団体に選挙による議員職への男女の平等なアクセスの原則の実施を促すものである。それ故に、刑罰の必要性の原則否認を理由とする抗議には意味がない」[Con. 12 〜 13]。但し、助成方法の調整の結果生じた予算額の使途を法律で予め定めることは政府の予算執行権限の侵害であり、憲法に違反する。「助成の減額部分は必然的にそれに対応する予算額分を対象のないものとする」[Con. 15]。

● 組織法律と通常法律

　選挙法典がコミューン議会選挙に関し拘束名簿式を規定しているコミューンの規模の線引きを人口 3500 人から 2500 人に引き下げて、「人口が 2500 人から 3499 人までのコミューンまでパリテ原則の適用を拡大する効果」を有する規定は、「審議されている法案の正文と関係がないものとはみなされない」。しかし、憲法院は 2000 年 3 月 30 日の判決で、2000 年 4 月 5 日組織法律によって改正された選挙法典新 141 条について、「国民議会議員職と地方議会議員職との兼職を制限する規定の中に、考慮された人口数の線引きが恣意的では

109

ないことを条件に、一定の人口数以下のコミューン議会議員職を入れなかったことは組織法律に許されて」おり、「人口3500人という線引きがコミューン議会議員の選挙の投票方法の変更を定めている以上、この条件はこの場合特別に満たされている」としていた。組織法律によって変更されていない人口の線引きを通常法律の立法者 (législateur ordinaire) によって変更することは、先述した組織法律から「憲法的基礎を奪う効果を持つ」ので、上記規定（第1条、関連して第9条、第10条）は憲法に違反する［Con. 19～22］。

● 立法手続き上の問題

「比例選挙制で選出される海外フランス人高等評議会 (Conseil supérieur des Français de l'étranger) 議員の選挙にパリテ構成の名簿を求める第4条は、合同委員会が不調に終わった後採択された修正に由来し、審議された正文の規定のどれとも直接の関係がない。その採択は議会で検討中の他の法文との調整の必要性によっても正当化されない」。従って憲法に反する。第19条（県議会議員の兼職禁止）も合同委員会不調後の修正に由来するので憲法に違反する。第18条（県議会議員の失職）と第20条（連合したコミューンの選挙人）は審議中の法案に修正として付加され、選挙による議員職への男女の平等なアクセスを促進する目的との関連をもっていないので、憲法に反する［Con. 24, 26］。

他には「憲法院が合憲性のいかなる問題も職権で検討する必要はない」ことを考慮し、憲法院は、「選挙による議員職及び選挙による公職への男女の平等なアクセスを促進する法律の以下の規定―第1条、第4条、第9条、第10条の《1er et》、第15条最後から2番目の項、最終項「この減額から生じた予算額の利用について」の文言、第18条～第20条―は憲法に違反する」と判示した［Con. 27］。

第 3 章　パリテの制度設計——パリテ実施の選挙法制

● パリテの具体化措置の合憲性

　憲法院はいくつかの条項を違憲としたが、パリテ実現のための措置という核心部分については、1999 年 7 月 8 日の憲法的法律の制定作業に立ち戻り、以下のような理由から元老院の主張を斥けたのである。すなわち、a) 憲法制定者は、憲法的価値を有するルールと背馳する新たな規定を設けることは可能で、憲法院判例による憲法次元の障害を取り除くために規定を設けたことから、憲法院判例の権威を引用することはできない[32]。b) 憲法第 3 条第 5 項の規定により、立法者は議員職への男女の平等なアクセスについて効果あらしめるための仕組み——強制的であろうと奨励的であろうと——を自由に選ぶことができ、新規定と他の憲法的価値あるルールとの両立は立法者に委ねられている。c) 元老院主張③（本書 106 頁）は「財政的サンクション」というが、ここで問題にされているのは、政党・政治団体に対する助成方法の調整問題である。d) ただし、助成方法の調整の結果生じた予算額の利用について予め法律で定めることは、政府の予算執行権限の侵害にあたる。その他、元老院主張④（本書 107 頁）についても、憲法院は先行する憲法院判決によって合憲性が確認された組織法律の存在[33]、修正権の逸脱等の理由により違憲であることを認めたのである[34]。

---

(32)　Favoreu et Philip, *Les grandes décisions du Conseil constitutionnel*, 10ᵉ éd., Dalloz, 1999 は、新たに 1982 年の〈Quotas par sexe〉判決を 33 bis）として加えている。

(33)　Décision nᵒ 2000-427 DC du 30 mars 2000 は、地方議会議員選挙の選挙方法の変更の基準を人口 3500 人とする規定が「恣意的ではない」ことを条件に、公職の兼職制限に関する 4 月 5 日の組織法律を合憲とした。パリテの要請をより小さな町村に拡大する修正は法案と関連性を有するが、それを認めることは、この組織法の合憲性の前提を崩すことになるため、憲法院は違憲の判断を示した。先行する判決の効力の問題として注目される。

(34)　海外高等評議会の選挙方法等については、同数合同委員会開催後の修正であることから、違憲とされた。立法手続きは議院の自律権の問題として処理されるのが通例だが、フランスの現行制度は、憲法上の制約を憲法院が厳しくコントロールす

3　憲法院判決の意義

● 憲法院判決の意味

1999年7月8日の憲法改正に先行する審議過程で、伝統的なフランス的普遍主義に対して提起されたパリテの哲学的問題は棚上げされたままになっていた。このため、パリテ規定を具体化する法律制定に際して政府＝国民議会と元老院との対立が再演され、元老院議員の憲法院への付託を招いた。本判決で注目される特徴及び意義は、以下の3点である。

第1は、政治的選挙の領域における積極的是正措置を定める条項を含む法律の合憲性審査に関する、1982年、1999年に続く3番目の憲法院判決ということである。

第2に、憲法院は過去2度にわたってこの種の規定を違憲と判断してきたが、本判決は、憲法改正によって憲法上の障害を取り除いたうえで導入された政治的な選挙の領域での積極的是正措置に対する、最初の憲法院の判断だという点である。

第3は、憲法の「パリテ規定」には「パリテ」という文言がない上、「強制」と「奨励」の二重の意味にとれる単語《favoriser》を選択した結果、憲法的法律を直接に審査するものではないにしろ、憲法院は付託された法律の審査にあたり、憲法の新条項の射程を制限し、さらにその条項を弱める可能性すらもっていたということである。

● 違憲判断の後の憲法改正

1982年の憲法院クォータ制違憲判決が明らかにしたように、政治的選挙の領域のような積極的是正措置が禁止されていると理解さ

るという意味で、「特異」である。Sur ce point, voir L. Favoreu et al., *Droit constitutionnel*, 2ᵉ éd, Dalloz, 1999, pp. 754-757.

れている領域について、積極的是正を目的とした法律を制定するためには、憲法改正が必要となる。ニューカレドニアおける選挙人団を縮小し、人口を構成する一部を優遇するために憲法改正が必要であったことと同様である（Décision n° 99-410 DC du 15 mars 1999）。こうした理由から1999年の憲法改正が実現され、パリテを実施するための選挙法改正法が制定されたのであった。憲法院は「憲法第7条、第16条、第89条の規定に従うことを条件に、照準が定められている場合について憲法的価値を有する規範ないし原則に違背する新規定を憲法制定権力が憲法正文に持ち込むことを妨げるものは何もな」く、改正された憲法規定は「前記判決において憲法院によって指摘された憲法上の障害を取り除く目的と効果を有する」として、憲法改正無限界論[35]の立場を再確認するとともに、憲法改正という手続きを経ることで禁止が解除されたとしている。その上で強制手段ないし奨励手段の選択を立法者の裁量と処理している。憲法の文言から直接に導いていないが、憲法改正作業からこうした裁量の幅を導き出すという手法を取っている。制憲者が第3条第5項に《favoriser》という文言を採用したことに起因する選択可能な2つの方途——強制と奨励——を、そのまま立法者の裁量の幅として憲法院は受け止めたように見える。憲法院は、さらに、パリテ実現のための政策（具体的措置の採用）と他の憲法上の原理との調整は立法者の役割であるとした。憲法院は憲法改正作業に立ち戻り、憲法改正の結果、立法者が「パリテ」を具体化する措置をとることが可能になったと判断した。この憲法改正は「パリテ」そのものを可能にしたわけではない。政治的選挙の領域で女性の進出を可能にする目的で憲法改正が行われたのであるから、立法者による積極的是正

---

(35) フランスの憲法改正無限界論については、拙稿「立憲主義と民主主義の相剋——フランスにおける憲法『改正』」三浦信孝編『普遍性か差異か——共和主義の臨界、フランス』（藤原書店、2001年）275頁以下を参照。

第Ⅰ部　フランスにおけるパリテの挑戦

措置が許されるのは当該領域に限ってのことになるはずである。

● 立法手続きの統制

憲法院は一方で立法者が設けたパリテの手法について実質的な審査を控えているが、他方で立法手続きに厳格な形式的審査を加えることによって、パリテの適用が人口 2500 人～ 3444 人規模の市町村議会選挙に及ぶことを阻止している。憲法改正の効果を実質的に縮減しているのである[36]。もっとも、ニューカレドニア、フランス領ポリネシア、ワリス-エ-フツナの議会にパリテ原則を適用することを定める組織法律を対象とした 6 月 29 日の憲法院判決（Décision nº 2000-430 DC[37]）では、憲法院は「合同委員会の会同後採択されることができる修正は、審議中の規定と直接の関係があるものか、憲法の遵守、議会で検討中の他の法文との調整の確保、実質的誤りの訂正といった必要性に応じるものでなければなら」[Con. 7]ず、「仏領ポリネシアについて両院同数合同委員会会同前に作り出された選挙ルールとワリス-エ-フツナ及びニューカレドニアについて新たな読会で採択された選挙ルールとの違いから生じる平等原則違反を解消する」[Con. 8]との理由から、修正権の変則的行使を合憲としている。その結果、ニューカレドニアの地方議会と領土議会、仏領ポリネシア議会、ワリス-エ-フツナの領土議会の選挙については、厳格なパリテの方式が導入されることになった。

4　パリテのグラデーション

● パリテ実施のための 3 つの手法

大統領の審署に付された 2000 年 6 月 6 日の法律[38]は、以下の 3

---

(36) L. Favoreu et L. Philip, *Les grandes décisions du Conseil constitutionnel*, 11ᵉ éd., Dalloz, 2001, p. 552.

(37) http://www.conseil-constitutionnel.fr/decision/2000/2000430/2000430dc.htm による。

つの手法を定める。

　a．比例代表1回投票制について候補者名簿登載順を男女交互とする。名簿の構成が条件を満たしていない場合、届出を受理しないことによって強制力をもたせる。これはきわめて厳格にパリテの要請を貫くものである。対象となる選挙は、比例代表で実施される元老院議員選挙、欧州議会議員選挙、フランス領ポリネシア、ニューカレドニア、ワリス-エ-フツナ、マイヨットの領土議会議員選挙である。

　b．比例代表2回投票制について、候補者名簿登載順6人ごとに男女同数とする。名簿の構成が条件を満たしていない場合、届出を受理しないことによって強制力をもたせる。1回目の投票でどの名簿も過半数を得られなければ、条件を満たした名簿を対象として第2回目の投票が行われる。この第2回目の投票の名簿は修正が可能なため、名簿間の駆け引きの余地を残すように「6人ごと」という幅を持たせた。「6人」という数字は、シミュレーションの結果「6人ごと」であればほぼパリテの効果が得られたことによる。対象となる選挙は、人口3500人を超えるコミューン議会議員選挙、地域圏（レジオン）議会議員選挙、コルシカ議会議員選挙、サン-ピエール-エ-ミクロン領土議会議員選挙である。

　c．小選挙区2回投票制で実施される国民議会議員選挙については、政党・政治団体に対する公的助成金の調整によって、政党・政治団体に女性の政治参画促進措置へのインセンティヴを

---

(38) Loi no. 2000-493 du 6 juin 2000 tendant à favoriser l'égal accès des femmes et des hommes aux mandats électoraux et fonctions électives, in *J. O., Lois et Décrets*, du 7 juin 2000, p. 8560. この法律の制定にかかわる動向を扱うものとして、梶本玲子「フランスの『女性と男性の平等に関する憲法改正』後の動き——2000年6月6日の公職への女性と男性の平等なアクセスを促進する法律の成立」国際女性14号（2000年）155頁以下を参照。

与えることが企図された。政党ないし政治団体に帰属する各性の候補者の開きが候補者全体数の2％を超えると、当該政党ないし政治団体に配分される公的助成金のうち、国民議会議員選挙で獲得された得票に対する配分について減額される。女性候補者が全体の49％を占めれば減額されない。海外領土の場合は、各性の候補者の人数の開きが1名を超えたときに減額の対象となる。減額率は、一方の性の候補者の比率と他方の性の候補者の比率との差の半分に等しいものとする。例えば一方の性の候補者の比率が45％、他方の性の候補者の比率が55％であるとき、その差は10％であるから、減額率はその半分の5％ということになる。極端な場合、ある政党が同一の性の候補者を100％擁立したとき、公的助成金は半分に減額される。

上記cの手法については、たとえ男女を不均等な割合で立候補させたとしても、選挙の結果、男女同数の当選者を出す場合もあるのに、それを含めて公的助成の減額の対象とすることになり、「制裁の不均衡」があるのではないか、という批判が元老院議員から提起されていた。憲法院は先の判決の中で、これは政党・政治団体に対する公的助成の調整の問題であって、政党・政治団体に対する「財政上のサンクション」にあたらないから、人権宣言第8条の「刑罰の必要性の原則」に違反しないという判断を示していた。cの手法は政党の「女性の政治参画促進」措置を導くものである以上、その努力は候補者選定段階に現れることは確かである。他面政党が選挙区によってその地盤の強弱があることを考えると、女性候補者を数の上では全体の半数立てながら、当該政党が「勝つ見込みがない」選挙区を選んで女性候補をまわすことも考えられなくはない。元老院の批判は正鵠を得ているといわざるをえないだろう。

6月6日法によりパリテの要請は具体化の緒に就いた。憲法的法律制定過程から、憲法第3条による立法者の介入（強制）型、同第

4条による政党媒介（奨励）型という2つの方途は所与のこととされていた。国民議会議員選挙については後者の型を採用し、政党・政治団体への公的助成金配分方法の調整によって、政党・政治団体にパリテへのインセンティヴを与える方法が採られた。前者について、比例代表制を前提として、立候補段階と議会構成の段階との因果関係をどこまで強調するかという観点から、3つの方法が案出された。もっとも厳格な方式が、名簿順位を男女交互方式に強制するやり方である。より緩やかな方法が、名簿登載順に候補者を6人単位とし、各単位の男女数が同数であることを要請するものである。もっとも緩やかな方式が、名簿登載者を男女同数（但し定員奇数の場合を考えて1名の差まで認める）であることだけを求め、名簿登載順を法律によって強制しないものである。第2の方法は定員の少ない選挙区では意味がなく、第3の方法は名簿順位の後ろ半分に女性候補者が集中して登載されているのでは、議会構成のパリテという目標に到達するのは困難である。6月6日法は、比例代表制1回投票制による選挙について第1の方法を採用し、比例代表制2回投票制による選挙について第2の方法を採用した。パリテの実現に最も相応しい選挙制度は、男女交互方式による拘束名簿式比例代表制1回投票制である。しかし、憲法改正に際しての現行選挙制度は不変という政治的妥協が先行していた。その結果、厳格なパリテの要請が受け入れられたのはきわめて限られた範囲にとどまった。パリテの憲法要請を前提とした選挙の制度設計の論議が抜け落ちていたことは、憲法的法律の審議過程でパリテをめぐる原理論的問題が棚上げされたこととともに、記憶されるべきであろう。

● 留意点

ここでは次の2点を指摘しておきたい。第1は、パリテの具体化は、政党ないし政治団体の存在に圧倒的部分を負っているというこ

第Ⅰ部　フランスにおけるパリテの挑戦

とである。6月6日法の審議過程で、県議会議員選挙（élections cantonales）についてはパリテの実施は不可能であるとされたが、最大の理由は、この選挙の立候補者の多くが政治的党派を明示しないことにあった。

　第2は、6月6日法の違憲審査に際し、憲法院がパリテの具体化のための措置について、立法者の裁量を大幅に認めたことである。1999年7月8日の憲法改正は、先に引用した1982年、1999年の憲法院判決がパリテ実現の法律制定に対する法的障碍となっていたことを、直截の理由としていた。憲法院は、憲法的価値やルールに反する新条項を憲法規定に追加した制憲者の判断に対抗できないとして、この判例を援用できないとの理解を示した。問題の判例は「市民」という資格にこだわって主権者が「立法者」を選出する選挙権行使の場面で、厳格な解釈を貫くものであった。政治過程の多数派に対する少数派の権利保障に違憲審査制の意義があるとするなら、選挙権の行使がかかわる場面で立法者の裁量をあっさり認めることは、一般論としては疑問を禁じ得ない。こうした態度は、憲法のパリテ規定にかかわる今回のパリテ法に限ってのことなのかどうか、今後、選挙をめぐる憲法院の判断が注目されよう。

　いずれの手法にしろ、政党ないし政治団体の存在を前提としていることから、法整備による女性の政治参画促進の成果は、政党ないし政治団体の態度に左右されることが予想されるのである。

第Ⅰ部　フランスにおけるパリテの挑戦

● 第4章 ●

パリテ法の実施とその評価

第1節　2001年地方選挙
　1　2001年3月11日＝18日コミューン議会議員選挙
　2　パリテ非対象選挙
第2節　元老院議員選挙
　1　2001年9月23日の選挙
　2　2004年9月26日の選挙
第3節　国民議会議員選挙
第4節　2004年選挙——地域圏議会議員選挙・県議会議員選挙・欧州議会議員選挙

第4章　パリテ法の実施とその評価

● 本章の課題

　前章で成立を確認した法律2000-493号（いわゆる「パリテ法」）は6月6日に公布された。この法律の第16条は次のように規定している。「この法律の評価報告は、2002年に、次いで3年ごとに、政府から議会に提出される。そこではこの法律が関与しない県議会議員選挙、元老院議員選挙およびコミューン議会議員選挙、並びにコミューン間協力組織の審議機関と地方行政府における女性の進出の進展状況についての詳細な検討も含まれる」。この評価を担当するのが、パリテ監視委員会である。2000年6月6日法律の施行後、2001年にコミューン議会議員選挙、元老院議員選挙、2002年に国民議会議員選挙、2004年に地域圏議会選挙、県議会議員選挙、欧州議会議員選挙、元老院議会議員選挙が実施され、おおむね、選挙が一巡した。本章は、パリテ監視委員会の報告[1]に依拠しつつ、これらの選挙結果とそれに対する分析・評価を概観することを課題とする。

（1）　Catherine Génisson, *La parité entre les femmes et les homes : Une avancée décisive pour la démocratie, Rapport à Monsieur le Premier Ministre*, janvier 2002 ; Marie-Jo Zimmermann, *Pourquoi la parité en politique reste-t-elle un enjeu pour la démocratie française ?, Rapport à Monsieur le Premier Ministre*, mars 2003 et *Elections à venir: faire vivre la parité Rapport à Monsieur le Premier Ministre*, décembre 2003 ; Marie-Jo Zimmermann, *Parité et modes de scrutin : Conforter l'égalité, Note synthèse*, juin 2004 et *Parité et moyenne d'âge aux sénatoriales 2004 : Des progress limités*, septembre 2004 ; Marie-Jo Zimmermann, *Effets directs et indirects de la loi du 6 juin 2000 : un bilan contrasté*, mars 2005. また梶本玲子「フランスのパリテ選挙法の実施と成果——新たなステップへ向けて——」国際女性18号（2004年）104頁以下も参照。なお、章末（145頁以下）に2005年のパリテ監視委員会報告掲載の資料に基づき各選挙結果の推移を表したグラフを掲載した。合わせて参照されたい。

第4章 パリテ法の実施とその評価

第1節 2001年地方選挙

1 2001年3月11日＝18日コミューン議会議員選挙[2]

● 候補者選定問題

フランスでは日本のように市町村の区別がなく、基礎的地方自治体に「コミューン」(commune) という単一の呼称をつけている。コミューンの議決機関であるコミューン議会の議員選挙において実際にパリテ条項が適用されるのは、人口3500人を超えるコミューンに限られる。圧倒的多数のコミューン（3万6千強のうち3万4千ほど）はこの規模を下回っているが、そこに住む人口は全体の3分の1ほどである。

2001年3月の選挙を実施するに当たり、当初、現実問題として、名簿を充足しうるほどの女性候補者をそろえることができるかどうかが懸念されていた。結果として、党員候補者の女性割合は30～40％の間であったことから、揶揄されていたように、政治的にまったく係わり合いのない女性を捜し歩くということはなかったようである。コミューン議会議員選挙の候補者名簿登載順位第1位の者に対するアンケート調査では、78％がパリテ構成の候補者名簿作成は困難ではなかったと答えている[3]。但し、女性に名簿登載の機会を譲るように任期満了者を説得することは、より困難であったという回答が示されている。

---

(2) Catherine Génisson, *La parité entre les femmes et les homes : Une avancée décisive pour la démocratie, ibid.* による。渡邊啓貴「『男女同等法』はフランスを変えるか」改革者492号（2001年）16頁以下、林瑞枝「フランスの統一地方選挙と男女平等アクセス法」時の法令1651号（2001年）81頁以下、梶本玲子「フランスのパリテ選挙法成立後の市町村議会選挙とパリ市の選挙結果の分析」国際女性15号（2001年）112頁以下も参照。

(3) Catherine Génisson, *op. cit., supra note 1*, p. 19.

政党における女性党員率の低さは、政治という強固に男性的な社会に身をおくことの女性にとっての困難さから説明される。女性は政治的責任を負うことへの自分自身の能力に懐疑的であることが政党幹部から指摘されている。候補者名簿第1位登載者に対するアンケート調査では、89％が女性は「町を運営するに必要な権威 (autorité) をすべて有している」[4]と回答している。しかし、すでに仕事と家事の役割を二重に担っている女性には、政治的活動にまで振り分ける時間的余裕がない。これがコミューン議会議員選挙への立候補を女性が拒む理由の筆頭に上げられる。選挙費用にかかるお金の問題も、女性にとっては立候補を思いとどまらせるマイナス要因である。

● パリテがもたらした変化

コミューン議会議員選挙が政治化した1977年以降、コミューン議会の女性議員率は1977年8.3％（1971年4.4％）、1983年14％、1989年17.2％、1995年21.7％と順調に増えてきた。2001年3月11日と18日に実施された選挙結果によれば、全コミューン議会の女性議員率は33％に達した。パリテ法が適用される人口3500人以上のコミューン議会の女性議員率の推移は興味深い数値を示した。すなわち、1989年22.7％、1995年25.7％、そして2001年47.4％に倍増した。6人を単位とする方式であっても、パリテ法の効果は劇的だったのである。人口3500人未満のコミューンにおいても、女性議員率は前回の21％から30％に上昇した。EUの報告書によれば、政策形成が社会全体の社会的、経済的、文化的価値を反映するために女性が適切な影響を行使するのに必要な最低条件は、女性議員率30％が分岐点であるといわれている[5]。そうであるとすれば、コ

---

(4) *Ibid.*, p. 17
(5) *Ibid.*, p. 65.

ミューンの規模がどうであれ、すべてのコミューン議会において女性議員率が30％を越えたことは意味深い。

候補者名簿登載順位第1位の者に対するアンケートでは、80％以上が、女性の進出によって「住民との対話と協議」「住民の関心事の考慮」「コミューン議会内での審議の質」が改善されると考えている。コミューンの主な所管事務は、地域・都市計画関係、道路、幼児・初等教育施設の整備、文化振興、社会住宅、上下水道、葬儀、墓地、ガス、家庭ごみその他廃棄物収集などであるが、女性議員が増えることで、子育て（91％）、社会福祉（85％）、文化および余暇（81％）、公衆保健衛生（81％）、都市計画および都市整備（73％）、伝統的に男性に留保されていると考えられていた治安（66％）、公共交通機関（59％）という政策分野において、改善が期待されている[6]。

● コミューン執行機関

コミューンの執行機関である首長（maire：日本での市町村長と議会議長とをあわせた公職）と助役は、コミューン議会によってその議員のうちから互選される。2001年選出のコミューン首長職の女性占有率は、1995年の7.5％から10.9％の微増にとどまった。「女性首長率の微増は、コミューン議会議員選挙に際し、候補者名簿の筆頭に女性が登載される率の少なさと関連付けられる。……被選首長の女性率は2000年6月6日法の影響に属さない」[7]。人口3500人未満のコミューンでは11.2％で、人口がそれ以上であるコミューンの女性首長率6.7％の2倍近くであることが注目される。

（6）　以上については、*ibid.*, pp. 18-19.
（7）　*Ibid.*, p. 31. ただし、ジェニソン報告は、人口3万人を超えるコミューン議会議員選挙において名簿登載順位第1位で新たに選出された8人の女性候補者が獲得した選挙結果を分析し、1995年の前回選挙で同じ政治グループが獲得した得票数を上回ったことを明らかにしている。Voir, *ibid.*, p. 56.

人口の少ないコミューンの首長の役割が、より大きなコミューンの首長の役割に比べ、さほど重要視されていないことの現われと思われるが、人口10万人を超えるコミューンの女性首長の割合は11.1%である。この規模のコミューンの助役の女性占有率も1995年の31.6%から2001年には45.9%へ増加している。

2 パリテ非対象選挙

● コミューン間協力公施設法人

フランスのコミューンのほとんどはその規模が極めて小さいため、その行財政基盤は現代的行政課題に応えるにはきわめて脆弱だといわれている。こうした事態に対処するため、コミューンの枠組みはそのまま残しながら、複数の地方公共団体が各種施策を実施する広域行政組織が多様な展開を見せている。この広域行政組織は法的には「公施設法人」として位置づけられ（地方公共団体ではない）、「コミューン間協力公施設法人」（EPCI=Etablissement Public de Coopération Intercommunale）と呼ばれる。EPCIは、構成コミューンの分担金によって財源をまかなうものと、自主的な課税権を有するものという2種類8タイプが存在したが、1999年7月12日のコミューン間協力の促進と簡素化に関する法律[8]（通称「シュベーヌマン法」loi Chevènement）により、自主的課税権を有する種類の5タイプが都市圏共同体（Communauté d'Agglomération：圏域人口5万人以上）、大都市圏共同体（Communauté urbaine：域圏人口50万人以上）、コミューン共同体（Communauté de communes：農村部で圏域人口が5万人を超えないことが理想だが人口制限はない）の3つに集約された。EPCIは構成するコミューン議会議員によって互選された代表からなる評議会（organe délibérant）によって運営され、評議会議長

---

(8) Loi no. 99-586 du 12 juillet 1999 relative au renforcement et à la simplification de la cooperation intercommunale in *J.O. Lois et décrets,* du 13 juillet 1999, p. 10361.

第4章　パリテ法の実施とその評価

が執行を確保する。フランスで財源を有する2001のEPCIのうち、女性が議長を勤めるのは108に過ぎず、女性占有率は5.4%である。コミューン議会議員選挙の結果、女性が大量にコミューン議会に進出したが、「コミューン間評議会の代表の間接選挙の方法は、その現象がコミューン間組織のレベルに反映することを阻んだのである」[9]。

● 県議会議員選挙

　県議会議員選挙について、パリテ監視委員会報告者は「被選議会に女性を進出させる努力が政治集団と地方名士の裁量に委ねられていると、あまりに進展しないことを嘆くことしかできない」[10]と率直に記している。前回の選挙と2001年の選挙結果を比較すると、女性の候補者率は15%から20.1%に微増したに過ぎず、改選された女性議員は本土で121人（女性議員率6.3%）、選出された女性議員は189人（女性議員率9.8%）であった。パリテ法は、コミューン議会議員選挙と同日に実施された2001年3月11日＝18日の県議会議員選挙に、波及効果を及ぼさなかったようである。パリテ監視委員会の分析によれば、候補者の個人的良し悪しよりも、女性にとって構造的なハンディキャップがある。すなわち、単記投票制であること及び選挙地盤の存在によって県議会議員選挙は「名士」に有利に作用することである。

（9）　Catherine Génisson, *op. cit., supra note 1*, p. 46.
（10）　*Ibid.*, p. 51

第2節　元老院議員選挙

1　2001年9月23日の選挙

● 1999年7月10日法律

　県を選挙区とする元老院議員選挙は、県選出の国民議会議員、地域圏（レジオン）議会議員、県議会議員、コミューン議会の代表者から構成される選挙人団による間接選挙で、3年ごとに3分の1ずつが改選される。パリテ法の制定作業に入る前、1999年3月、政府は元老院議員選挙制度改革法案を提出している。その要点は、コミューン議会に対する選挙人割り当ての不平等を是正するために、コミューン人口500人（国民議会提出後、国民議会の修正により300人に引き下げ）ごとに選挙人1人を配分する方式（ただし端数切り上げ）を導入すること、および、定数5以上の県に限って適用されていた比例選挙を定数3以上の県にも拡大することであった。元老院の強い抵抗のため両院間の合意が得られず、国民議会が単独で最終的に議決したが、元老院は当該法律の憲法適合性の審査を憲法院に求めて提訴した。憲法院は、7月6日の判決において、元老院議員選挙において人口比例原則を尊重するとしつつも、それは憲法第24条にいう「地方公共団体の代表」としての性格をゆがめない限度で適用される補完的な原則にすぎないとして、人口300人につき1名の選挙人を配分する措置を違憲と断じた[11]。違憲となった条文を除いて大統領の審署の手続きを経た、2000年7月10日の法

---

[11]　Décision n° 2000-431 DC du 6 juillet 2000 in *J. O., Lois et décrets*, du 11 juillet 2000, p. 10486. この判決をめぐっては、大山礼子「元老院議員選挙における選挙の平等」（フランス憲法判例研究会編『フランスの憲法判例』（信山社、2002年）272頁を参照。また、只野雅人「『国民主権』、『一般意思』と『特殊利益』——フランスにおける『集権』と『代表』をめぐって」樋口陽一・森英樹・高見勝利・辻村みよ子編『国家と自由—憲法学の可能性—』（日本評論社、2004年）151頁以下も参照。

第4章　パリテ法の実施とその評価

律(12)により、比例代表制の適用が定員5人以上の県から、定員3人ないし4人の県にまで拡大された。この結果、パリテ法の適用は110議席から224議席に増大した。

● 改選グループBの選挙結果

2001年9月23日、改選グループBの102議席について選挙が実施された。改選前7議席を女性が占めていた。2000年7月10日の選挙法改正以前に、改選グループBの中で比例代表制によって元老院議員を選出していた県ないし選挙区は5つあり、議席総数は32議席であった。ノール県（11議席）、パ-ド-カレー県（7議席）、ロワール-アトランティック県（5議席）、モーゼル県（5議席）および海外在住のフランス人（4議席）であった。2001年に改選される県のうち、2000年7月10日の選挙法改正にかかわるのは全部で13県、42議席であった。アンドル-エ-ロワール県、イゼール県、ロワール県、ロワレ県、メーヌ-エ-ロワール県、マンシュ県、マルヌ県、ムルト-エ-モゼール県、モルビアン県、オワーズ県、ピュイ-ド-ドーム県、ピレーネ-ザトランティク県、レユニオン島である。

2001年の選挙に立候補した女性は、比例代表制区で1097人中499人、女性候補者率45.5％、多数代表制区で177人中37人、女性候補者率20.9％であった。選挙の結果は、22人の女性が当選した。そのうち前職は4名である。非改選部分を含めた元老院321議席中35議席を女性議員が占め、元老院の女性議員率は6.2％から10.9％となった。

この選挙結果から、パリテ選挙法の効果は肯定的に評価された。特に次の3点が注目された(13)。第1に、両性間の均衡回復ぶりは明白であった。改選101議席中（1名欠員）、女性の占めていた議席

---

(12) Loi no. 2000-641 du 10 juillet 2000 relative à l'élection des sénateurs in *J. O., Lois et décrets,* du 11 juillet 2000, p. 10472.

は7議席（女性議員率6.9％）に過ぎなかったが、再選ないし新しく選出された102議席中、22議席を女性が占めた。女性議員率21.6％で、女性議員の数は実に3倍になったのである。第2に、女性議員率が上がったことは元老院の世代交代が進んだことを意味した。すなわち男性当選者の平均年齢が59.3歳であるのに対し、女性当選者の平均年齢は53.9歳だったからである。そして第3に、権力を独占するために支持者を合算してきた大物現職議員の間での協定を阻んだ点で、真正の民主主義的空気（une véritable respiration démocratique）が流れ込んだのである。

再選ないし選出された元老院議員が比例代表制で選ばれたのか多数代表制で選ばれたのか区別してみると、明らかな違いが見えてくる。パリテ法の適用対象ではない多数代表制の選挙区から選出された28人のうち、女性は2名で、改選前とまったく変化はなく、女性議員率は7.14％であった。パリテ法の影響はまったくなかったわけである。これに対し、パリテ法による厳格なパリテを適用する比例選挙区74議席のうち、女性の元老院議員は5人から20人に増え、女性議員率は27.03％となった。この数値は、「選挙による議員職および選挙による公職への男女の平等なアクセスを促進する」法律の効果により、確かに、元老院の女性議員率が高まったことを示している。しかし、2001年3月に実施されたコミューン議会議員選挙で、「緩和されたパリテ」方式が適用された人口規模3500人以上のコミューン議会の女性議員率が47.4％であったことと比べてみると、「厳格なパリテ」適用にもかかわらず、「この程度」であったことは注目しなければならない。

---

(13) Marie-Jo Zimmermann, *Pourquoi la parité en politique reste-t-elle un enjeu pour la démocratie française ?*, *op. cit., supra note 1*, p. 7 の指摘による。

第4章 パリテ法の実施とその評価

● パリテ監視委員会による分析

2002年のパリテ監視委員会の報告書[14]は、次のような興味深い分析をしている。

第1に、比例代表制が実施されている県において、特に右派政党で女性候補者率が低い。DL（Démocratie Libérale）：26.7％、RPR（Rassemblement Pour la République）：31.4％、UDF（l'Union pour la Démocratie Française）：34.2％であった。この現象は、パリテ法の不適切な適用、いうなればその精神を歪曲する適用によって説明ができるという。男女交互方式の名簿が義務付けられる選挙区では、右派のすべての改選議員は、女性候補者の後塵を拝する第3順位に自らを位置づけるよりも、むしろ自分の（自分を第1位に据えた）名簿を率いることを選んだのである[15]。なぜなら第3順位では、再選のチャンスが遠のくと判断されたからである。この行動は、右派系名簿の数が増大したという現象からも明らかである。前回1992年に比例代表制で選挙が実施された県のうち、DL、RPR、UDFの連合が本当の意味で実現したのは、マルヌ県、ピュイ-ド-ドーム県、パ-ド-カレー県だけにすぎない。例えば、ムルト-エ-モゼール県では、4人の改選議員が4つの名簿を構成して選挙に臨んだが、結局2議席を失うことになり、女性が1議席を獲得した。マンシュ県では3人が改選され、そのうち1名は女性であった。男性の議席を「救済する」ために、2つの名簿が作成された。結果として女性議員の1議席を失うことになった。

第2に、比例代表制による県と多数代表制による県における女性候補者の数を比較してみると、候補者の性別配分について立法化の

---

(14) Catherine Génisson, *op. cit., supra* note 1, p. 61.
(15) このことは選挙直後に報道されていた。Voir, Elie Barth et Clarisse Fabre, Le Sénat résiste à l'application de la loi sur la parité, in *Le Monde* du 22 septembre 2001 (http://www.lemonde.fr).

必要性が明らかとなる。実際のところ、比例代表制で実施されている選挙区において女性候補者率50%に近づけ、あるいはそれを上回らせた政党であっても、多数代表制で選挙が実施される県では、女性候補者率は低いままにとどまっているのである。すなわち、PC（Parti Communiste）：28%（比　例　区：51.7%）、PS（Parti Socialiste）：18.2%（比例区：40.0%）である。

第3に、女性候補者が名簿の先頭に来ることは極めて少ない、ということがある。選出のチャンスはそれだけ少ない。法律はここまで立ち入って規定してはいない。

2　2004年9月26日の選挙

● 2004年の元老院改革

前回の選挙から2004年の選挙の間に、元老院の重大な改革を目的とする2つの法律が制定さている[16]。1つは、「元老院議員の任期および被選挙権年齢並びに元老院の構成の改革に関する2004年7月30日の組織法律」(loi organique no. 2003-696 du 30 juillet 2003 portant réforme de la durée du mandat et de l'âge d'éligibilité des sénateurs ainsi que de la composition du Sénat)[17]であり、いま1つは、「元老院議員選挙の改革に関する2004年7月30日の普通法律」(loi ordinaire no. 2003-697 du 30 juillet 2003 portant réforme de l'élection des sénateurs)[18]である。さらに2004年5月11日の法律[19]によって、元老院議員の議席の再配分と元老院議員選挙の組織の態様を現状に

---

[16]　この改革2法については、門彬「フランス上院（元老院）改革2法が成立」外国の立法218号（2004年）1頁以下を参照。法文も訳出されている。

[17]　*J. O., Lois et décrets*, du 31 juillet 2003, p. 13016.

[18]　*Ibid.*, p. 13017.

[19]　Loi no. 2004-404 du 10 mai 2004 actualisant le tableau de répartition des sièges de sénateurs et certaines modalités de l'organisation de l'élection des sénateurs, in *J. O., Lois et décrets*, du 11 mai 2004, p. 8296.

第4章 パリテ法の実施とその評価

見合う更正を加えている。元老院の改革は、次の4つの部分から成る。

第1は、元老院議員の任期が9年から6年に短縮されたことである。この結果、2010年からは、3年ごとに半数改選となり、3分の1改選ではなくなる。

第2は、元老院議員の被選挙資格年齢が35歳から30歳に引き下げられたことである。

第3に、1999年の調査に基づいて、本土および海外公共団体（collectivités d'outre-mer）について議席の再配分が実施された。元老院議員は現在321人であるが、2004年に331人、2007年に341人に段階的に増やしていき、最終的に2010年に346人とする。県選出の議席数は、本土および海外県を含め、現行304であるが、これを2010年までに段階的に22増の326に増やす。海外領土は現行5議席であるが、ニューカレドニア、フランス領ポリネシア、マイヨットの議席数をそれぞれ1議席ずつ増やし、2010年に海外領土の議席を3増の8とする。旧フランス領のアファール-エ-デ-イッサスの1議席は廃止する[20]。海外在住のフランス人は12人の元老院議員を選出する。

第4に、定員が1ないし2の県選挙区で適用されている多数代表制は、定数3の県選挙区に再導入され、比例代表制の適用は4議席以上を選出する県に限られる。全体で、52％近くの議席が比例選挙で決められる。

任期が9年から6年に縮減されることにともない、組織法律は、2010年以降、元老院は3年ごとに半数改選となり、現行のA、B、

---
[20] 1977年、海外領土ソマリランドがジブチ共和国として独立し、1980年の元老院改選以降、空席のままにあった。本来元老院議員の議席数は321であるが、法的措置が行われていなかったため、法文の上では322であった。本組織法により法文の上でも廃止となった。以上につき、門・前掲論文（注16）8頁の注22による。

第Ⅰ部　フランスにおけるパリテの挑戦

Cの改選3グループを、第1、第2の2つの改選グループとすることを定める[21]。2つのグループへの組み換えは、2004年に改選時期を迎えるグループCが抽選により、任期9年のグループ（2013年改選の第2グループ：Bグループ）と任期6年のグループ（2010年改選の第1グループ：Aグループ）に分けることで行われる。この抽選に備えて、組織法律は改選グループをあらかじめ2つに区分けしている。すなわち、2004年選挙に際し、改選グループCは10議席増になるが、それを含めた123議席について、セーヌ-エ-マルヌ県を除くバ-ラン県からヨンヌ県までの62議席とイル-ド-フランスの諸県およびセーヌ-エ-マルヌ県、アンティル諸島の海外県、マイヨット、サン-ピエール-エ-ミクロンの61議席に区分した。2003年10月1日第1週の水曜日の本会議において、元老院理事部（le Bureau du Sénat）が抽選を行った。その結果、セーヌ-エ-マルヌ県を除くバ-ラン県からヨンヌ県までの62議席が2013年改選の第2グループに帰属し、2004年の選挙に際しては、任期9年で選出されることが決まった。イル-ド-フランス地方、セーヌ-エ-マルヌ県、グァドループ県、マルティニク県、マイヨット、サン-ピエール-エ-ミクロンが2010年改正の第1グループに帰属し、2004年の選挙の際には、任期6年で選出されることになった。さらに、2004年に選出される海外在住のフランス人を代表する4人の元老院議員のうち2人について任期9年として、2013年改選の第2グループとし、残り2名は任期6年で2010年改選の第1グループとした。この振り分けについても元老院理事部によって抽選で決定された。以上の結果、改選第1グループは170議席、改選第2グループは174議席となる。

---

(21)　以下の改選グループの組み換えについては、元老院のHPの解説を参照した。
http://www.senat.fr/senateurs/elections/2004/carac2.html

第 4 章　パリテ法の実施とその評価

● 改選グループＣの選挙結果

　2004 年 9 月 26 日の選挙では 117 人の元老院議員が改選を迎えた。そのうち女性議員は 9 人で、女性議員率 7.7% であった[22]。選挙の結果、再選ないし新たに選出された元老院議員は 128 人で、女性は 31 人、女性議員率は 24.2% となった。パリテ法が対象とならない多数代表制による選出が行われた県では、45 議席中女性が占めた議席は 2 にとどまった（女性議員率 4.4%）。定数 4 以上、したがってパリテ法の対象となる比例代表制による選出が行われた県では、83 議席中 29 議席を女性が占めた（女性議員率 34.9%）。前回 2001 年の選挙の際に観察されたのと同じような歪みの現象が見られた。

　パリテを義務付ける比例代表制を創設することは、権力を独占してきた現職の名士たちの間に協定が結ばれるのを阻止して、真正の民主主義的空気が流れることを可能にした。最も目に付く結果の 1 つは、議員がかなり若返ったことである。2004 年に選出された女性議員の平均年齢は、男性が 59 歳であったのに対し、54.9 歳である。これもまた前回の 2001 年で確認された通りである。

　定数 3 の県については多数代表制に選挙方法を戻したのであるが、残念ながら、ブレーキになっている。2001 年にはこのタイプの選挙区はパリテを義務付けられた比例代表制で選挙が実施された。そのときには 30 議席中 6 議席を女性が占め、女性議員率は 20% であった。2004 年の選挙では、女性が獲得できたのは、21 議席中わずかに 1 議席にすぎない。もし比例代表制が維持されていたとしたなら、さらに 5 議席を女性が占めることになったであろう。これからわかるように、強制的な措置が施されることがなければ、女性の

---

[22]　選挙結果等については、Marie-Jo Zimmermann, *Parité et moyenne d'âge aux sénatoriales 2004 : Des progrès limités Document de travail*（septembre 2004）による。

政治参画は進展しない。多数代表制による県では、女性は70人立候補し、その92.9%にあたる65人が男性を補欠当選者としていた。これに対し181人の男性候補者のうち女性を補欠当選者とするのは51人（28.2%）にとどまった。比例代表制で実施された県では、全部で130の候補者名簿が提出されたが、女性を第1順位とする名簿は21（16.2%）にすぎなかった。

選挙後、ニコル・アムリンヌ（Nicole Ameline）パリテと職業上の平等担当大臣は、次のように語った。「確かに、元老院はまだパリテには程遠い状態である。この不十分な結果は、女性が名簿登載順位1位である率が極めて低いこと、そしてパリテの要請を回避する離脱名簿が一定程度存在していることから説明される。政党にその責任を取らせる段階に来ている。現状の運用はもはや受け入れがたい……。2000年6月6日の法律は、その文言においても精神においても遵守されなければならない」[23]。

● パリテ監視委員会の提言

パリテ監視委員会は、①定数3の県において速やかにパリテを義務付ける比例代表制による選挙を再導入すること、②多数代表制で選挙を実施する選挙区では、自分とは異なる性の補欠当選者を用意することを義務付けること（入閣、死亡そのほか任期中の交代を考えると、パリテが徐々に進行していく）、③県議会議員選挙においても、補欠当選者は当該候補者とは異なる性とすることを義務付けるべきこと、を提案している。

第3節　国民議会議員選挙[24]

● 奨励的方法

国民議会議員選挙については、「2002年6月9日＝16日の国民議

---

(23) *Le Monde* du 26 septembre（http://www.lemode.fr）

会議員選挙のための候補者の公認は、パリテに配慮する法律が必要であるならば、この法律には政治的意思がともなわなければならないことを示している」[25]ということに尽きる。

2000年6月6日法律が国民議会議員選挙について導入したパリテの具体化策は、奨励的なものにとどまり、強制力を欠いている。この奨励策は、国家が政党に対して付与する公的助成の第1部分に対する財政上のサンクションによるもので、公認の男性候補者と公認の女性候補者の比率の開きに比例している。多数代表制単記2回投票制で実施される国民議会議員選挙では、名簿式投票とは異なり、候補者のパリテは義務的ではない。実際のところ、政党や政治団体は、財政上のサンクションを受けるか、選挙の際の候補者のパリテを適用するかの選択肢を有することになる。政党に対する公的助成は、政治生活の財政的透明性に関する1988年3月11日の法律第8条から第10条で規制されている。当該年度の財政法律に規定された予算総額は、2つの部分に分けられている。第1部分は、当該政党の候補者によって、国民議会議員選挙の第1回目投票の際に獲得された得票総数に比例する。各政党に支払われる年額は、第1回目投票で獲得された1票あたりで、約1.49ユーロである。第2部分は、各政党に所属する国会議員の数に比例する。各政党に支払われる年額は、選出議員1人当たり約45,398ユーロである。

● 2002年の選挙結果

2002年の国民議会議員選挙の立候補者は、5年前の32.4％増で、

---

(24) Voir Nicole Gauthier, A nouvelle Assemblée, vieux routiers, in *Libération* du 18 juin 2002 (http://www.liberation.fr) また、梶本玲子「2002年フランス国民議会選挙の結果と分析」国際女性16号（2002年）98頁以下も参照。

(25) Marie-Jo Zimmermann, *Pourquoi la parité en politique reste-t-elle un enjeu pour la démocratie française ?*, op. cit., supra note 1, pp. 9. 以下の記述は、この報告書によるものである。

第I部　フランスにおけるパリテの挑戦

6361人から8424人に増えた。このうち女性候補者は本土で39％（前回1995年には22.5％）、海外県・海外領土を含むフランス全体では38,89％であった。

2002年4月の大統領選での2大陣営別に見てみると、UMP（Union pour la Majorité Présidentielle）が542人の候補者を擁立し、男性候補者が434人、女性候補者が108人で、女性候補者率19.93％である。PSは465人の候補者を擁立し、そのうち女性は165人で女性候補者率36.13％であった。これらの政党は6月6日法律によって、助成の第1部分について減額されるが、党帰属の議員数に応じて配分される第2部分については助成を受けることになる。2002年の選挙でUMPを構成していた政党はRPRとUDFであったが、前回の選挙の本土における女性候補者率は、RPRが7.7％、UDFが8.9％にすぎなかった。したがって、女性の公認候補者率が無視できない割合で増加していることは確認されよう。ところが、2002年の選挙では、UMPの女性候補者率は19.9％であるのに女性議員率は10.1％であったし、PSの女性候補者率は36.1％であるのに女性議員率は17.8％であった。こうした状況から言えることは、大政党が女性候補者を擁立させるために設けたルールを守らなかったというわけではないということである。二大政党についていえば、比率の上で候補者より被選者がはるかに少ないことの理由は何か、ということが問題とされなければならない。

● パリテ監視委員会の分析

パリテ監視委員会の報告によれば、候補者率と議員率との乖離は、女性に選挙戦を戦う能力がないというより、UMPおよびPSという二大政党が女性候補者を当選しにくい選挙区で擁立したということに起因している。2000年のパリテ法審議の際に、元老院が問題点として指摘したことが、現実となったのである。UMPおよびPSに

第 4 章　パリテ法の実施とその評価

は次の 3 タイプの選挙区が存在する。

①任期満了の前職議員がいる選挙区。この場合、前職議員がほぼ議論の余地なく継続して立候補する。UMP では、圧倒的多数が男性候補者であった。PS では、前職の女性議員の比率はより高かったのであるが、1997 年に比べて、勝ちにくい状況があった。

②前職議員はいないが、候補者の個人的資質あるいは一般的政治状況により、当該政党に勝つ見込みがある選挙区。このような場合は、二大政党は地盤のしっかりした地方議員か 1997 年の選挙で落選した元議員を擁立した。ほとんどの場合が男性の候補者であった。

③何が起ころうとも、当該政党にはまったく勝つ見込みがないような選挙区。この種の選挙区はほとんど女性にあてがわれた。このようにして、政党は候補者の女性率を引き上げ、あまり損をせずに、世論の中で自らを正当化したのである。

これに対し、小規模な政党（当選者がいないか、いても僅か）は、6 月 6 日の法律の精神をはるかに遵守していた。LO（Lutte Ouvrière）の女性候補者率 50.18％、LCR（Ligue Communiste Révolutionnaire）の女性候補者率 50.12％、緑の党の女性候補者率 50％、FN（Front National）の女性候補者率 48.85％、そして PC の女性候補者率は 43.95％であった。

パリテ監視委員会は、法律が強制力を持たないと、二大政党は法律の精神を逸脱するという指摘を行っている。財政的不利益という形態の奨励策は取るに足らないものであるわけではない。その不利益は、UMP については 400 万ユーロ、ASPRG（Association de financement PS-PRG）については 150 万ユーロであった。しかし、こうした不利益は、二大政党にとって、法律の精神を遵守して失う「不利益」を上回るものではなかったということである。国民議会議員選挙では、むしろ、政党ないし政治団体が失う公的助成を勘案しながら女性候補者の割合を自分で決めることができたと考えるこ

第4節　2004年選挙
――地域圏議会議員選挙・県議会議員選挙・欧州議会議員選挙

● 高女性議員率選挙

1998年の地域圏議会議員選挙と1999年の欧州議会議員選挙は、どちらも比例代表制名簿式投票制で実施されていたが、憲法改正前でパリテが強制されたわけではなかった。しかし、他の選挙に比べ、女性議員率が高いことが注目される。1998年の地域圏議会選挙では女性議員率が25％、1999年の欧州議会議員選挙では40.2％であった。議会の政治的重要度が影響していることも一因と考えられる。1999年の憲法改正を具体化する2000年6月6日法律によれば、次回の地域圏議会議員選挙は、人口3500人以上のコミューン議会議員選挙に適用されたパリテの具体化方法、すなわち名簿登載順6人グループ毎のパリテの方式によって実施されるはずであった。すでに見てきたように、2001年3月のコミューン議会議員選挙に際して、この方式は劇的な効果を生んだ。2004年の地域圏議会議員選挙では、女性議員率は45％以上となることが予測された。また、1979年以来、全国を1選挙区として比例代表制1回投票制によって実施される欧州議会議員選挙は、パナシャージュも選択投票も認められていなかった。丸々1つの名簿に投票するわけで、そこから名前の削除も付加も許されていないのである。有効投票の少なくとも5％を獲得した名簿ではないと、議席の配分に与ることはない。この選挙については、2000年6月の法律によって男女交互方式の名簿登載方式により厳格なパリテ原則が貫かれるため、男女の比率が50／50となることが期待された。

第4章 パリテ法の実施とその評価

● 地域圏議会議員選挙

地域圏議会議員選挙は、前記の仕組みで実施されることなかった。2003年4月11日法律[26]によって修正されたからである。新しい仕組み（選挙法典L 346条）によれば、候補者名簿は、各県の選挙区（section départementale）ごとに男女交互方式のパリテ構成であることが求められることになった。選挙は最大平均法による比例代表制2回投票制で実施される。パナシャージュ、選択投票（vote préférentiel）は禁止される。第1回目の投票で過半数を獲得した名簿がない場合に、第2回目の投票が実施される。第2回目の投票に参加できる名簿は、第1回目の投票で少なくとも有効投票の10％に等しい得票をしていなければならない。第1回目の投票で有効投票の10％を獲得した名簿がない場合、あるいはこの条件を満たす名簿が1つしかない場合には、上位2つの名簿が第2回投票に進む。議席の25％が当該地域圏（レジョン）で得票順位1位の名簿に対して割り当てられる。有効投票の少なくとも5％を獲得した名簿は、第2回目投票に進む資格がある名簿と合併できる。議席の配分に与るためには、有効投票の少なくとも5％を獲得していなければならない。地域圏議会議員は6年任期で、6年ごとに全部改選される。

もともと議決された法律では、第2回目の投票に進める名簿の獲得すべき得票数のハードルを「登録選挙人数の10％」としていた。憲法第39条第2項によれば、政府提出法案（projets de loi）は「コンセイユ・デタの意見を聴いた後で」両議院のいずれかの理事部に提出されることになっている。ところが政府提出法案がコンセイユ・デタの常設委員会に諮問された際、このハードルは示されてはいなかった。このため、当該法律の憲法適合性を審査した憲法院は、

---

[26] Loi no. 2003-327 du 11 avril 2003 relative à l'élection des conseillers régionaux et des représentants au Parlement européen ainsi qu'à l'aide publique aux partis politiques in *J. O., Lois et décrets*, du 12 avril 2003, p. 6488.

第Ⅰ部　フランスにおけるパリテの挑戦

手続き違反を理由に、第2回目投票に進む名簿を「登録選挙人数の10％」に等しい得票を第1回目に獲得した名簿に限るとした条項を違憲と断じた[27]。その結果、上記のように、「有効投票10％」という従前の条件が維持されることになった[28]。同判決で、「第1回目の投票において有効投票の少なくとも5％を獲得した名簿は、第2回目投票に進む資格がある名簿と合併できる」という点については、比例代表制と安定した均質な多数派の創出の要請を両立させるものとして、思想・意見の多元主義も、投票（suffrage）の平等も侵害しないと判断されている[29]。

● コルシカ議会議員選挙

ところで、2003年4月11日法律では、コルシカ議会議員選挙を改正の対象としていなかった。すなわち、コルシカ議会議員選挙については、「各名簿において、各性の候補者数の開きは1名を越えてはならない」「候補者名簿登載順に6人単位のグループにおいて各性の候補者数は等しくなければならない」というルールのままであった。この点に関し、先の憲法院判決は、地域圏議会とコルシカ議会は憲法第3条第5項に対して異なる状況におかれているのではないから、この法律がコルシカ議会議員選挙を旧来の方式のまま維持しているのは平等原則に反するという判断を示した。憲法院がこの平等の決壊を解消しようというのであれば、当該規定を違憲とすることしかできない。しかしそのような違憲判断は、憲法第3条第

---

(27) Consid. 5〜10, in décision n° 2003-468 DC du 3 avril 2003, *J. O., Lois et décrets*, du 12 avril 2003, p. 6493.

(28) 憲法院の違憲判断を受けて、シラク大統領は、憲法第10条第2項に基づき違憲とされた第4条について、第五共和制史上3番目の事例となる再審議を、国会に求めた。両院での審議の結果、本文のようになった。以上については、voir Note sur la procedure législative suivie pour l'adoption de la loi, in http://www.conseil-constitutionnel.fr/decision/2003/2003468/delib.htm

(29) Consid. 13.

5項を規定した制憲者の意思を正しく認識するものとはいえないとして、憲法院は直ちに憲法違反であるとせずに、「この不平等を終わらせるのはコルシカ議会に関するこの次の法律になろう」として、立法者に解決を求めるにとどまった[30]。これを受けてコルシカ議会議員選挙についても、「各候補者名簿は、各性の候補者が交互になるように構成されなければならない」とするように法律が改正された[31]。この結果、コルシカ議会議員選挙については、第1回目の投票で過半数を獲得した名簿がある場合、あるいは第2回目の投票で過半数を獲得した名簿がない場合に、残りの議席は最大平均法による比例代表制によって配分される。どちらの場合も、最も多く票を獲得した名簿が3議席を獲得する。残り48議席が有効投票の5％以上を獲得した名簿間で比例代表制によって配分される。第2回投票に進むことができる名簿は、第1回投票に際し、少なくとも有効投票の5％に等しい得票をしていなければならない。第2回投票の名簿は、第1回目の投票のときに他の候補者名簿に登載されていた候補者を組み入れるためにその構成に変更を加えることができる。但しこの場合には、当該候補者を第1回目の投票の際に登載していた名簿が第2回投票に進めなかったことが前提である。

● 欧州議会議員選挙

欧州議会議員選挙については、2000年12月に締結されたニース条約によるEU加盟国の拡大にともない、欧州議会議員数が変更された。1999年の選挙ではフランスは87人の代表を送り込んでいた。加盟国が27までに拡大されるため、フランスの欧州議会議席配分は最終的に72となる。2004年から2009年の立法期については、過

---

[30] Consid. 22 à 28.

[31] Loi no. 2003-1201 du 18 décembre 2003 relative à la parité entre hommes et femmes sur les listes de candidats à l'élection des menbres de l'Assemblée de Corse in *J. O., Lois et décrets*, du 19 décembre 2003, p. 21678.

第Ⅰ部　フランスにおけるパリテの挑戦

渡的に議席を78とすることが決まった。人口約78万人につき1議席という割当である。選挙人と被選者との距離をより近しいものとするため、2003年4月11日の法律は、それまで全国1選挙区であったものを、8つの地域ブロック選挙区に分けて選挙を実施することを定めた。すなわち、北西部選挙区（Basse-Normandie, Haute-Normandie, Nord-Pas-de-Calais, Picardie）12議席、西部選挙区（Bretagne, Pay-de-la-Loire, Poitou-Charentes）10議席、東部選挙区（Alsace, Bourgogne, Champagne-Ardenne, Franche-Comté, Lorraine）10議席、南西部選挙区（Aquitaine, Languedoc-Roussillon, Midi-Pyrénées）10議席、南東部選挙区（Corse, Provence-Alpes-Côte-d'Azur, Rhône-Alpes）13議席、マシフサントラルおよび中央選挙区（Auvergnes, Centre, Limousin）6議席、イル-ド-フランス選挙区（Ile-de-France）14議席、海外選挙区（Saint-Pierre et Miquelon, Guadeloupe, Martinique, Guyane, Réunion, Mayotte, Nouvelle-Calédonie, Polynésie française, Wallis-Futuna）3議席という配分である。選挙方法は、パナシャージュ、選択投票のない最大平均法による比例代表制1回投票制である。候補者名簿は男女交互方式で構成され、名簿登載順に当選が確定される。但し有効投票の5％に等しい票数を獲得できなかった名簿は、議席の配分に与ることはない。

　2003年4月11日の法律は、審署に先立つ3月14日に、両院の議員それぞれ60名以上によって憲法院に付託されている。国民議会議員は、欧州議会議員選挙を8選挙区に分割して実施することはパリテの原則を侵害するとして、違憲の疑いを提起している。その理由はこうである。欧州議会議員選挙に関する名簿登載順位の男女交互方式では、各名簿が獲得する議員の男女の差は1名である。名簿の筆頭に女性が登載される可能性が低いことも勘案すると、全国1選挙区であれば、例えば12ほどの候補者名簿があればパリテからの乖離は約12程度に収まる。ところが8選挙区に分割されたとな

ると、20 ぐらいの名簿が議員を獲得するであろうことは容易に予想されるのである。結果としてパリテからの乖離は 20 以上になってしまうのである。「憲法制定権力が 1999 年 7 月 8 日の憲法的法律によってわざわざこの〔憲法第 3 条第 5 項の挿入という〕改正を実施したのであれば、通常の立法者は適切と思うときにはいつでも状況を改善するだけではなく、状況を悪化させるようなことをしてはならない」はずであるから、8 選挙区に分割することを定める条項は違憲であると主張したのである。憲法院は、この争点について、「違憲の疑いがあるとされている条項は、欧州議会におけるフランスにおいて選出される女性の比率を減ずることを目的にしていないし、それ自体にそうした効果もないこと、立法者は候補者名簿における女性候補者と男性候補者の交互方式を維持した……ことから、申し立てには根拠がない」(consid. 46) として退けている[32]。

以上の改正を経て、2004 年 3 月 21 日＝28 日に地域圏議会議員選挙、6 月 13 日に欧州議会議員選挙が実施された。地域圏議会議員選挙の結果、当選者 1880 名中 895 名が女性で女性議員率は 47.6% に上昇した。名簿順位第 1 位に女性が登載されたのは、17.9% であった。欧州議会議員選挙については、当選者 78 名中女性は 34 名で、女性議員率は 43.6% であった。女性が候補者名簿順位第 1 位に登載されていた名簿の割合は、31.4% であった[33]。

地域圏議会議員選挙と同時に県議会議員選挙も実施された。結果は、当選者 2034 名中女性は 222 名で、女性議員率は 10.9% にとど

---

[32] Décision n° 2003-468 DC du 3 avril 2003, in http://www.conseil-constitutionnel.fr/decision/2003/2003468/2003468dc.htm なお、選挙区の分割については、「共和国の不可分性」「フランス人民の統一性」に反するのではないかとの問題提起がなされたが、憲法院は「欧州議会の議員はフランスに居住する欧州連合の市民の代表者として議員である」から、そのような原理が働く余地はないとして退けている (Consid. 35 à 38)。

[33] 以上の結果については、Marie-Jo Zimmermann, *Parité et modes de scrutin : Conforter l'égalité, Note de synthèse*, juin 2004 による。

まっている。こうした状況に対し、パリテ監視委員会は、県議会議員選挙について、単記投票制を維持するのであれば補欠を当選者と異なる性にするか、男女交互方式の比例代表制を導入するべきだという、提案を行っている[34]。

● 女性参政権行使60周年の提案

2005年4月20日、フランスの女性がコミューン議会議員選挙ではじめて選挙権を行使した日（1945年4月29日）から60周年を迎えるに当たり、パリテ監視委員会の一般報告者をつとめるジンメルマン（Marie-Jo Zimmermann）議員は、男女間のパリテのための5つの提案を行っている[35]。

第1：国民議会議員選挙および元老院議員選挙について

国民議会議員及び多数代表制で選出される元老院議員の補欠当選人は、当選人とは異なる性に属することを義務付ける。加えて、3人の元老院議員を選出する県では、パリテを義務付ける比例代表制による選挙を復活させる。少なくとも国会議員の20％を各性が占めていない政党に対する国庫助成の第2部分について、抑止効果のある減額措置を講ずる。

第2：地域圏議会議員選挙及び副議長について

地域圏議会の条説委員会の構成及び副議長の指名についてパリテを義務付ける。付随して、地域圏議会について、議席の比例部分は第1回目投票の結果に基づいて配分し、1回目の投票で上位2位までの名簿のみが、第2回目投票に進むことができる。

第3：県議会議員選挙について

県議会議員選挙の選挙区であるカントンは、コミューン間組織

---

[34] *Ibid.*, p. 5
[35] http://www.observatoire-parite.gouv.fr/espace_presse/communiques/c_20050420 ....による。

(intercommunalités）の境界線に似せて作られた県議会議員選挙区に取り替える。大規模なコミューン間組織では、県議会議員はパリテを義務付けられた比例代表制選挙で選出される。小規模なコミューン間組織では多数代表制が適用されるが、候補者は自分の性とは異なる性の補欠候補者を擁する。

第4：コミューン議会およびコミューン間評議会について

コミューン議会議員選挙の候補者リストには、6人単位のパリテではなく、厳格なパリテを適用する。さらに人口3500人以上のコミューンはパリテを義務付ける名簿式投票によるコミューン間組織への代表者を指名する。助役の指名についても、パリテの厳格な義務が適用される。

第5：株式会社の取締役会について

株式会社の取締役会及び商工業的公施設（établissements publics à caractère industriel et commercial）の理事会に、少なくとも各性20％を含む。

総じて「強制力を欠いたパリテの実施はありえない」という認識が示されているといえよう。

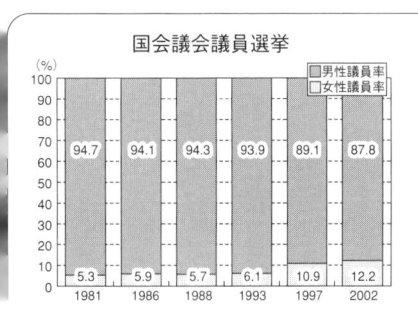

国会議会議員選挙		
年	男性議員率	女性議員率
1981	94.7	5.3
1986	94.1	5.9
1988	94.3	5.7
1993	93.9	6.1
1997	89.1	10.9
2002	87.8	12.2

元老院女性議員率	
年	女性議員率(%)
1989	約3
1992	約5
1995	約5.5
1998	約5.5
2001	約10.5
2004	約17

元老院議員比例選挙

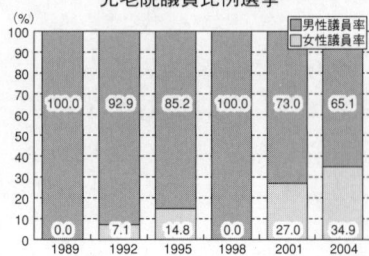

	1989	1992	1995	1998	2001	2004
男性議員率	100.0	92.9	85.2	100.0	73.0	65.1
女性議員率	0.0	7.1	14.8	0.0	27.0	34.9

元老院議員非比例選挙

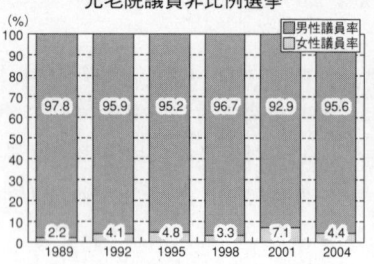

	1989	1992	1995	1998	2001	2004
男性議員率	97.8	95.9	95.2	96.7	92.9	95.6
女性議員率	2.2	4.1	4.8	3.3	7.1	4.4

欧州議会議員選挙

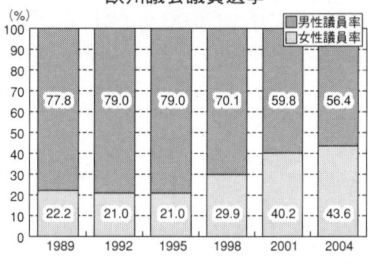

	1989	1992	1995	1998	2001	2004
男性議員率	77.8	79.0	79.0	70.1	59.8	56.4
女性議員率	22.2	21.0	21.0	29.9	40.2	43.6

地域圏議会議員選挙

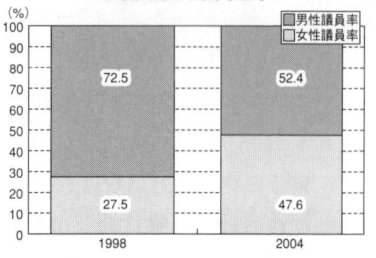

	1998	2004
男性議員率	72.5	52.4
女性議員率	27.5	47.6

コミューン(3500人以上)議会議員選挙

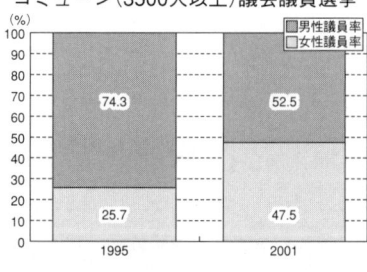

	1995	2001
男性議員率	74.3	52.5
女性議員率	25.7	47.5

コミューン(3500人未満)議会議員選挙

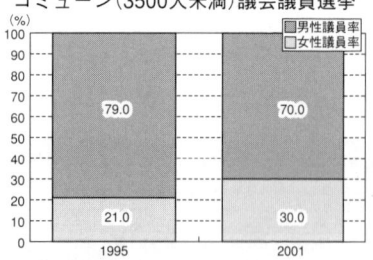

	1995	2001
男性議員率	79.0	70.0
女性議員率	21.0	30.0

県議会議員選挙

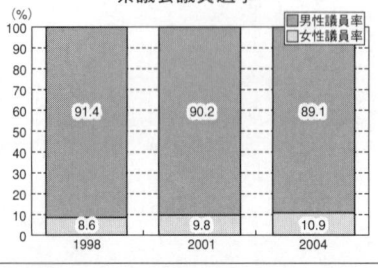

	1998	2001	2004
男性議員率	91.4	90.2	89.1
女性議員率	8.6	9.8	10.9

第Ⅱ部　平等の論理とパリテの論理

● 第5章 ●

フランスにおける平等原則
―― 国家像を描く平等原則

第1節　平等原則の「原点」
　1　権利主体としての「人一般」・「市民」
　2　形式的平等と事実の不平等
第2節　平等原則の適用
第3節　平等原則の「現点」
　1　「差異主義」の拒否
　2　積極的是正措置（discriminations positives）への志向
　3　積極的是正措置と共和国原理
　4　地域を対象とする積極的是正措置

第Ⅱ部　平等の論理とパリテの論理

第5章　フランスにおける平等原則
　——国家像を描く平等原則

●「平等」とは何か

　「平等」とは何か、という問いに即答することは難しい。一般に、関連性のないことを考慮して財の配分から排除することが差別であり、こうした差別的取り扱いの禁止が平等の要請である。「等しい者は等しく扱え、等しくない者は等しくないように扱え」という法諺と等置されるのが通例である。

　ところで、そもそも平等とは、人と人の比較から生じる観念である。人と人を比較するとき、個々人が置かれた諸状況や特徴をどこまで考慮すべきかが問題になる。例えば、aとbが事実の上で何の共通点も類似点もないとき、観念的に「aとbは平等であるべきだ」と主張してみても、恐らく人々の共感は得られない。平等を要請するためには、aとbを「等しいもの」たらしめ、かつ、現実の人々の正義感に訴えるエレメントを指し示さなければならない。つまりaはbとの共有が論理的に可能なその属性に応じて、bと等しく取り扱われるべきことを要請することができる。a、bという2つの個体がまったく自己同一的であることは論理的に不可能であるから、「等しいもの」とは、他の個体と論理的に共有可能な属性に求められなければならない[1]。属性が共有可能であるためには、「固有名詞・確定記述・時空座標など、特定の対象や領域のみを指示する表

（1）　この定式は、井上達夫『共生の作法——会話としての正義』（創文社、1986年）47頁に負っている。

第5章　フランスにおける平等原則──国家像を描く平等原則

現を使用しないで記述できる」[2]普遍的特徴でなければならない。「等しいもの」とは普遍的特徴のみによって定義される。ここから個体的相違に基づく差別の禁止が導かれる。

　「個々人の置かれた状況をきわめて抽象的なレベルで捉えて比較すれば、具体的な諸事情の違いは捨象され、『同じ状況』にあるとされることが多くなろう」[3]。「人権」を「人間がただ人間であるということのみに基づいて当然に持っている権利」とする近代人権思想は、「人権」主体を「人一般」とすることで、個人を高度に抽象的に描く。この思想によれば、現実の人間が抱えている社会的背景やそこから生ずる具体的な行為能力とは区別して、抽象的な個人に準拠して「権利」が論ぜられなければならない。価値の準拠とされる個人とは、人間性を有する点において相互に差別されることのない存在である。このような個人から構成される社会には、個人を超越する権威などなく、各人の善き生は、各人によって構想され、選択され、意味づけられる。抽象的な人間像の文脈で、このような意味での個人の本源的平等を描くことができる[4]。平等とは「みんな同じ」という意味ではなく、「諸個人ひとりひとりのアイデンティティの発揮を可能にする」[5]という意味での個人の尊厳と結びついている。

● 「等しい」取扱い

　ところで、取扱いを「等しく」するとはどういうことだろうか[6]。従来3つの次元で区別されてきた。1つは、法の公平な適

（2）　井上（注1）109頁。
（3）　高橋和之『立憲主義と日本国憲法』（日本放送出版協会、2001年）79頁。
（4）　個人の自律と平等の結びつきについては、長谷部恭男「個人の自律と平等」同『憲法学のフロンティア』（岩波書店、1999年）25頁以下を参照。
（5）　樋口陽一『憲法（改訂版）』（創文社、1998年）201頁。
（6）　以下の記述で、特に「分配的正義」の整理について、平野仁彦・亀本洋・服部高宏『法哲学』（有斐閣、2002年）156頁以下〔平野執筆〕に多くを負っている。

用という場面であり、これは法の支配の要請に含まれている。2つは、矯正的正義の概念が意味する平等化である。2人の人間の間での不法行為又は不当な取引において、算術的な等しさ、つまり利益・不利益のバランスを回復させることである。裁判による実現が図られる。第3は、分配的正義を求める平等化である。分配的正義は、法制度の下で、各人に「彼のもの」といえる権利なり、義務なり、機会、資源、サービスなりをその人に付与することを要請する。差別の多くは、この分配をめぐって現れる。「彼のもの」は何なのか、何をもってその人に相応しいと考えるかが争点となる。

「彼のもの」を確定する手がかりとされるのが「幾何学的均等」と呼ばれるもので、何らかの基準を立てて比例的に彼のものを定めるというやり方である。分配の基準としてはさまざまなものがあるが、「功績」による分配と「必要」による分配が、一般的に分配方式の原型とされる。財の分配方式としては、「機会の平等」と「結果の平等」という考え方がある。比喩的にいえば、前者はスタートラインの平等であり、後者はゴールの平等といわれることがある。機会の平等は功績に応じた配分につながり、結果の平等は必要に応じた分配に結びつく。前者は自由競争を原則とする市場システムを介する財の分配に、後者は再分配を担う福祉国家型の統治システムによる財の分配に通じる。今日、完全な結果の平等を説く議論は稀であるが、それに至らない限度で、さまざまな見解が展開されている。言い換えれば、政府による差異の補正がどの程度まで正当化されるのかをめぐって、平等にかかわる議論が展開されているといえよう。

● **本章の課題**

本章では、フランスにおける平等原則の展開の中で、この問題の整理を試みておきたい。それは、パリテとフランスにおける平等原

則との関係を探る理論的前提を明らかにする作業となるはずである。以下では、フランスにおける「平等原則」の「原点」を革命期に探り（第1節）、それが憲法上の原則としてどのように適用されているのかを確認する（第2節）。その上で、均質的社会像が動揺をきたしている今日において、フランスの政治社会がどのように応答しようとしているのか、「平等原則」の「現点」を明らかにしよう（第3節）。

第1節　平等原則の「原点」

1　権利主体としての「人一般」・「市民」

●「人一般」の創出

　近代国家を作り出した近代市民革命に先行する中世・近世ヨーロッパで人々に認められていたのは、「人一般」の権利ではなく、各人が所属する身分や団体によって内容が異なる権利であった。典型的な市民革命として描かれるフランス革命は、さまざまな身分、中間団体とそれが有する特権を否定（1789年8月11日封建的特権の廃止のデクレ）し、平等な権利を持つ単一の国民とそれに対峙する中央集権国家を作り出した。この国民単位で成立する領域国家は、封建領主の権力と教会の権威を克服して権力の集中を図った絶対王政のプロジェクトを一面引き継いでいるが、同時に、身分制秩序の解体によって個人を解放した。とりわけ、個人と国家の間に介在する一切の「中間団体」は徹底的に敵視された（1791年3月2日＝17日ダラルド法（décret d'Allarde）、1791年6月14日ル・シャプリエ法（loi Le Chapelier）の制定）。中間団体の存在は、自由な諸個人によって取り結ばれる社会にとっては、障害となると考えられたからである[7]。権利と義務を負う主体は個人であって、もはや集団ではな

（7）　革命のごく初期の段階にでは、職人組合や政治協会が数多く叢生し、「結社の

い。

● 普遍主義的市民概念

こうして、一方で個人=自由、他方で国家=権力という二極構造図式が成立する。「身分制原理を否定する国民主権によって初めて、個人が解放され、人一般の権利としての人権を語るための論理前提がもたらされた」[8]という樋口陽一の指摘は、ルソーの「社会契約」の位置づけと重なる。ルソーによれば、「社会契約」は法的平等を人々の間にもたらし、人々は「約束によりかつ権利によってすべて平等」となる[9]。平等は社会契約によって獲得されたものである。社会契約は、現実には肉体面でも知性の面でも不平等であるすべての人々に、権利の平等を与える。「人は、citoyen になってはじめて homme となる」[10]。こうして登場する「市民概念」こそ、フランス革命に原動力を与えたのである[11]。

1789年の「人 homme および市民 citoyen の権利宣言」第1条は、「人は、自由、かつ、権利において平等なものとして生まれ、生存する」と定める。自由と相即的に成立したこの「平等」は、「権利における平等」「形式的平等」として理解されている。この意味での平等は、社会契約論の論理から導かれる一元的な一般意思による支配に適合的であり、「一にして不可分の共和国」思想にも合致す

春」を迎えた感があったが、1791年以降一転して、結社の自由が否認されることになる。拙稿「第三共和制の確立と共和主義的改革（五・完）」関東学院法学第11巻（下）（2002年）6‑10頁を参照。
(8) 樋口・前掲（注5）30頁。
(9) J.Jルソー（桑原武夫・前川貞次郎訳）『社会契約論』第1編第9章（岩波書店、1954年）41頁参照。
(10) 樋口・前掲（注5）38頁。
(11) Dominique Rousseau, La révision constitutionnelle du 8 juillet 1999 : D'un universalisme abstrait à un universalisme concret in *Mélanges en l'honneur de Benoît Jeanneau : Les mutations contemporaines du droit public*, Dalloz, 2002, p. 445.

る(12)。法律の一般性という属性が「平等」を確保する。人権宣言第6条は、「法律は一般意思の表明である」と定式化し、さらに「いかなる団体」も「いかなる個人」も国民の主権を行使しえないとして、淵源における一般性を規定している (第3条)。この「国民の主権」の行使に参加する各人が市民であり、res publica（しかしnationalであるがゆえに閉鎖的な国民共同体）としての国家の構成員である。国民主権の単一不可分性は、市民の抽象性によって保障される。市民は特定の「国家」に帰属する以上、当該国民共同体内部でのみで通用する「特定の」普遍性によって特徴づけられるが、その内部ではなお「普遍的」な権利主体でありうる(13)。

● 普遍主義の支柱としての平等

　フランス公法の普遍主義的基礎は、すべての個人が同一の権利を有し、同一の法に服していることに求められるのである。「権利の平等」すなわち「法の前の平等」は伝統的な普遍主義の中核をなす。「普遍主義は平等という支柱の上に築かれている」(14)。普遍主義的であるためには、平等がその極限まで追求されなければならない。国民を構成する市民の事実上の差異は、すべて捨象される必要があった。国民を構成する者がすべて「市民権」を有するという意味での市民権の普遍性は、市民としての地位は、具体的な生活文脈の

---

(12) 「一にして不可分」の国家構想は、国家権力に異議申し立てを行う自然権に基づくロックの自由主義的国家観や権力分立に基づくモンテスキューの自由主義的国家観構想とは区別される（Anicet Le Pors, *La citoyenneté*, PUF, 2000, p. 25）。

(13) 普遍主義というコンセプトは、「国法」というアイデアそのものと矛盾する。国家権力によって取り入れられ、国内において適用される法は、いかにして「普遍主義」に値するものとなりうるのかという疑問が解決されているわけではない。ここでは、「普遍主義」を「区別なく全員に法規範が適用されるべきだとする原則」「人類の総体ではなく、国家という空間に限られている」という定義に満足しておかなければならない。Voir Olivia Bui-Xuan, *Le droit public français entre universalisme et différencialisme*, Economica, 2004, p. 3.

(14) Gisèle Halimi, *La nouvelle cause des femmes*, Seuil, 1997, p. 97.

中で生きる人々の個別性と差異を超越する「市民権」の普遍性を含意している。徹底した形式主義的な平等原則こそ、「一にして不可分の共和国」を支えるのである。フランスにおける平等原則は、憲法の一次的名宛人である国家に対して、すべての人を法的処遇において平等に扱うように要請すると同時に、普遍主義的な個人主義的社会編成原理を表明している。

かように、平等な個人を析出するためには、人々を宗教的・封建的紐帯から解き放ち、様々な属性を捨象して、抽象化された「人一般」「市民」を権利主体としなければならなかった。過去を「アンシャン・レジーム」として断ち切ったフランスが、国民国家として再生していくためには、抽象的で普遍的な原理に依拠する必要があったからである[15]。こうした企図に対しては、すでに当時において、2つの方向から批判が向けられていた。

● 権利主体の「普遍性」への批判

1つは、権利主体の「普遍性」そのものに向けられる批判である。「個人を本性（nature）、歴史から引き剥がす市民の抽象化」、「集団ではなく個人に基礎づけられた人為的と判断される社会を形成するという思想」「不可避的に階層化される社会の性質と歴史的経験の教訓を侵害する合理主義的政治構成の不自然な帰結（effets pervers）」[16]が告発された。フランス共和主義における公私二元論は、万人に開かれかつ宗教的に中立な画一化された公的空間に、個人の特殊性を超えた市民として参加し、私的空間において個人として歴史的・宗教的な特殊性を発揮する自由が保障されていると主張し、この批判への応答を試みている。

---

(15) マルセル・ゴーシェ（富永茂樹・北垣徹・前川真行訳）『代表制の政治学』（みすず書房、2000年）47-49頁参照。

(16) Dominique Schnapper, *La démocratie providentielle: Essai sur l'égalité comtemporaine*, Gallimard, 2002, p. 26.

第 5 章　フランスにおける平等原則——国家像を描く平等原則

● 権利主体の「特定」への批判

　もう 1 つの批判は、権利主体の「普遍性」をうたいながら、権利主体を「特定」しているのではないか、という疑いである。すでに第 1 章で概観してきたように、実際、市民は「万人からなる市民社会」の構成員である「受動市民 citoyens passifs」と「政治社会」の構成員である「能動市民 citoyens actifs」に区別され、後者の範疇から、女性、子供、外国人、貧者、非定住者、家僕等が排除されていた。これらの受動市民は自律した判断をすることができず、公務を担えないと判断され、選挙権を与えられていなかった[17]。こうして現実の市民の共同体は「財産をもった家父長」の共同体[18]として成立した。この欺瞞性を告発した文書が、オランプ・ドゥ・グージュの草した「女性 femme および女性市民 citoyenne の権利宣言」[19]である。権利主体から排除されたこれらの「市民」は、時として流血の事態を招く厳しい政治闘争の中で、完全な市民としての地位、平等な政治的市民的諸権利を獲得していく。男女の法的平等が確立して女性が参政権を獲得するには、1944 年のオルドナンスまで待たなければならない[20]。

　フランス第五共和制憲法はその第 1 条で、「フランスは出生、人種、宗教による差別なしに、すべての市民に対して法律の前の平等を保障する。フランスはすべての信条を保障する」と定め、出生、人種、宗教に基づく差別を禁止するにいたっている。ここから「フランス人民は出自、人種、宗教の区別なく全フランス市民から構成

---

[17] Schnapper, *supra note 16*, p. 87.
[18] 女性を政治から排除した理由は、公私二元論による性別役割分担論に求められる (Schnapper, *supra note 16*, p. 92)。この主題に関する業績として、中山道子『近代個人主義と憲法学——公私二元論の限界』(東京大学出版会、2000 年)。
[19] 辻村みよ子『人権の普遍性と歴史性』(創文社、1992 年) 123 頁以下を参照。
[20] 女性の権利の進展については、本書第 1 章を参照。奴隷制は 1848 年に廃止された。植民地は「国内法的には外国」扱いであり、植民地の住民はそもそも、「人一般」ではなかった。第二次世界大戦後、植民地はようやく解放された。

される。まさにそのことによって、非差別原則は市民の法的概念と不可分である。市民という資格だけが存在するのであり、この資格がカテゴリーによる選挙権者と被選挙権者の分割を禁止するのである」[21]という言明が引き出されるが、上述したように、「普遍主義」が文字通り妥当したのではないという意味で、この言明はより和らいだものとして受け止められる必要があるだろう。

2 形式的平等と事実の不平等

● 形式的平等

「生まれながらの平等」の宣言は、「身分」による分配を「才能」と「功績」による分配に転換した。「すべての市民は、法律の前に平等であるから、その能力にしたがって、かつ、その徳と才能以外の差別なしに、等しく、すべての位階、地位および公職に就くことができる」(人権宣言第6条)。形式的な平等が宣言されたとしても、個人の間に存在する現実の差異は消え去ることはない。「才能」と「功績」における差異の存在が、形式的な平等の影で社会的な不平等を増殖させる。このことはすでに革命議会において告発されていた。サン-テチエンヌ（Rabaut Saint-Étienne）は、市民の「政治的平等」と個人の「富の不平等」との緊張を指摘している。「平等への傾向とそれを実行しようとする情熱と暴力ほど民主主義を特徴づけるものはない。……政治的平等がいったん確立されても、やがて貧しい人たちは富の不平等が政治的平等を弱めてしまうことに気づくだろう。平等であるから自立（indépendance）しているのである。貧しい人たちは必要から依存している人たちに対し憤慨し、苛立つ。彼らは富の平等を求めるのだ」[22]。

---

(21) Jacques Robert, préface à Geneviève Koubi (dir.), *De la citoyenneté*, Litec, 1995, p. IV.

(22) Schnapper, *supra note 16*, pp. 37-38.

第5章 フランスにおける平等原則——国家像を描く平等原則

● 事実の不平等への配慮

1789年の人権宣言は、確かに、自由中心の人権カタログではあったが、人々の具体的な社会的・経済的事情がそれぞれ異なることに、人権宣言の起草者はすでに気づいていた[23]。第1条は、「人は自由、かつ、権利において平等なものとして生まれ、生存する」として、人をその普遍的な本質で把握して権利において平等であると主張したすぐ後で、「社会的差別は、共同の利益に基づくのでなければ、設けられない」としていた。さらに第13条は、「共同の租税は、すべての市民間で、その能力に応じて、平等に分担されなければならない」と規定し、累進課税への道を開いている。

1793年憲法の前文におかれた「人権宣言」は、平等を権利の筆頭に掲げ、平等自体が権利であると主張し、実質的平等の実現を追求した。その第21条には「公的扶助は、神聖な負債（dette sacrée）である。社会は、不幸な市民に対して労働を確保することにより、また労働しえない者に生活手段を保障することにより、その生存に責務を負う」と規定された。しかしこの憲法が施行されることはなかったし[24]、社会に課せられた「義務」は、そもそも救済を受ける個人の側の権利の承認を意味するものではなかった[25]。国家に

---

(23) 1789年7月に提出されたシェイエスの人権宣言草案では、「自らの必要を贖うことができないすべての市民は、同胞市民に救済を求めることができる」という条項が用意されていた。Voir François Rangeon, Droits-libertés et droits-créances : Les contradictions du préambule de la Constitution de 1946, in Geneviève Koubi (dir.), *Le préambule de la Constitution de 1946 : Antinomies juridiques et contradictions politiques*, PUF, 1996, p. 174.

(24) 1793年憲法については、辻村みよ子『フランス革命の憲法原理——近代憲法とジャコバン主義』（日本評論社、1989年）を参照。

(25) Rangeon, op. cit., supra note 23, p. 175.「不幸な人々」に対する社会の「負債」という観念は、シェイエスの説明によれば、各人は社会が彼に手に入れさせている利益の債務者だということに由来する。したがって、市民が公事に対して分担金を支払うとしても、それは一種の返済にすぎないとされた。なお、フランス革命期において「博愛」の精神から国家による救済の理念が構想されたことについては、水

よる「生存権の保障」は実現されることなく、放置されたままになる。

1848年憲法は1789年の精神を引き継いでいるが、その政治哲学は1789年ほど個人主義的ではない。二月革命によって生まれたこの憲法は、共和国は「社会の負担と利益のより公正な分配を確保する」ことを目的とする（前文第1条）と明示し、市民に対する共和国の義務を規定していた。すなわち共和国は宗教、家族、労働において市民を保護し、各人がすべての人に不可欠な教育を受けることができるようにし、貧窮している市民に仕事を与えることによって、あるいは働くことができない場合は扶助によって、その生存を保障する（前文第8条）。国家が市民に対して義務を負うことが明示的に示されたのである。ただし、これらの義務の遂行に対する個人の権利の観念は取られてはいない。

● 1946年憲法前文

もちろん「全市民の政治的平等だけでは真の市民権を保障するには不十分である。生産と富を中心に組織されている社会においては、主権者である市民はその尊厳を確保しうる物質的生活条件を承認してもらう権利を持たなければならない」[26]。19世紀後半になると、科学技術の進歩に伴い、万人に必要と感じられる需要に応えるための公役務が増えていく。郵便、交通手段、水道・ガス・電気の供給などがそれである。私人に公役務が提供されることで、自由の作用では確保しえない基本的な必要を満足させることが公権力に期待されるのである。1946年憲法前文は、1789年の人権宣言と共和国の諸法律によって承認された基本的諸原理を「厳粛に再確認」した後で、「さらに」（en outre）として「政治的、経済的、および社会的

町勇一郎『労働社会の変容と再生』（有斐閣、2001年）43頁以下を参照。
(26) Schnapper, *supra note 16*, p. 39.

諸原理」を宣言するという構成をとる。その上で、1946 年憲法前文は、「現代に特に必要」な諸権利として、勤労権、組合加入・活動権、労働者の企業参加権、健康・休息・余暇の保障などを列挙し、真正面から社会・経済的諸権利を承認している。1789 年の体系が樹立した国家の不介入を特徴とする droits-libertés に対比して、こうした市民のための国家の介入を要請する権利は droits-créances と呼ばれる[27]。

● フランス型福祉国家

さまざまな社会問題に対応するために、19 世紀以来、経済的・社会的関係に介入する国家を一般に「福祉国家」というが、フランス型福祉国家は、État-providence（摂理国家）と呼ばれる。その由来は、フランス革命による徹底した中間団体の否認により、アソシアシオンの活動が抑えられ、国家と個人の二極構造の下で個人が救済を必要とするとき、必然的に「国家による救済が旧体制下の教会が行った神意による救済にとって代わらなければならなかった」[28]ことにある。国家が個人を見舞う「運命の不幸」を償うことを己が使命とすることで、国家が世俗化を完成させていくのである。

しかし、大革命以来の個人主義的な社会ビジョンにおいて、「連帯の原理」（社会はその成員に対して負債を負っている）と「責任の原理」（各人は自らの存在を支配し、その責任を引き受けなければならない）を調和させることは、大問題であった[29]。個人の責任原理に

---

(27) Schnapper, *supra note 16*, pp. 38-39. Voir aussi Jean Rivero, *Les libertés publiques*, t. 1, PUF, pp. 118 et s.
(28) フランソワ゠グザヴィエ・メリアン（石塚秀雄訳）『福祉国家』（白水社、2001 年）14 頁。この問題への批判は、すでに革命期に芽生えている。拙稿「第三共和制の確立と共和主義的改革㈤」関東学院法学第 11 巻第 4 号（2001 年）9 頁以下、参照。
(29) 以下の福祉国家と保険社会の連関については、Pierre Rosanvallon, *La nouvelle question sociale : repenser l'État-providence*, Seuil, 1995, pp. 21 et s. に負っ

第Ⅱ部　平等の論理とパリテの論理

よる公的救済への権利の制限は、まず、個人の責任の適用範囲が社会生活の中で明瞭に特定されることを前提としていた。ところが実際はこれとはまったく逆のことが生じた。すなわち、経済・産業の発展に伴い、個人責任と契約の原理だけによって規律されていた社会調整システムの限界が次第に明らかになっていく。責任の領域の中で、個人に帰すべきものと他の要因に起因するものとを区別することがだんだん困難となったのだ。1789年の人々は、公的救済の対象となる人については2つのカテゴリーしか想定してなかった。「働くことができない障害者」と「仕事のない健常者」である。仕事があってほとんど貧者とみなされるほど低い収入水準の者がいることなど当時の人々には思いもよらないことだったのである。19世紀の人々が見出したのは、こうした現象が大量に再生産されているということであった。この社会問題を解決したのは「保険」という仕組みであった。「保険」は、個人の責任という主観的な観念をリスクという客観的観念に移行させて、万人にその可能性が生じうることを示すことで、社会権の適用に関する矛盾（権利でありながら、「自己責任を果たせない個人」だけに適用される）を乗り越えたのである。

　フランスでは、1945年の社会保障制度によってこの仕組みが整えられている。病気も、失業も、老齢でさえそれがもたらす所得喪失に基づいて理解されるゆえに、あらゆる社会問題を「リスク」という単一かつ均質なカテゴリーに還元することにより、すべての個人がリスクに見舞われると想定することができたのである。恵まれない人々に対する経済的社会的権利を保障することによって、彼らの市民的政治的権利の行使が可能となり、彼らの政治社会への統合

ている。また、参照、廣田明「福祉国家の危機と変容——P．ロザンヴァロンの所説に寄せて」大山博・炭谷茂・武川正吾・平岡公一編『福祉国家への視座』（ミネルヴァ書房、2000年）81頁以下も参照。

が果たされる、という構想である。能動的政治的市民権が国民的連帯と民主的体制の社会的同質性・均質性を保障するものだからである。経済的苦境によって自律的たりえない人々を、ビュルドー (Georges Burdeau) は「homme situé (特定の社会状況におかれている人間)」と表現したが、これらの人々を再び人格的自律の主体としての個人へと回復させ、市民共同体に立ち戻らせていくことで、普遍的な市民像との緊張を回避させたのである。

第2節　平等原則の適用

● 平等権と平等原則

今日フランスの憲法学は、平等は2つの次元で問題になることを指摘している。一方は、平等それ自体を権利とするもので平等取扱いを内容とする。他方は、実体的内容よりも形式的構造のゆえに適用される平等原則である。後者が権利の平等として機能するもので、平等原則の尊重が他の基本権の適用を条件付けている[30]。フランス憲法史全体の流れからすると、「平等」は「権利の平等」と理解されており、それがフランスの伝統となっている[31]。「一般意思の表明」と定義づけられた法律は、その一般性と普遍性という属性自体、平等原則を含んでいる。このことと法律の無謬性の「神話」があいまって、憲法に書き込まれていたにもかかわらず、長い間、平等原則は立法者を拘束するものはなく、単なる法の一般原則として理解されており、平等原則は、コンセイユ・デタ (Conseil d'État) の判例理論を通じて、規範的価値を獲得していった。もっとも平等原則がコンセイユ・デタの判決に最初に現れたのは1913年になっ

---

(30) Louis Favoreu et al., *Droit constitutionnel*, 4ᵉ éd., Dalloz, 2001, pp. 819-820. また「平等権」「平等原則」の関係について、辻村みよ子『憲法〔第2版〕』(日本評論社、2004年) 201-202頁を参照。

(31) Stéphane Caporal, *L'affirmation du principe d'égalité dans le droit public de la Révolution française (1789-1799)*, Economica-PUAM, 1995, pp. 283-284.

てからである(32)。1958年10月4日憲法が定める平等原則はこうした判例理論の承認と考えられている(33)。

● 平等原則の憲法規範化

第五共和制憲法で創設された憲法院は、1971年7月16日の判決で憲法前文の憲法的価値を承認して以来、前文の規定の効力を根本的に変えた(34)。この結果、人権宣言、1946年憲法前文に含まれる平等原則も、1958年憲法第1条、第3条とともに、立法者を拘束するものとなった。平等原則の憲法的価値を憲法院が最初に承認したのは、1973年12月27日の判決(35)によってである。これは1974年度の予算法律第62条の合憲性を判断したものである。問題となった規定は、租税法の一般法第180条を改正し、所得税の名目で職権によって納税額を決定された納税者が、例えば、その支出の多くが偶発的所得隠し以外の収入源によるものだという理由で、職権による納税額の決定は不当であるという証明を行うことによって、極端に強制的な手続きから除外されることを目的としていた。憲法院は「この規定は1789年の人権宣言に含まれ、憲法の前文で厳粛に確認された法律の前の平等の原則に反する」としたのである。

● 相対的平等

ところで、人は人権の主体として普遍的な存在であるのみならず、

---

(32) C. E., 9 mai 1913, Roubeau cité par Gilles Pellissier, *Le principe d'égalité en droit public*, L.G.D.J., 1996, p. 4.

(33) Conseil d'État, *Rapport public 1996 : Sur le principe d'égalité*, No. 48, La documentation Française, 1997, p. 28.

(34) この判決については、山元一「憲法院の人権保障機関へのメタモルフォーゼ——結社の自由判決」フランス憲法判例研究会編『フランスの憲法判例』(信山社、2002年)141頁以下を参照。

(35) Décision n°. 73-51 DC du 27 décembre 1973, in L. Favoreu et L. Philip éd., *Les grandes décisions du Conseil constitutionnel* (*G.D.C.C.*), 9ᵉ éd., Dalloz, 1997, no. 21. この判決については、多田一路「平等原則と違憲審査——職権課税判決」フランス憲法判例研究会編・前掲書(注34)105頁以下を参照。

第5章 フランスにおける平等原則——国家像を描く平等原則

政治的権利の主体として市民であり、経済・社会的権利の主体としては経済人である。平等原則という同一原理を、さまざまな局面で、どう適用するかが問題となる。フランス憲法学の理解によれば、前述したように、1789年の人権宣言の制定者は、すでに問題を感じ取っており、解決の端緒を開いていたといわれる。例を挙げると、人権宣言の第1条（「人は、自由、かつ、権利において平等なものとして生まれ、生存する。」）と第13条（「共同の租税は、すべての市民の間で、その能力に応じて、平等に分担されなければならない。」）では、内容とその調子が異なっている。まず第1条で、人をその普遍的な本質で把握して権利において平等であると主張し、第13条は、各人のおかれている具体的事情に目を転じ、各人はその能力に応じて共同体の支出に財政的に参加すべきだとしている。一方には、平等原則が区別なく適用される抽象的な人一般があり、他方には、具体的に存在する人があり、その人の具体的な経済的・社会的事情がその人に対する異なる扱いを正当化することになる。結局、いかなる点に着目して等しい人と等しくない人を区別するのかが問題となるのは、わが国の憲法学説と同様である。

● 恣意的差別の禁止

もっとも、法は、一定の要件に一定の法的効果を結びつけるものであるから、広い意味では差別をしていることになる。憲法院は、憲法は立法者に対して「恣意的な差別（discriminations arbitraires）」を禁止しているのだ、と解釈することによって、憲法の要請とバランスをとろうとしている[36]。こうして憲法院は次のような

---

(36) 別言すれば、平等と法律の関係は、立法者の裁量の問題を浮き彫りにする。discrimination（差別）とdiscrétionnaires（裁量）は、ラテン語で共通の語源を持ち、その意味も似通っている。メラン=スクラマニヤン教授は、憲法院は立法者の意思を尊重する傾向があると指摘している。Ferdinand Mélin-Soucramanien, *Le principe d'égalité dans la jurisprudence du Conseil constitutionnel*, Economica-

定式に到達した[37]。「平等原則は、立法者が異なる事情を異なるやり方で規制することも、一般利益を理由に平等原則に違背することも禁じていない。但し、どちらの場合にあっても、その結果生ずる取扱いの差異が、それを設ける法律の目的と、密接な関係になければならない」[38]。

事情の違いは客観的かつ合理的でなければならない。この客観性の要請に、取扱いの差異はそれを設ける法律や命令の対象や目的と関連がなければならない、という条件が加わる。事情の違いは、取扱いの差異を正当化できるほど十分に明瞭でなくてはならない。さらに、取扱いの差異は法律の規制によって追求される目的と事情の違いに比例している必要がある。

● 「一般利益」による「社会的差別」

逆に、類似した事情に異なるルールを適用する場合は、一般利益の優越という外在的考慮によってのみ、正当化される。1789年の人権宣言第1条は、「人は自由、かつ、権利において平等なものとして生まれ、生存する」と規定したすぐあとで、「社会的差別は、共同の利益（l'utilité commune）に基づくのでなければ、設けられない」としていた。言い換えれば、「一般利益」による「社会的差別」の是認である。ある場合には、平等原則に優越すべき考慮点がある個人や法人を、同じ状態に置かれた別の者との関係で優遇することを正当化しうるという理由から、一般利益は平等原則を退ける。ただ、一般利益の内容は定義づけることが難しいことから、平等原則を問題にするときは、まず事情の違いを探る。違いがあるならば、事情の違いの理論を用いれば十分であるとされる。次に、違いがな

PUAM, 1997, p. 247.

(37) *Ibid.*, p. 42.

(38) Cons. 10, décision n° 87-232 DC du 7 janvier 1988, *Recuil du jurisprudence constitutionnelle* (*RJC*), réunies par Louis Favoreu, I-317.

いということになれば、一般利益が平等原則を退けることが正当化されるかどうかを検討することになる。「差別」を設けている法律の条項が、事情の違いによって正当化されるのであれば、「一般利益が平等原則を侵害するかどうかを探求すべきではない」[39]とされる。

ルイ・ファヴォルー教授編の憲法の教科書によると、平等原則に関する憲法院裁判官のコントロールには2つの基準がある。1つは、経済・社会法、財政法・税法の領域について立法者の選択の合理性を推定するもの、もう1つは、憲法が明示的に禁止している事項(出生、人種、宗教、信条、性)に基づく「差別」や他の基本権行使にかかわるものや刑法、選挙権の領域については、厳格なコントロールがなされるとするものである[40]。平等に関する憲法院の判例は、革命以来のフランスにおいて支配的である普遍主義の構想の反映に他ならないのである[41]。

第3節　平等原則の「現点」

1　「差異主義」の拒否

●　マイノリティの不在

フランスの平等原則は、各人に法律による同一の保護を与えることによって、少数者を含めた全員に、自由にその信念を表明させることを可能にしていると考えられてきた。この自由は個人の資格で保障されるのであって、集団として保障されるものではない。これによって、権利主体の均質性が保障されるのである。

フランスは多言語国家であるが、文化、宗教、言語などの領域で

---

(39)　Cons. 81, décision n° 83-162 DC du 20 juillet 1983, in *RJC* I-157. Voir, Mélin-Soucramanien, *op. cit., supra note 36*, p. 183.

(40)　Louis Favoreu et al., Droit constitutionnel, *op. cit., supra note 30*, p. 824.

(41)　Mélin-Soucramanien, *op. cit., supra note 36*, p. 326.

特別な権利を付与されるようなナショナル・マイノリィティ（民族的少数者）をフランス国内で承認することを、立法者は禁止されている。よく指摘されるように、フランス政府は、少数派に属することを理由に個人に特別な権利を認めるような結果をもたらす条約や宣言の条項（例えば国際人権規約B規約第27条）について、留保した上で、署名を行っている。少なくとも公的領域においては、個人は、フランス市民であることによって、アイデンティファイされる。憲法院は、「法律の前の平等」条項に依拠して、このことを繰り返し確認している。

● 「コルシカ人民」問題

「コルシカ人民 (le peuple corse)」という言葉が「一にして不可分の共和国原理に反するのではないか」という疑問が持たれた際、憲法院は、「フランスは、出生が何であれすべての市民の法律の前の平等を保障する不可分の、非宗教的、民主的かつ社会的共和国であること、したがって、『フランス人民の構成要素であるコルシカ人民』という立法者の記載は憲法に違反する。憲法は出生、人種、宗教による差別なしにすべてフランス市民から構成されるフランス人民しか知らない」と断じた (Décision n° 91-290 DC du 9 mai 1991)[42]。

● 「地域語」問題

また「欧州地域語少数言語憲章」の憲法適合性について付託された憲法院は、欧州地域語少数言語憲章は、共和国の不可分性、法律の前の平等、フランス人民の統一性 (unicité)、共和国の言語としてのフランス語という憲法の本質的諸原理に反するという判断を示した。憲法院によれば、憲章の前文、1条のa、7条1項・4項は、

---

[42] この判決については、佐藤寛稔「コルシカ地方公共団体の地位に関する法律の合憲性」フランス憲法判例研究会編・前掲書（注34）337頁以下。また、中野裕二『フランス国家とマイノリティ』（国際書房、1996年）43頁以下も参照。

「地域語少数言語が使用されている『地域』内で、これらの言語の話者の「グループ（groupes）」に特別な権利（droits spécifiques）」を与えることになるがゆえに、憲法に反する。憲章批准推進派の憲法学者カルカソンヌ（Guy Carcassonne）は、憲章は地域語少数言語の話者に権利を与えるのではなく、国民の文化的遺産としての地域語少数言語を保護し、その管理を行うのが国家であるというアプローチをとることによって、共和主義との正面衝突を回避しようとしたのであった。しかし、言語は現実の話者をもつことによって社会的現実となり、社会的な媒体として機能しうる。そのように機能しない「言語」は「死語」と呼ぶに相応しい。憲法院は、「言語」と「話者」の結びつき(43)を見失うことなく、ある言語に存在する権利を認めることはその言語を話す言語共同体の権利を認めることになることを十分認識していた。そして憲法院は、「共和国の不可分性」と「法律の前の平等」、「フランス人民の統一性」がフランス語以外の言語共同体を認めない、と判断したのである（Décision n° 99-412 DC du 15 juin 1999）(44)。

● 個人の権利 vs. 集団の権利

確かにある人たちは、差異を強調して、市民の抽象性によって見失われたアイデンティティを個人に与える共同体を見直そうとしている。「民主主義は、人を市民に単純化しない。民主主義は人を自由ではあるが、経済的なあるいは文化的な共同体に属する個人として承認する」(45)という。これに対し、ジャコバンの国民公会が生み

---

(43) 「言語」と「話者」との結びつきという視点については、サレム・シャケール（佐野直子訳）「欧州地域語少数言語憲章は憲法違反か」三浦信孝＝糟谷啓介編『言語帝国主義とは何か』（藤原書店、2000年）323頁を参照。
(44) 本判決については、拙稿「欧州地域語・少数言語憲章と共和国原理」フランス憲法判例研究会編・前掲書（注34）54頁以下を参照。また、拙稿「『地域・少数民族言語に関するヨーロッパ憲章』とフランス憲法——フランスの言語政策」関東学院法学第10巻第2号（2000年）139頁以下も参照。

出した平等の一元的な概念の効果について熟考したトックヴィル（A. Tocqeville）は、「平等が生み出すかも知れない害悪と戦うためには、1つの効果のある対抗措置があるだけである。それは政治的自由である」[46]と主張した。彼は多元性に根ざした民主主義の自由の観念の基礎を示したのである。社会の調和は必然的に差異の媒介なしの統合を含むものではなく、差異は各人および各集団が民主主義の理念に服することによって、相互に受け容れ可能とする構想である。差異主義の強調は、法律の前の市民の平等を尊重するものではないため、アイデンティティへの衝動は、自由を侵害する共同体の圧力やルールに個人をさらすおそれがある。集団的権利を承認することは個人以外の権利主体の導入を生み、様々な共同体を個人と競合させ、「国家内国家」を生み出し、さらにその共同体内部に新たなマイノリィティ問題を生じさせる。

● アソシアシオンの介在

この点で、財政支出にあたりディワン会（association《Diwan》）が運営する学校を公教育へ統合する方法が注目される。この学校への生徒の登録は、そこで実施されるバイリンガル・メソッド（教育にとどまらず学校生活のコミュニケーション・ツールとしてブレイス語（ブルトン語）が使用される）を受け入れることを親が文書をもって承諾することを前提としている。この措置は、ブレイス語の言語共同体に対して特別な権利を付与するものではなく、ディワン会という個人が任意に加入するアソシアシオンと国家との取り決めという形式を取っている。もっとも、こうした措置が、国民教育相の命令（arrêté）および通達（circulaire）という法形式でとられたことについて、コンセイユ・デタは「規範の位階秩序（hiérarchie des nor-

---

(45) Alain Touraine, *Qu'est-ce que la démocratie?*, Fayard, 1995, p. 29.

(46) A. Tocqeville, *De la démocratie en Amérique*, t. 2, Flammarion, p. 135.

第 5 章　フランスにおける平等原則——国家像を描く平等原則

mes）」という観点から違法であるとして、この命令および通達を無効としている（CE, 29 novembre 2002, n° 238653）。その際、コンセイユ・デタが、ディワン会というアソシアシオンの当事者能力を否定しないことをわざわざ言い及んだことが注目される[47]。

　フランスの共和国原理は、宗教や言語など多様な属性を有する個人として活動する場を「私的空間」とし、そうした属性を一切捨象して共和国市民として参加する領域を「公的空間」として明確に分離させる構造を有するものとして構想された[48]。この区分の仕切りなおしを求める異議申し立て[49]が、差異主義の主張として噴出している。これまでのところ、憲法院の判決を通じて、断固として拒否されている。憲法院は、フランス共和主義の基本構造の堅持に、強い姿勢を示している[50]。これに対し、ディワン会の試みでは、

---

(47)　ディワン会によるバイリンガル教育の公教育への統合については、法形式の問題に加え、憲法のフランス語公用語規定に抵触しないかという問題が残る（voir, André Viola, École Diwan : l'impossible intégration ? in *Revue du Droit public*, no. 5-2002, pp. 1351 et s.）が、ここでは「アソシアシオン」を媒介にして、共和制と文化的多元主義との接合が模索されていることに注目するのである。この措置はコンセイユ・デタの無効判決を受けたが、その後必要な措置を経て、バイリンガル教育への予算措置が確定している。この点については、拙稿「国民国家の言語政策演習——フランスにおける被周辺化言語の保護政策をめぐって」樋口陽一・森英樹・高見勝利・辻村みよ子編『国家と自由——憲法学の可能性』（日本評論社、2004 年）307 頁以下を参照。

(48)　公的なものと私的なものを分ける二分法においては、公的なものはすべて個別性を超越した一般性からなる領域として規定され、個別性としての私的なるものは情緒と帰属関係とニーズと身体的なものからなる領域として規定された（アイリス・M・ヤング（施 光恒訳）「政治体と集団の差異——普遍的シティズンシップの理念に対する批判」思想 867 号（1996 年）104 頁）。

(49)　文化的な差異があるところでは、平等な処遇は、文化的差異を否定し、文化的差異を持つことを不利益なものへと変えてしまう。公正であるためには、文化的差異とその帰結に対する配慮が要求されるとされる。以上について、ヤング・前掲論文（注 48）121 頁を参照。

(50)　但し、それは中間団体を徹底的に排除して成立した、国家と個人の二極構造からなるジャコバン型の原理主義的な「共和国」像ではない。個人と個人が自由に取り結ぶアソシアシオンを介在させた共和国である。この問題については、フランス

アソシアシオンを媒介にすることで、差異主義の主張を普遍主義の枠に回収する方法が提起されたとみることができよう。

2 積極的是正措置 (discriminations positives) への志向

● フランス型福祉国家の動揺

哲学的・政治的次元にあった平等をめぐる闘いは、18世紀に民主主義を基礎付ける法的原則を打ち立てた。すべての者の法の前の平等は、専制と身分制を終焉させ、均質な国民から構成される国民国家を樹立した。平等の思想は、20世紀に、経済・社会領域へと拡がりを見せ、社会的経済的利益の再分配という観点から調整を図ろうとする福祉国家の試みに結実した。福祉国家の政策は、社会保障拠出金、累進課税などの財政・税制上の手法をもって遂行されてきたのである。

今日この構想が危機に瀕している。財政的負担の問題、経済効率の悪さという問題に加え、そもそもその正当性に対する疑念[51]が福祉国家には付きまとうが、1990年代以降、福祉国家の危機は新しい局面を迎えたという。失業の増大・長期化と新しい貧困の出現により、新たな不平等が、とりわけ、雇用、住まい、介護、安全をめぐって生じてきている。例えば、「社会復帰のための最低収入」と邦訳される RMI (= revenue minimum d'insertion) という制度が示すように、福祉国家による国家の介入は、国家による給付を受けた個人が「社会へ復帰」して自立性を回復することを通じて、普遍主

における「多文化主義」の視点から分析を加える中野裕二「多文化主義とフランス共和制」三浦信孝編『来るべき〈民主主義〉——反グローバリズムの政治哲学』(藤原書店、2003年) 269頁を参照。

(51) 市民的・政治的領域では、平等の要求は万人にとって同じことを要求することになるが、社会・経済領域では「不平等の縮小」という意思によって表されるほかないという。目標が設定されないまま「同一の平等」が要求され、まさに均質であることを不可分とする民主主義のパラドックスをなす。以上については、廣田・前掲論文 (注29) 86-87頁を参照。

義的市民像からの逸脱を免れるように構想されていた。ところが、新たな経済的・社会的不平等は、そこから抜け出ることが困難であるような状況に個人を閉じ込めている。一方に、十分な資産を有し、個人の力で民間保険を利用して困難な状況を切り抜けることができる市民、他方に、生活保護を受けたままにある市民がいるような状況が生まれている(52)。均質な個人に基礎をおく社会の構想そのものが危機に瀕するおそれが出てきているのである。それでは福祉国家の手法である財政・税制上の措置を超えて、不遇な個人ないし集団のために、不平等そのものを是正の対象とすることができるだろうか。そもそもフランスでは、伝統的にさまざまな領域の作用に矯正メカニズムを導入する自由を国家は有してきたし、不平等な競争状態に均衡を取り戻させるために法律を用いることは正当であり必要なことであると考えられてきた(53)。こうした国家の活動は、特に雇用、国土整備の領域で、フランス的積極的是正措置（discriminations positives à la française、以下DPと略記）として優遇政策を発展させている。

● 第三の道

1982年秋、社会党政府は特別な国立行政学院（高級官僚養成機関：École nationale d'administration、以下ENAと略記）入学試験実施のための法案を提出した。この法案はENA入学の第3の道を設けるものであったが、その道は特別なカテゴリーの人だけに開かれていた。このカテゴリーに属するとされたのは、特に地方自治体、組合組織や相互扶助組織、あるいは公益法人などの長たる職務を少なくとも8年間務めたことによって、公共の利益への献身を示したと

---

(52) かような社会の分裂の危機については、voir Éric Keslassy, *De la discrimination positive*, Bréal, 2004, pp. 56 et s.

(53) Gwénaële Calvès, *La discrimination positive*, PUF, 2004, p. 59.

みなされた人々である。法案提案者は「公務への就任の可能性については、根深い不平等状態がある。……不平等状態に対処するため、平等を回復するための解決策を用いなければならない」と説明していたが、立法者の意図は、政党幹部あるいは組合や団体の幹部を優遇して高級官僚にすることにあった。憲法院は《Troisième voie d'accès à ENA》判決[54]において、かような立法者の理屈を暗黙裡に是認した。「1789年の人権宣言第6条によって言明された公職への平等な就任の原則が、公務員の任命において、能力、徳行、才能のみを考慮することを含んでいるとしても、養成学校への入学あるいは公務員団への参入に対する候補者の適性と資格の評価を行うリクルートのルールは、公共のサービスの多様性と同じく考慮すべきメリットの多様性を斟酌するために差別されることと、対立しない」(Cons. 5) と憲法院は考えた。こうして、立法者は評価の明白な過誤を犯したわけではないから、第3の道をとることで優遇される市民のカテゴリーを決定するにあたり、立法者が採った政策は憲法に反しない、と憲法院は判断したのである。

● ZEP

同様の事例として、教育分野における教育優先区域制度（zones d'éducation prioritaires=ZEP）がある[55]。これは1989年7月10日の教育進路法（Loi d'orientation sur l'éducation）で具体化されたもので、いくつかの例外的措置がとられている。特にZEPに配分されている教育予算は他の区域に比べ平均2.7倍に達しており、1クラスあたりの生徒数も他の地域より少なく設定されている。この措置は事実上、移民子弟を対象としたものになっている。例えばマグレブ移

---

[54] Décision n° 82-153 DC du 14 janvier 1983, in *RCJ* I-144. 本判決については、植野妙実子「ENAへのアクセスの『第三の道』判決」フランス憲法判例研究会編・前掲書（注34）110頁以下を参照。

[55] ZEPについては、voir *EDCE, op. cit., supra note 33*, pp. 89-91.

第5章　フランスにおける平等原則——国家像を描く平等原則

民の失業やその子弟の学業不振の原因を探ってみると、そこにはこのグループ共通の文化的ハンディキャップの問題も見いだされている。教育や雇用において単に機会の平等を図るだけでなく、これら移民のグループに適合した措置をとることが必要となる。さもないとかえって彼らを「ゲットー」の中に放置することになりかねない状況がある。そうであっても直接に「移民対象」としていないところに、フランス的普遍主義が現れている[56]。ZEP の展開は、いわゆる「困難地域（quartiers difficiles）」で学ぶ子どもたちとそれ以外の地域の子どもたちとの溝を深めているのではないのかという点について、検討が必要であるとされている。なぜなら「積極的是正措置の創設は、あるカテゴリーの人々を救済名簿に載せて公的に区別し、彼らの不利益を顧みず烙印を押す効果（effet de stigmatisation）をもつ」[57]からである。高等教育機関として名高いパリ政治学院は、2001年、ZEP に位置する高校から優秀な学生の進学が容易となる道を開く決定をし、実際に学生を受け入れている[58]。ZEP に設置されているクラスの生徒に留保された特別な手続きを通じて学生を募集することは、2001年7月11日に憲法院の判断の対象となっている。憲法院は、この問題については、立法者が判断権を有しており、1946年憲法前文第13項が定める教育への機会均等の方向に措置が進展することを鑑み、容認すると同時に、上記憲法上の要請を遵守する客観的規準に基づいて、ZEP 出身の生徒の選別が恣意的にならないように要求した[59]。

---

(56)　宮島喬『ヨーロッパ社会の試練』（東京大学出版会・1997年）183-184頁。
(57)　*EDCE, op. cit., supra note 33*, p. 91.
(58)　Calvès, *op. cit., supra. note 53*, pp. 78 et s. Voir aussi Keslassy, *op. cit., supra note 52*, pp. 18-19, pp. 83-92.
(59)　Décision n° 2001-450 DC du 11 juillet 2001, consid., 31 à 33. at
　　　http://www.conseil-constitutionnel.fr/decision/2001/2001450/2001450dc.htm

3　積極的是正措置と共和国原理

● 積極的是正措置とは

DPとは、社会経済的不平等の深刻化によって、あるいは人種差別ないし性差別の慣行が根深く残存していることによって損なわれた機会の平等を回復させることを目的として、暫定的で補正措置的な不平等を設定することである[60]。この政策は2つの形態をとる。

1つは補正措置的な平等原則と厳格な待遇の平等にしたがった福祉国家における選択として現れる。受益者の確定は、経済社会状況を唯一の基準とする。これは平等の公正の形式（forme équitable）として捉えられ、社会保障、国土整備、公共サービスへのアクセスの分野において実施された多くの改革に着想を与えている。以後福祉国家は選択的（sélectif）となり、公共政策はより分化される。これによって、それまで「一般的」であった政策から方向転換をし、社会給付と公的支出の増大した部分を最も恵まれない人々に振り分けることが可能となる。予算額が一定であれば、より少なく持つ者により多くを与えるということは、より多くを持つ者に対してより少なく与えることになる。現実社会において平等を進展させていくために、法的にあえて「不平等」設定するのである。平等の名において非差別が求められ、「思いやり」から「差別」の形式を求めるという逆説が、「積極的差別」（discrimination positive）という用語法を選択させる。事実上の不平等の縮減という目標が追求されることで、差別（discrimination）が「積極的」（positive）であるとすることを正当化している。

今1つは、人種差別ないし性差別による排除の影響を補うために

---

(60) 以下のフランスにおけるDPについての解説は、Gwénaële Calvès, Avant-propos, *Les politiques de discrimination positive, Problèmes politiques et sociaux*, no. 822, juin 1999, pp. 3-5 に依拠している。

第5章　フランスにおける平等原則——国家像を描く平等原則

実施される。ある一定のカテゴリーに属する人々に対する優遇政策として現れる。この場合のDPの政策は、差別と闘う手段（instrument）である。この政策の受益者は、社会経済的に恵まれていない状況を理由に選ばれるのではない。最初にこの種の領域に介入主義的措置を講じたアファーマティヴ・アクション（affirmative action）の経験を有するアメリカ合衆国の実例では、性や人種といった生来の消すことのできない特徴を理由に不当な差別を受けている人々が、受益者として選ばれている[61]。

---

(61) 合衆国における優先政策の発展については、ネーゲル（Thomas Nagel）による整理が参考になる。それによれば、第1段階は、意図的差別や障害は撤廃されるべきだという考えの容認である。あからさまな障害が撤廃されても差別は存在しうることが認識され、第2段階として、偏見のないように意識的に努力したり、被差別階級に属する候補者を慎重に考査したり、望ましい地位にいる黒人や女性の比率に注目したりするようになった。社会システムは、望ましい地位への差別的障害が取り去られたあとも、依然として人種や性に対してそうした地位への均等な機会や平等な門戸の開放を拒絶し続けうることが認識され、第3段階へと移行する。過去の差別によって生み出されたハンディによって現状の不平等を部分的に説明することを受け入れ、特別訓練、経済的援助、生活保護センター、研修期間制度などの補正手段が採用される。形式的には万人に開放されている地位への就任を困難にしている、不当に引き起こされた不利益は、予備的および矯正的訓練の特別なプログラムによっては払拭されえない、ということが認識されたとき、第4段階が到来する。この段階で2つの選択肢がある。1つは、社会的不正義の結果が、実力に関連のある資格に基づいてのみ満たされる、望ましい地位への就任における不利益をもたらすことを許容する。非矯正的な不平等は不当であるが、逆差別によってそうした不平等と釣り合いを取ろうとすることも、外的な基準を採用しなければならない以上、不当なものとなると考える。今1つは、少なくとも部分的には他の状況や他の時点における（おそらく他の人々に対する）不当な差別が原因で、その資格が低められている人々が、望ましい地位につきやすくなるように、優先的な選択システムを設定することである。社会システムのある部分における不平等を、別の点における逆の不平等を導入することによって是正するというディレンマの解決のため、第5段階では、能力は効率と関連するが、正義という観点から見れば、関連を持たないと考え、異なる能力はそれぞれ異なる報酬に値するわけではないという原則に立つ。合衆国では、こうした過激な考え方を採用する傾向にはない。以上については、トマス・ネーゲル（永井均訳）『コウモリであるとはどのようなことか』（勁草書房、1989年）146-151頁による。また、山森亮「福祉国家の規範理論——アファーマティブ・アクションと差異に敏感な社会政策」大山他編著『福祉国家への視座』

第Ⅱ部　平等の論理とパリテの論理

● 積極的是正措置をめぐる論争

こうしたことから、DPをめぐってフランス国内で論争が巻き起こっている[62]。

第1の論点は、これらの政策の有効性に対する懐疑と時として逆効果になる場合がありうるという問題である。生活保護受給者の烙印、個人の性別ないし人種別カテゴリー化の正当化が、「病より悪い薬」とならないか、という疑問である。第2は、DPの政策と共和国原理との両立性の問題である。給付の普遍性、公共サービス享受の平等、公務員職への雇用の平等、政治体の非区分化という原理に反する政策として、DPは共和国原理を真正面からぶつかる。

カルヴェス（Gwénaële Calvès）の整理によれば、第2の論点に対する態度はさらに、3つに分かれる。第1の立場は、DPによる政策は共和国原理と全く相容れないと理解し、これを否定する。現実を考慮に入れるとしても、いかなる目的もそれと矛盾する手段を正当化しない。福祉国家政策を急がせても社会の連帯を再生しない。人種差別や性差別の固有の論理を「積極的に」逆向きにすることでは、この差別と闘うことにはならないのである。第2の立場は、現状が必要とするのであれば、共和国原理は停止されうるし、そうしなければならないと考える。この場合DPは例外措置に倣って理解されている。必要悪かそれとも「病より悪い薬」なのか。例外措置をとることの適時性と効果についてあらかじめ検討する必要がある

（ミネルヴァ書房、2000年）103頁掲載の図5－1を参照。

[62] 2001年に雑誌《Le Débat》で、A-M Le Pourheit と G. Calvès の間で論争が交わされている。この問題を加熱させたものが、サルコジ（Nicolas Sarkozy）内相による「イスラム教徒知事」の任命を支持する発言であった。シラク大統領は、出生を考慮した任命を否定した。その後、大統領府は、移民出身のアイーサ・デルムーシュ（Aïssa Dermouche）氏の知事任命を発表した。以上については、Keslassy, *op. cit., supra note 52*, pp. 6-7. なお《Pouvoirs》111号（2004年）が、DPを特集している。

とされる。第3の立場は、フランス共和主義モデルの超越を推奨する立場である。DP は、共和国原理の裏切りでも、例外でもなく、パラダイムの転換として理解されるべきである。DP は新しい公正原理（principe d'équité）の庇護の下、社会契約の改定交渉へ道を開くと位置づけられるのである。

4　地域を対象とする積極的是正措置

● 地方に対する「別異扱い」の伝統

フランスで実施されている DP の中で、特にフランス的だとされているのが、地域を対象とする DP である。フランスは法律の一元的支配と言語的統一の推進[63]を通じて、「一にして不可分の共和国」体制を築いてきたが、もともと、地方ないし地域について「別異扱い」をしてきた伝統がある。アルザス゠ロレーヌ地方は、隣国ドイツとの領有権の争いの対象となる歴史的経緯から、フランス復帰以後も、独自の法体系が適用され、本来共和国の基本原則であるはずの「ライシテ」が排除されて「公認宗教制度」が維持されるなど、地方の実情にあった取扱いをされている[64]。また非植民地化の過程で、「国法上も国内」となった海外県及び海外領土に適用される特別な法的対応である。この問題については、憲法レベルでの処理[65]による対応がなされ、原理的問題が回避されている。

● 財政・税制上の優遇措置

DP の文脈で取り上げられるのは、地理的に不利益な状況にある地域を振興するために、財政および税制上の優遇措置をとり、企業

---

(63) さしあたり、拙稿「フランスの言語政策——フランスにおける平等原則の一断面」関東学院法学第 10 巻第 1 号（2000 年）177 頁以下。
(64) Voir O. Bui-Xuan, *op. cit., supra note 13*, pp. 392 et s.
(65) ニューカレドニアに関する憲法改正が顕著な例である。Voir O.Bui-Xuan, *op. cit., supra note 13*, pp. 351 et s.

第Ⅱ部　平等の論理とパリテの論理

誘致を行って雇用を促進しようとするものである。立法者は自治体レベル、都市レベルにとどまらず、もっと下位のゾーンのレベルにまで介入し、そこの住人のためのDPを定める。この種のプログラムの嚆矢となったのが、1986年7月2日の授権法[66]である。その第2条第5項は「政府は、雇用を創出する目的で、限られた期間中、雇用状況がきわめて深刻な区域にある企業に対し、国税の免除または減額に同意し、これらの企業が服している課税基準を変更する」と規定していた。これを受けた同年10月15日のオルドナンス[67]は、そうした税制上の優遇措置を受ける区域を具体的に定めた。1995年2月4日の国土整備および振興指導法[68]は、この種の重要な事例として取り上げられる。この法律は、国の平均的な地域に比べて恵まれていないと考えられる区域に対して、税制上の補償ないし調整のさまざまなメカニズムを用意し、地理的、経済的社会的に不利な条件下におかれている区域の振興策を実施することをその内容としている。この法律を提訴された憲法院は、1995年1月26日の判決で、「平等原則は、税制上の利点を与えるという一般利益の目的で、国土のある部分の振興と整備を誘発する手段を立法者が定めることに、障害とはならない」(Cons. 34) と判断し、この法律が憲法に反するものではないと判示した[69]。ここには、「法的不平等」を創設して、それによって「事実上の平等」を打ち立てようとする考えが強くでている。

---

(66) Loi no. 86-793 du 2 juillet 1986 autorisant le gouvernement à prendre diverses mesures d'ordre économique et social in *J. O., Lois et décrets,* du 3 juillet 1986, p. 8240 et s.

(67) Ordonnance no. 86-1113 du 11 octobre 1986 relative aux avantages consentis aux entreprises créées dans certaines zones in *J.O., Lois et décrets,* du 16 octobre 1986, p. 12478 et s.

(68) Loi no. 95-115 du 4 février 1995 d'orientation pour l'aménagement et le développement du territoire, in *J. O., Lois et décrets,* du 5 février 1995, p. 1973 et s.

(69) Décision nº 94-358 DC du 26 janvier 1995, in *RJC* I-624. また、大藤紀子「国土

その後、この種の法律は急ピッチで矢継ぎ早に制定されている。対象となる区域は、取り扱う問題に応じて異なっている[70]。失業、公共サービス、生活環境において恵まれていない地域の遅れを取り戻すためのこうした政策は、雇用状況の好転があったなどおおむね肯定的な評価を得ている。

● 隠れ「エスニシティ」問題

　区域を対象としたDPは、対象を正面から「エスニシティ」とはしておらず、「共和主義的普遍主義」の建前を保っている。この政策は優遇措置の対象者の「出生」を考慮してはいないからである。その社会経済的特徴、より厳密に言えば、彼らが居住している区域の住民の平均的な社会経済状況の特徴を考慮しているにすぎない。しかし、これらの対象地域の住民の多くが、学歴も職もない移民出身の家族で占められている場合が多いことも確かである。シュナペール (Dominique Schnapper) は、こうした実態をふまえ、建前が文字通り受け取れなくなっていることを直視する。ZEPを含め、雇用創出、教育配慮という措置が対象としているカテゴリーが、実は「エスニック化」した集団として、公共政策を介して公的空間に登場してきているというのである[71]。共和主義の建前からナショナル・マイノリティの承認を拒否してきたにもかかわらず、社会経済的不平等是正を目的とした「地理的」積極的是正措置が、「エスニック・マイノリティ」を「集団」として「優遇」するという結果を導いていると言えよう。シュナペールはこうした動向が共和主義から逸脱することの懸念を示すが、他方で、こうした是正措置がフ

　　整備振興判決——地域による差異・積極的差別是正措置」フランス憲法判例研究会編・前掲書（注34）116頁以下参照。
(70)　代表的なものとして、Calvès, *op. cit., supra. note 53*, pp. 108-109 は、ZUS、ZRU、ZFUをあげている。
(71)　Schnapper, *supra note 19*, pp. 208-209.

ランスにおける多文化主義的傾向を共和制の中に取り込む仕組みとして位置づける見解もある[72]。かつて同化不能なマイノリティを排除することで成立していた「普遍主義」的共和制は、それらを「再統合する」論理を探る途上にある。フランス的 DP は、その 1 つの対応形態と見ることができよう。

● 共和国原理の岐路

　フランス憲法は出生、人種、宗教による区別なく、すべてのフランス市民から構成されるフランス人民しか知らない。したがって、その集団が何であれ、集団的権利を承認することはフランス憲法に反する。しかし憲法は人工的な創造物であって、自然現象ではない。社会の外から社会を支配するものではなく、逆に、社会の意思を表明し、それによって創られものである。「出生」による「差別」を拒否するという憲法上の「施錠」に固執するのか、「エスニック・マイノリティ」の存在を承認するのか、フランス社会は重大な岐路にある。積極的是正措置の発展は、「一にして不可分の共和国」を支える平等原則に負荷がかかっていることを象徴的に示している。この要素を受け入れるほどに柔軟な共和主義の公共空間の創出は可能であろうか[73]。政治的代表におけるパリテの要求は、形式的には万人に開放されている選挙による議員職及び公職への女性の就任を困難にしている状況を、女性がその地位に就きやすくすることで是正しようとする主張である。次章で、この問題を考える。

---

(72) 以上については、中野・前掲論文（注 50）、275 頁以下を参照。
(73) なお、2003 年の憲法改正および 2004 年の法整備によって進展した地方分権の成果が、実験への権利と補完性の原理の相乗効果により、フランス社会の多元化にどれほど貢献するものになるかが、注目される。自治、分権ジャーナリストの会編『フランスの地方分権改革』（日本評論社、2005 年）を参照。

第Ⅱ部　平等の論理とパリテの論理

● 第6章 ●

フランスにおける男女平等とパリテ

第1節　男女平等の到達点と限界
　1　「非差別原則」としての平等原則
　2　EU法におけるポジティヴ・アクション
　3　1982年11月16日の憲法院判決の意義
第2節　憲法改正は何を克服したか
　1　改正条項の立法者非拘束性
　2　改正条項 vs. 人権宣言第6条
　3　違憲と合法の間

第 6 章　フランスにおける男女平等とパリテ

● 本章の課題

　男女平等を保障した 1946 年憲法の前文は、1958 年憲法の下でもなお、憲法的価値を有しており、1944 年以来、女性には選挙権も被選挙権も承認されている。確かに、諸権利が形式的に平等に保障されていることによって、現実の処遇の形式が異なるというあからさまな性差別に対する批判は可能となる。しかし、男女に処遇の違いがないのに、現実の社会状況が一方にのみ不利益をもたらすことがありえる。かような場合、男女間の平等原則は、こうした不利益の除去にどのように作用しうるのであろうか。政治分野への進出において男女間の不平等が顕著であることの是正をその目的として導入されたパリテは、男女平等の原則とどのような関係に立つのであろうか。

　本章では、男女平等の観点からパリテ導入の理論的背景を探り、憲法改正を必要ならしめた 1982 年の憲法院判決の論理を、平等原則の観点から確認し（第 1 節）、1999 年の憲法改正が 1982 年の憲法院判決の論理を克服するものであったのかを検討する。このことは、パリテが男女平等原則に取って代わるものなのか、例外なのか、あるいはパリテはどのようにフランス実定法に組み込まれているのか、という問いに連なるものになろう（第 2 節）。

第 1 節　男女平等の到達点と限界

1　「非差別原則」としての平等原則

● 法律の整備

　フランス人権宣言は法律の前のすべての市民の平等を謳ったが、

その実際の享受者は男性及び男性市民であった。人権宣言の約束が果たされないまま、女性は男性より貶められた地位に置かれ、公私を問わず、あらゆる領域で権利行使から排除され続けてきたのである。1944年のリベラシオン (Libération) は、文字通り、女性にとって、前時代の不平等からの「解放」となった。1944年のオルドナンスによって女性の参政権が認められた。初めての公務員一般規程である1946年10月27日の法律は、その第7条で、「あらかじめ定められていなければ、本規程の適用について、両性間にいかなる差別もしてはならない」と定めた。そして1946年憲法は、前文第3項で、「法律は、女性に対して、すべての領域において、男性のそれと平等な権利を保障する」と定めるにいたったのである。この規定は、いわば、人権宣言の権利の享受を女性に認めるものである[1]。女性は「市民」となり、「男性の権利 (droits de l'homme)」は「女性の権利」ともなったのである。しかし、この平等原則からの帰結が「法律による保障」によって引き出されるには、なお歳月を要した。

　例えば、教育への均等アクセスが保障されるのは、1989年の教育進路法 (loi d'orientation sur l'éducation) により教育施設が「男女平等を促進させる」ことに貢献すべきことが定められるのを待たなければならなかった。既婚女性の不平等解消については、1965年の民法改正が一大転換点となっている。民法典新第216条は「各々の配偶者は完全な法律能力を有する」ことを定め、ここから論理的引き出される原則が立法化されている。1975年7月11日法律は合意による離婚を承認し、夫のそれより厳しく妻の姦通を処罰する刑法上の規定を廃止した。さらに1985年12月23日の法律は、未成年

（1） Nicole Catala, Aliéna 3, in *Le Préambule de la Constitution de 1946*, sous la direction de G. Conac, X. Prétot et G. Teboul, Dalloz, 2001, pp. 75-76.
（2） 以上の記述にかかわる事実の引用はカタラ論文（注1）によっている。また、

の子の財産管理及び夫婦財産における夫婦の平等を徹底した[(2)]。

職業分野においては、1946年憲法制定以前から、公務、とりわけ教育の領域において徐々に女性の任用が認められるようになった。もっとも、コンセイユ・デタが高い等級の公職に就任する法的能力（aptitude légale）の女性に対する承認に踏み出したのは、1936年になってからにすぎない[(3)]。

● 行政裁判所による非差別原則の確立

第二次世界大戦後、憲法及び法律上の新たな基礎に力を得て、行政裁判官は両性の非差別原則に向かって進むことができるようになった。1956年の判決[(4)]で、コンセイユ・デタは、公務における男女平等への権利の一般原則を提示し、規則制定権（pouvoir réglementaire）に対し、遂行する職務の性質ないしそのような職務遂行の諸条件が例外を要求する場合に、裁判官の統制の下においてのみ、両性の平等に対する例外を認めた。この方向はその後多くの判決によって踏襲され、今度は、平等原則の尊重について立法者を次第に厳格な規定を設けるように向かわせた。新たな公務員の一般規程は、判例が定式化した表現を取り入れて、「公務の性質」（1959年2月4日のオルドナンス）ないし「職務遂行の諸条件」（1975年7月10日の法律）によって要求される特別な規程においてあらかじめ定められた例外措置を除き、男女平等原則が公務において適用されると規定

植野妙実子「男女平等の進展と現状」山下健次・中村義孝・北村和生編『フランスの人権保障——制度と理論』（法律文化社、2001年）144‐145頁の指摘も参照。

（3） ただし、コンセイユ・デタは、職務上の必要から引き出される理由により、女性職員の任用と昇進を制限するほぼ自由な裁量権を政府に認めていた。CE Ass. 3 juillet 1936, *Demoiselle Bobard et autres*, in M. Long, P. Weil, P. Delvolvé et B. Genevois, *Les grands arrêts de la jurisprudences administratives*, 11ᵉ éd., Dalloz, 1996, pp. 303 et s.

（4） Voir CE, Assemblée, 6 janvier 1956, *Syndicat national autonome du cadre d'administration générale des colonies et sieur Montlivet, cité par Avis* présenté par René Garrec, Sénat no. 1 (session ordinaire de 2000-2001), p. 10 note 1.

している[5]。以後の判例は、行政に両性の非差別原則を遵守させると同時に、その性質に応じて男女間で作用する別異取扱いが認められる公務が何であるかを決定する主要な役割を果たすことになる。とりわけ警察の職務を男性のみに留保するという公権力の判断は、行政裁判官によって承認されてきた[6]。また、男女別に教師任用試験を実施することの合法性も、当該職務の行使の条件、教育という職務の性質に照らして承認されてきた。

● EC／EUでの進展

こうしてフランスは独自に公務員の雇用分野における男女の非差別原則を発展させてきたのであるが、EC／EUも、労働における男女平等を加盟国に浸透させ実現させていくための取り組みを進めている。EEC設立当初のローマ条約第119条は、労働力の確保と加盟国間の公正競争の助長という観点から、男女同一賃金原則を定めていたが、1975年の国際婦人年を画期として、EC／EUは、男女平等を目指す理事会指令を発するに至っている。中でも指令76／207／EEC号（雇用、職業訓練、昇進の機会および労働条件における男女均等待遇原則実施のための指令、以下「均等待遇指令」）が重要である。同指令は、第2条第1項において、「均等待遇の原則」とは「直接または間接にかかわらず、特に婚姻または家族の状態に関連付けて、性を理由とする差別をしてはならないこと」だと定義する。ただし、同指令は、この非差別原則の例外を3点あげている。すなわち、性別が不可欠な前提となる職業活動の場合（同第2項）、女性保護、特に妊娠・出産に関する場合（同第3項）、昇進を含む雇用および職業訓練へのアクセス、労働条件について、女性の機会を

---

(5) Long et al., *op. cit., supra note 3*, p. 305.
(6) CE Ass. 28 janvier 1972 *Fédération générale des syndicates de la police C. G. T.*, cité par *ibid*., p. 306.

損なう不平等を除去して、男女の機会均等を促進する措置をとる場合（同第4項）である。この第4項が、消極的な形ではあるが、男女の機会の平等を促進するためのポジティヴ・アクションを構成国に対して授権している。

● EC 裁判所判決の受容

フランスにおいては、公務員は男女共通の競争試験によって採用が決定されているのであるが、1982年5月7日の法律は、公務員の一般規程に「どちらかの性に属することが当該職務の遂行にとって決定的な条件を構成する」場合に、男女それぞれ別々に募集することを可能にする条項を加えた。当該規定は、1982年5月7日の法律を改正する1984年1月11日の法律にも再規定された。具体的にどの職種について男女別に募集を実施するのかについては、1982年10月15日のデクレ（1984年10月25日に改正）によってリストアップされた。当該リストに挙げられた職種は、警察関係、税関検査官、教師、体育及びスポーツの教師などである。フランス政府の考えでは、これらの職種のリストアップは均等待遇指令第2条第2項の適用にすぎないものであったが、欧州委員会は、このリストは均等待遇の例外の範囲を超えているとして改善を求めた。フランス政府はいくつかの職種については譲歩してリストからはずしたが、欧州委員会は、理事会指令を完全に満足させる改善には至っていないとして、フランス共和国を EC 裁判所に提訴した。EC 裁判所は、刑務所の外部部門における管理、技術及び職業養成スタッフならびに国家警察5部門について、男女別募集は均等待遇指令第2条第2項に定める例外が許容する範囲内にないと判断した[7]。フランスはこの判決を受け入れ、その結果、フランスでは、両性の非差別原

---

(7) 以上については、voir CJCE 30 juin 1988, no. 318/86, *Commission de Comunautés européennes contre République française*, ECR-1988, p. 3559.

則はほぼ公務員職の全領域に及ぶこととなった[8]。

2　EU法におけるポジティヴ・アクション

● 女性優遇措置の必要性

　男女の非差別原則は、1946年憲法前文で確立された両性の平等原則の厳格な適用を求めてきた。かような憲法上の規定は、国家による男女の区別とそれに基づく別異取扱いを性中立的方向に導き、あらゆる権利について男女の平等が承認される。しかし、男女の性別役割分担の伝統は根強く、法的な平等と実態における男女の不平等は著しいコントラストを描いている。ここから、性別をメルクマールとした男女の区分とそれに基づく別異取扱いを禁止するという形式的な性中立的平等を貫くだけで、歴史的に形成され、社会に深く根付いた男女の「性差」に基づく男女間の不平等を、はたして解消することができるのか、疑問が提示される。そこで、男女の実質的な平等の実現をねらって、それまで系統的に不利益な取扱いを受けてきた女性のために、生活の諸場面で何らかの特別な措置を政策的に実施することの必要性が主張されるようになった。

　現実に根強くある男女の不平等な状況に対し、ヨーロッパ諸国において、女性を優遇する規定を設ける立法措置がなされている。性差別解消のために女性を優遇すると、一定範囲の男性がその性別のゆえに不利益を受ける可能性があることは否定できない。性による区別を行い、それに基づいて男女を別異に取扱うことから生じる必然的結果である。そうであれば、どのような「別異取扱い」であれば平等原則の観点から許容されるのかが、法的問題として問われることになる。

（8）　Conseil d'État, *Rapport public no. 48*, 《*Sur le principe d'égalité*》, EDCE, La documentation Française, 1996, p. 109

第Ⅱ部　平等の論理とパリテの論理

● **カランケ事件判決**

この種の立法措置に対する EC 裁判所の最初の判決が、いわゆるカランケ (Kalanke) 事件判決である。カランケ事件の概略はこうである。1990 年にドイツのブレーメン州で制定された「公務部門における男女均等待遇法」は、公共部門の雇用と昇進に関するクォータ (PA) 条項を含んでいた。具体的には女性比率が過少である (50％に満たない) 領域で、採用あるいは1つ上のランクの賃金グループへの昇進に際し、女性候補者が男性の対抗候補者と同一の資格を有する場合には、女性の候補者が優先的に配慮されるという規定である。「同一資格」であるのか否かを判断する際には、家族労働、社会的活動、不払い労働などによって得られた経験や能力もまた、一種の資格として考慮されるとされていた。この規定によって、ブレーメン州公園局の課長ポストへの昇進を阻まれた男性候補者が提訴したが、労働裁判所、次いで控訴審の州労働裁判所において申し立てが却下された。原告はこれを不服として上告し、連邦労働裁判所が、1993 年、EC 裁判所に先決的判決を求めたのである。EC 裁判所は、対象となるポストにおいて男性よりも女性のほうが過少である領域で、男性の対抗候補者と対等の資格を有する女性候補者を自動的に優先する国内ルールは、性に基づく差別を引き起こすとして、ブレーメン州法の規定は、均等待遇指令第2条第4項に違反するとの判断を示したのであった[9]。裁判所は、女性を絶対的に優先することは機会均等の実行を超えて、それに代わって結果の平等を実現するもので、EC 法の目的ではないというのである。

---

(9) Case C-450/93 *Eckhard Kalanke v. Freie Hansestadt Bremen* [1995] ECR I-3051. この事例で問題となったドイツの「クォータ」の用法はいわゆる割当制（狭義のクォータ制）とは異なり、広く女性比率の向上を目指す措置を総称するものである（広義のクォータ制）。齋藤純子「ドイツの公務部門におけるポジティヴ・アクション」辻村みよ子編『世界のポジティヴ・アクションと男女共同参画』（東北大学出版会、2004 年）209 頁以下を参照。

この判決は、EC裁判所が女性を優先するクォータ制（PA）に道を閉ざそうとしているという読み方も可能であったため、混乱を招いた。

1997年6月18日に採択されたアムステルダム条約によって、ローマ条約第119条が修正され、第141条第4項として「職業生活における男女の完全な平等を実際に確保する観点から、均等待遇原則は、少ない性の者が職業活動を遂行するのを容易にし、または職業上のキャリアにおける不利益を防止しもしくは補償するための特別な便宜を定める措置を加盟国が採用することを妨げないものとする」が新設された[10]。しかし、ここにいう「特別な便宜を定める措置」がどのようなポジティヴ・アクションをEC法上許容しているのか、なお、明確性を欠いていた。EC裁判所が、再度、この問題に応答する必要に迫られたのがマルシャル（Marschall）事件である。

● マルシャル事件判決

ノルトライン‐ヴェストファーレン州の公務員法第25条第5項第2節は、「公務部門の昇進に際して、職務階層における特定の上級職位にある女性の数が男性よりも少ないとき、適性、能力および職務上の実績において同等の場合で、かつ、個々の男性候補者に有利に働く特別の理由がない限り、女性の昇進が優先される」と規定していた。同州で給与等級A 12ポストの教員として働いていたマルシャル氏は、1994年2月8日、上級給与等級A 13ポストの教員公募に応じたが、アルンスベルク地区政府（Bezirksregierung Arnsberg）は、上記規定の適用により、女性候補者を同ポストに昇進さ

---

(10) この問題については、憲法院の判断がある。憲法院は、アムステルダム条約の批准に先立つ憲法第54条に基づいた当該条約の合憲性審査に際し、1997年12月31日の判決において、この条項を合憲と判断した（Décision n° 97-394 DC du 31 décembre 1997, in *J. O., Lois et décrets,* du 3 janvier 1998, pp. 165 et s.）。

せることを決定し、1994年7月29日、マルシャル氏の申請を却下した。マルシャル氏はこれを不服として、ゲルゼンキルヘン行政地方裁判所に提訴し、同裁判所が先決的判決を求めて、事件をEC裁判所に付託したのである。

EC裁判所は、「雇用、職業訓練、昇進の機会および労働条件における男女均等待遇原則実施に関する、1976年2月9日の理事会指令76／207／EEC号第2条第1項および第4項は、——国内ルールが、個々の場合において、女性候補者と同等の資格を有する男性候補者に対して、応募が候補者個人に固有な基準をすべて考慮する客観的評価の対象となることを保証し、それらの基準の1ないし複数が男性候補者に有利に働く場合には女性候補者に与えられた優先権が退けられること、——これらの基準が女性候補者にとって差別的ではないこと、という条件の下であれば、公共サービス部門における当該ポストのレヴェルで女性数が男性数より少なく、男女の候補者の双方が当該ポストに対する適正、能力および専門的技量について対等の資格を有する場合に、個々の男性候補者に固有な理由のために男性に選考が有利に働く場合を除いて、女性候補者を優先的に昇進させることを義務付ける国内ルールを排除するものではない」との判断を示した[11]。

マルシャル事件判決において、EC裁判所は、対象となったノルトライン-ヴェストファーレン州の公務員法が開放条項（「男性候補者が自分にとって優位な理由を示す場合には女性が優先的に昇進すべきではない」とする規定）を含んでいる点で、カランケ事件判決で対象となったブレーメン州の州法とは異なり、女性を「絶対的かつ無条件」に優先させるものではないと論じた。確かに、ブレーメン州法は開放条項がないため、資格が対等である状況でのクォータ制

---

(11) Case C-409/95 *Hellmut Marschall v. Land Nordrhein-Westfalen*, [1997] ECR I-6363 ここにおけるクォータの用法もドイツ特有の広義の意味でのものである。

第6章　フランスにおける男女平等とパリテ

(PA) は、他の基準への配慮がないことになり、性別という基準を絶対化してしまう。客観的評価を保障する開放条項の存在は、性別に対する配慮を副次的基準の1つに留める。あるルールが同じ資格を有する男性候補者に対して、客観的な評価の対象となり、応募者個人にかかわるすべての事情に対して配慮がなされることをあらゆる個別の事例において保障するならば、そのルールは均等待遇指令第2条第4項で予定された例外の範囲内ということになる。ただし、例外的に男性候補者が自らの優位性を占めることができる基準は何かについては、それが女性を差別するものであってはならないとしながらも、必ずしも明確にされていない。

その上で、裁判所は「特に労働生活において、女性の役割と能力に関する偏見や固定観念のゆえに、男性に候補者が同等の資格を有する女性候補者に優先して昇進する傾向がある」ということを社会的事実として指摘する。裁判所は、社会的現実の事実に基づく文脈の中で男性と女性が「平等の機会」を有するか否かに関する検討を行い、「男性の候補者と女性の候補者が対等の資格を有するという事実だけでは両者が同じ機会を有していることを意味しない」と結論付けたのであった。この指摘は当然、男性に対しても、女性に対しても成立する。したがって前提は、今日の社会通念や固定観念が女性にとって事実上不利益に作用していることの確認である。その上で、クォータ制 (PA) を通じた優遇が社会通念や固定観念から生じる事実上の不利益に対するカウンターバランスをとることを、均等待遇指令第2条第4項から正当化する。さらに裁判所は、同様の理由で、表面的には性中立的だが事実上女性にとって不利益に働く基準 (例えば勤続年数や年齢) を排除している。以上のことを通じて、社会的現実の中で生じている事実上の不平等が縮減されて、実質的平等が作り出されるのである。裁判所は、クォータ制 (PA) の目的を、個々の女性候補者にとって存在している事実上の不利益の

調整に求めており、個人の権利を指向している。すなわち、裁判所にとってクォータ制（PA）の目的は、特定の性グループが過去に受けた不利益に対する埋め合わせではない。資格が対等であるというだけでは平等の機会を持っているとはいえないような構造上の不利益の調整が、その目的なのである[12]。

3　1982年11月16日の憲法院判決の意義

● 違憲の論拠

フランスにおける性別クォータ制（性別割当制）の問題は、地方選挙への導入をはかる1979年の選挙法改正案で提起された。この改革案は、政治日程の都合から一旦立ち消えになった。1982年の選挙法改正に際して性別クォータ制条項が再度浮上したとき、その実現を阻んだのは、憲法院であった。憲法院が1982年11月16日に性別クォータ制に関する違憲判決を導いた際に依拠した規定は、2つある。

1つは、「国民（国）の主権は人民に属する。人民は主権を代表者を介してあるいは人民投票を通じて行使する。人民のいかなる部分もいかなる個人も主権の行使を自己のものとすることはできない。選挙は、憲法に定められる条件に従って、直接または間接で行われる。選挙は常に普通、平等、秘密である。民事上および政治上の権利を享有する成年男女のフランス国民はすべて、法律の定める条件に従って、選挙民である」とする1958年憲法第3条の主権行使と選挙に関する規定である。

あと1つは、「すべての市民は、法律の前に平等であるから、その能力に従って、かつ、その徳行および才能以外の差別なしに、等しく、すべての公的位階、地位および職に就くことができる」とす

---

(12)　以上のマルシャル判決の判断枠組みについては、西原博史『平等取扱の権利』（成文堂、2003年）133‐134頁の分析に負うところが大きい。

第6章　フランスにおける男女平等とパリテ

る1789年人権宣言第6条の公務就任権に関する規定である。

憲法院は、これら2つの規定を結合して、「市民という資格は、年齢や法的無能力や国籍を理由とする除外、また、選挙人の自由や選出された議員の独立性の保護を理由とする除外のほかは、すべての人に同一の条件で選挙権と被選挙権を与えていること、これらの憲法的価値を有する諸原則は選挙人や被選挙人のカテゴリーによるあらゆる区別に対立すること、そのことはすべての政治的選挙の原則であり、とりわけコミューン議会議員選挙についてそうであることが、帰結する」、「選挙人に付される名簿の作成のために性を理由として候補者間の区別を含む規則は、上記に引用した憲法原則に反する」という結論を引き出したのである。

● 判決から導かれる問い

憲法院が示した論理に関して、憲法院が1946年憲法前文第3項「法律は、女性に対して、すべての領域において、男性のそれと平等な権利を保障する」に依拠しなかったことに意図的な選好が存するのではないか、という見方がある[13]。法律が「すべての領域」において、男女の平等を「保障する」（garantit）のであれば、政治的領域において男女の平等を実現しようとするアリミ修正は、非難されるどころか、コミューン議会における男女の代表を、平等ではないにしろ、よりバランスの取れた構成にする道を開く方法として受け入れられるはずであったというのである[14]。ところが、憲法

---

(13) 憲法院判決が1946年憲法前文第3項を明示的に援用したのは1度だけである（décision n° 80-125 DC du 19 décembre 1980）。その際にも、男性も女性もまったく同じ扱いをされているから性による差別はないという文脈で使われたにすぎなかった。以上の指摘については、voir Thierry S.Renoux et Michel de Villiers, *Code constitutionnel, édition* 2005, Lietc, 2004, p. 231.

(14) Dominique Rousseau, La révision constitutionnelle du 8 juillet 1999 : D'un universalisme abstrait à un universalisme concret in *Mélanges en l'honneur de Benoît Jeanneau : Les mutations contemporaines du droit public*, Dalloz, 2002, p. 446.

院は1946年憲法の前文にまったくふれずに、1789年の人権宣言を迷うことなく引用したのである[15]。憲法院は、性別クォータ制の問題を男女間の平等の実質化、言い換えればDPのテクニックとしてではなく、共和主義的市民権に関わる視角でこの問題を分析したのである。

　憲法院の理由付けの核心には、すでに指摘したように、1789年の人権宣言の時代に定義され、爾後、フランスの公法学の要となった普遍主義的市民概念がある。この市民概念が主権の不可分性を保障し、一にして不可分の共和国像を可能にしている。1982年の判決で憲法院が問題にした「市民という資格」(la qualité de citoyen) は、選挙権及び被選挙権と結びついた、いわば狭義の「市民権」として捉えられている。憲法院が自覚的であったか否かにかかわらず、性別クォータ制の問題は、政治生活に関わる公的側面での市民権が性別化されうるかという問いに結びつくことを、1982年の憲法院判決は明らかにしたということができよう。自ら立てたこの問いに対し、フランス憲法原理の名において憲法院が与えた回答は、「ノン」であった。

　憲法院が展開した論理が、公共空間における男女間の平等をめぐる議論を共和国の基本原理に関わる論争へと転換する。こうして、問題は憲法改正の次元に移り、判断が憲法制定権者に委ねられたのである。換言すれば、性別クォータ制ないしパリテの導入は、それと抵触する憲法条項の改正なしにはありえないということになったのである。主権行使の資格という意味で捉えられる市民権が性別のない抽象的普遍的な概念で把握されるフランス憲法の下では、性別クォータ制ないしパリテの導入は、少なくとも政治的選挙の領域においては、市民権の性別化の当否という争点の再燃なしには進まな

---

[15] この結果、1946年憲法前文第3項は政治的代表の領域には適用されず、社会経済領域に適用されるという理解が示されることになる（第5章参照）。

第6章　フランスにおける男女平等とパリテ

いことが決定的となったのである。

第2節　憲法改正は何を克服したか

1　改正条項の立法者非拘束性

● 違憲判断を乗り越えるための憲法改正

　1999年7月8日の憲法改正にあたり、政府は、その提案理由の中で、パリテを導入するに際して障害となる性別クォータ制に関する1982年11月16日の憲法院違憲判決を乗り越えるために憲法を改正することを明示していた。憲法改正によって何を変えようとしたのであろうか。実際にこの目的は達成することができたのであろうか。

● 性別クォータ制からパリテへ

　まず、本改正にあっては、第1に違憲と判断された「性別クォータ制」の導入ではなく、「パリテ」の導入を目標に掲げていること、しかし法文そのものに「パリテ」という言葉が反映されていないことを指摘しておかなければならない。政治的選挙の領域におけるパリテは、議会等の政策決定機関における「男女同数」という意味で用いられていることから、「パリテは50％クォータ制にすぎない」という見解もあるが、直接違憲の烙印を押された「性別クォータ制」ではなく、「パリテ」という表現が用いられていることに注目しておきたい[16]。しかし、1958年憲法第3条を改正の対象とした

---

(16)　「パリテ」と「50％性別クォータ制」との関係は、ジゼール・アリミが委員長を務めていたパリテ委員会において、意見を求められたヴデルが、「パリテは50％クォータ制にすぎない」という見解を述べたのに対し、アリミが「両者の哲学は全く異なる」と反駁して以来の論争点となっている。パリテ推進派の立場からすれば、パリテはクォータ制とは全く異なるパラダイムであるということになる。人間を構成するのが2つの性であるのに、そのうちの一方に対して「割り当てる」というのでは受け入れがたい。パリテは、人間を構成する男女という2つの性による共同管

195

第Ⅱ部　平等の論理とパリテの論理

「憲法改正法律」は、「男女の平等に関する」憲法的法律であって、「パリテに関する」憲法的法律ではない。同法律案の政府による提案理由は明確に目的としての「パリテ」に言及していたが、「パリテ」という用語が法文に登場することはなかった。

● 立法者の実質的非拘束性

第2に、実際のところ、法文の実質においても、「パリテ」の実施が立法者に義務付けられる構造にはなっていないことが確認されなければならない。もともとの政府の提案は、憲法第3条第5項として「法律は議員職及び公職への男女の平等なアクセスを促進する」を挿入するというものであった。国民議会はこれを「法律は、議員職及び公職への男女の平等なアクセスが組織される条件を定める」に修正し、立法者に対する義務付けのニュアンスを強めた。ところが、元老院は、第3条は「普遍主義」に関わる条項であることを理由に第3条改正そのものに反対し、第4条の政党に関する条項の改正案を対置した。かくして「普遍主義」を対抗軸に「政府＝国民議会対元老院」の対立が浮き彫りになり、議会内外の大論争に発展したのであった。この論争は決着しないまま、第3条を政府原案に戻したうえで、第4条を含めて改正するという政治的妥協が図られたのであった（第2章参照）。

結果、追加された第3条第5項は、政府原案通り「促進する（favorise）」という表現をえたのである。この表現は、「奨励」とも「強制」とも解釈可能であり、立法者に立法方針を与える指針となりえていないことが当初から指摘されていた。ヴデル（Georges Vedel）は、結局のところ、具体化される制度は憲法から一義的に導

理をあらゆる領域に及ぼうとする社会的構想をもっている。なお、パリテを具体化する選挙システムを定める法律の違憲性を憲法院に提訴した元老院議員の提訴理由および、この提訴を受けて下された憲法院判決は、「50％クォータ制」という表現を用いている。本書第3章第3節を参照。

第6章　フランスにおける男女平等とパリテ

くことはできず、憲法院の判断に委ねられることになろうというコメントを寄せている[17]。ドミニック・ルソー（Dominique Rousseau）は、「明らかに、ジャーナリスト、政治家、そして残念なことに多くの法律家が、憲法改正を政治における男女間のパリテ原則の憲法への導入を実現したという理解を示した」と手厳しい。1999年7月の憲法改正後も、「憲法上準拠できるのは平等原則だけである」と言い切っている。その上で、ルソーは、1999年の憲法改正によって挿入された新条項は、今日なお有効である1946年憲法前文第3項「法律は、女性に対して、すべての領域において、男性のそれと平等な権利を保障する」よりも後退しているという評価を下している[18]。

　第4条第2項については、元老院から第4条改正の提案がなされたとき、法文に「政党の公的助成に関する規則」によって実現される財政上のサンクションを明示することもあわせて提案された。法文は、最終的に、政党は「法律の定める条件にしたがって、第3条の最終項で表明された原則の実現に貢献する」に落ち着いたが、政党による候補者選定の段階で、財政的サンクションを通じて、パリテ原則を政党に尊重させる方途が想定されていたことは確かである。

● 選挙ルール策定の前提

　第3に、憲法改正時の政治的妥協が、その後、新たな選挙ルールの策定の段階にまで持ち越されたということである。憲法改正後、政府は直ちに新たな選挙ルールを定める法律を可決させた。パリテを厳格に貫くのであれば、名簿登載順が男女交互方式である比例代表制1回投票制が最も適合的であることは明白である。憲法の規定

---

[17] Georges Vedel, La parité mérite mieux qu'un marivaudage législatif ! in *Le Monde* du 8 décembre 1998.

[18] Dominique Rousseau, op. cit. supra note 14, pp. 448-449.

によれば、立法者はこの方式を貫くことも理論上可能であった。しかし、先行する憲法改正審議の中で、憲法改正を選挙制度の変更（とりわけ比例代表制の適用選挙の拡大）の口実にしないという妥協が成立していたことから、既存の選挙制度の枠組みを前提とした改革にとどまり、厳格さを追求した強制力のある方式から、奨励的方式まで、複数の方式が案出されたのである。パリテは「原理」として作用したのではなく、選挙ルールの単なる「目標」として設定されたにすぎなかったのである。

新たな選挙ルールを定める法律は、憲法院の審査に付された。2000年5月30日の判決で、憲法院は、1999年7月の憲法改正が「1982年の憲法院の違憲判断という障害を取り除く目的と効果を有する」ことを認めた上で、政治的選挙については、この憲法改正が立法者に、奨励的性格であろうと、強制的性格であろうと、選挙による議員職及び公職への男女の平等なアクセスを効果的にするあらゆる規定を採択することを授権したものという理解を示した。かくして、ヴデルが正当にも指摘したように、制憲者が「制憲者に代わって決定を下すことを通常の立法者に委ねた」[19]に等しいような状況が、憲法院によっても許容されたのである。

● 「法律」による強制の限界

第4に、上記のことから、パラドキシカルではあるが、「法律による強制」には限界がある。2000年5月30日の憲法院の判決によれば、立法者は「選挙による議員職及び公職への男女の平等なアクセスを効果的にするあらゆる規定を採択する」権限を許容された。ところが、第3章で分析したように、パリテを具体化する方式の構造上、パリテの具体化・実施は、政党ないし政治団体の存在に圧倒的部分を負っている。女性の政治参画について長きにわたって政党

---

(19) Vedel, op.cit., supra note 17.

第6章　フランスにおける男女平等とパリテ

が理解を示さず、女性の政治的進出が現実におくれていることから、憲法改正によってパリテの目標を達成する立法措置を可能にしたのである。その立法措置を講ずるはずの国会は、実のところ、多くは、政党帰属の男性議員によって構成されている。このことに由来する困難は、奨励的方法によってパリテを目指そうとしている国民議会議員選挙において、とりわけ顕著である（第4章参照）。しかし、厳格なパリテが貫かれている選挙においては、期待された成果が実現されており、特に比例代表制で選挙が実施されている地方議会における劇的とも言える変化は、地方議会が中央政界議員の涵養池であり、また元老院議員の選挙人団を構成することから、フランス社会に与える影響が少なくないはずである。

　それでは、逆に、いったん立法者が定めた立法措置は、パリテの具体化方法として保障されたものとして理解できるであろうか。1979年以来、全国1選挙区で比例代表制1回投票制によって実施される欧州議会議員選挙は、パナシャージュも選択投票も認められていないことから、選挙民は丸々1つの名簿に投票することになっている。このため、2000年6月の法律によって定められた男女交互方式の名簿登載方式が適用され、厳格なパリテ原則が貫かれることから、フランスの欧州議会議員の男女比率が50／50となることが期待されていた。ところが、2003年4月11日の法律により、8選挙区に分割して2003年の選挙が実施された。選挙の結果、女性議員率は43.6％となった。パリテ導入前の女性議員率が40.2％であったことから、パリテの効果がなかったわけではない。しかし、2003年4月11日の法律で、女性進出の機会が減じられるおそれがある条項を立法者が採択したことに対し、疑問が呈されている[20]。元老院議員選挙についても、いったんは比例代表制による選挙区を

---

(20)　Gwénaële Calvès, *La discrimination positive*, PUF, 2004, p. 94.

拡大しておきながら、再びそれを縮減した。これについても、女性進出の機会が減じられたとの批判が向けられている[21]。

いずれの規定についても、パリテの拘束を緩めるとして違憲の疑いが憲法院に提訴されているが、どちらについても憲法院は合憲の判断を下している。憲法院が決め手とした理由は2つある[22]。1つは「違憲の疑いがあるとされている条項は、…選出される女性の比率を減ずることを目的にしていないし、それ自体にそうした効果もない」(consid. 46 in décision n° 2003-468 DC du 3 avril 2003) ということである。そのような効果が間接的に生じることがあったとしても、立法者の意図とは別の理由によるものであるというのである[23]。フランスにおいて実施されている違憲審査制は抽象的な審査制で、法律の適用の事後的条件について考慮するものではないことに由来する限界がある。今1つは、「〔憲法改正によって挿入された〕第3条第5項の規定は、立法者が憲法第34条から引き出している国会及び地方議会の選挙制度を定める権能を立法者から奪うことを目的としていないし、その効果を有するものではない」(consid. 18 in décision n° 2003-475 DC du 24 juillet 2003) ということである。「憲法改正に先立つ審議過程が示しているように、1999年7月の憲法改正は、政治的選挙において、より一般的には公職就任において、性に基づく区別を禁止している憲法院の判例によって作り上げられた『差し錠』(verrou) をはずすことを目的としている…。…制憲者の明白な意図は、選挙制度がそのようなルールに適合的であるような政治的選挙について、候補者の性に関する強制的なルールを設定することを立法者に義務付けることではなく、許すことにある」[24]。

---

(21) Ibid., p. 95. Marie-Jo Zimmermann, Effets directs et indirects de la loi du 6 juin 2000 : un bilan contrasté, mars 2005, pp. 20-21.
(22) Voir Calvès, op. cit., supra note 20, p. 95.
(23) Commentaire aux Chaiers du Conseil constitutionnel, no. 15, 2003, pp. 26-27.
(24) Ibid., p. 44.

1999年7月の憲法改正は、選挙方法を憲法化することを目的とするものではないのである。他の憲法上の原理やルールと抵触した場合には、道を譲ることを運命づけられているパリテは、「選挙による議員職と公職への男女の平等なアクセスという単なる目標(objectif)」[25]となったと評されている。

2　改正条項 vs. 人権宣言第6条

● 人権宣言第6条問題

1999年7月の憲法改正が、政治的選挙における性の区別を禁止した1982年11月16日の憲法院判決を克服する意図からでたとしても、対象としたのは1958年憲法第3条のみであった。1982年判決では、憲法第3条と1789年人権宣言第6条を結合して違憲判断を導いていたのであるから、1982年の判決が依拠した2つの条項のうち、1つを改正したにすぎない。改正の対象とされなかった1789年人権宣言第6条の存在は、いかなる規範的意味を持ちうるのであろうか。これは、憲法改正審議の中で、普遍主義派のチャンピオン、バダンテール元老院議員が問題とした論点でもある[26]。

● 選挙領域外でのパリテの目標設定の試み

1999年7月の憲法改正を実現したジョスパン政権は、この改正をパリテ民主主義の出発点とし、獲得した地平をさらに押し広げる試みに出た。2000年に選挙法の分野に導入したパリテの理念を職業分野に及ぼすことを模索し始めたのである。その事例が、いわゆる「ジェニソン法 (loi Génisson)」、「司法官職の地位及び司法官職高等評議会に関する組織法 (loi organique relative au statut des magistrats et au Conseil supérieur de la magistrature)」、「社会の現代化法

---

(25) Calvès, *op. cit., supra note 20*, p. 95.
(26) 本書第2章第3節を参照。

(loi de moderinisation sociale)」である。

● ジェニソン法

ジェニソン法、すなわち2001年5月9日の男女間の職業上の平等に関する法律[27]第19条は、「1983年7月13日の公務員の権利及び義務に関する法律」の第6条の2として3つの条項を追加している。その第3項は「公務員の採用と昇進のために設置される審査委員会（jurys）及び選定委員会（comités de sélection）の構成員並びに公務員のキャリアに関する個別的決定及び部局（services）の組織と運営に関する問題について諮問される機関内部での代表者の行政機関による任命のために、これらの機関内における男女間の均衡のとれた代表（représentation équilibrée）に貢献することを目的として、男女間の区別をすることができる」と定めている。「男女間の均衡の取れた代表」（この表現は労働審判所審判官の選挙（第12条）や従業員代表の候補者名簿（第13条）などについても用いられている）が意味することは、2002年5月3日のデクレ[28]によれば、各性の最低の割合が構成員の3分の1である。

● 司法官職高等評議会組織法

司法官職高等評議会（Conseil supérieur de la magistrature）は、司法権の独立に関し、司法権の独立の保障者である共和国大統領を補佐する憲法上の合議機関である（1958年憲法第64条、第65条）。大統領

---

[27] Loi no. 2001-397 du 9 mai 2001 relative à l'égalité professionnelle entre les femmes et les hommes, in *J.O., Lois et décrets*, du 10 mai 2001, p. 7320. 本法律については、福岡英明「フランスの労働法・公務員法と男女共同参画」辻村みよ子編『世界のポジティヴ・アクションと男女共同参画』（東北大学出版会、2004年）167頁以下を参照。

[28] Décret no. 2002-766 du 3 mai 2002 relatif aux modalités de designation, par l'administration, dans la fonction publique de l'État, des membres des jurys et des comités de sélection et de ses représentants au sein des organisms consultatifs, in *J. O., Lois et décrets*, du 5 mai 2002, p. 8602.

(議長)、司法大臣(副議長)の下に、裁判官について権限を有する部会と、検察官について権限を有する部会の2部から構成される。裁判官について権限を有する部会は、大統領、司法大臣のほか、5名の裁判官と1名の検察官、コンセイユ・デタによって指名される1名の評定官、そして大統領、国民議会議長、元老院議長によってそれぞれ指名され、国会にも司法界にも所属しない3名の有識者から成る。本部会は、破棄院の裁判官の任命、控訴院院長の任命及び大審裁判所所長の任命について、提案を行う。その他の裁判官は、本部会の意見に基づいて任命される。また本部会は、裁判官の懲戒評議会(conseil de discipline)として決定を下す。その場合は、当該部会は破棄院院長によって主宰される。検察官について権限を有する部会は、大統領、司法大臣のほか、5名の検察官と1名の裁判官、コンセイユ・デタによって指名される1名の評定官、そして大統領、国民議会議長、元老院議長によってそれぞれ指名され、国会にも司法界にも所属しない3名の有識者から成る。本部会は、閣議によって任命される官職を除いて、検察官の任命について意見を述べる。また検察官に対する懲罰について意見を述べる。この場合は、当該部会は破棄院検事総長によって主宰される。

　司法官職は自然に任せたままでパリテに到達した唯一の職業分野である。2005年のある報告書[29]によれば、司法官職の女性割合はほぼ51％に達しているという。その意味で特異な存在である。そうであっても「ガラス天井」の現象は現実にある[30]。立法者が問

---

(29) Diversité et parité : une fonction publique très largement féminisée, sauf dans les emplois supérieurs, in
http://www.fonction-publique.gouv.fr/communications/dossiers-presse/diversite-parite-20050308.pdf
(30) 注29の報告書によれば、地方司法裁判機関(juridictions judiciaires territoriales)の420人の管理職のうち女性は64名にすぎない。また、大審裁判所及び控訴院の裁判官と検察官の職の女性率は15％である。これらの職の女性割合は、2001年現在で、12％であった。

題を把握した時点で、司法官職高等評議会は、司法官の6人の代表のうち女性は1名にすぎなかった。2001年5月30日に採択された法律の目的は、司法官職高等評議会の6人の構成員選挙の2段階にパリテのルールを適用することであった。第1段階として、160名の選挙人団の選挙に際して裁判官に付される名簿及び50名の選挙人団の選挙に際して検察官に付される名簿が厳格な男女交互方式の原則によって構成されることとし、これによって、「大選挙人」が男女同数で構成されるようにする。第2段階として、この選挙人団が名簿式投票で、司法官職高等評議会の6人のメンバーを指名する。名簿はパリテ構成で、それぞれ3名の名前を登載し、少なくとも各性1名を含むものとした。

● 社会の現代化法

2001年12月に採択された社会の現代化法は、職業上の免状ないし資格の取得にあたり、職業経験の中で獲得された知見やノウハウを一定条件の下で有効と認める条項を含んでいた（第133条〜第137条）。学歴や職業訓練が十分でなくとも、固有の意味での職業上の経験を通じて評価に値する技術情報を取得する人もいれば、また、社会的活動ないし団体の活動を通じて職業生活において有効な能力を取得する人もいる。女性の多くがこのような形で経験を積んでおり、これを有効なものと評価することが、男女の職業上の平等に資すると考えられたからである[31]。社会の流動化の促進に向けたこの措置は、現場で職業上の技能を鍛え上げた勤労者が、学位ないし職業上の免状による資格によって、その技能を証明してもらうようにしなければならない。この任に当たる審査委員会が設置されるが、志願

---

(31) Motif des articles 40 à 42, Projet de loi de modernisation sociale, no. 2415 (rectifié), déposé le 24 mai 2000 à l'Assemblée nationale in
http://www.assemblee-nationale.fr/projets/pl2415.asp

者が得ようとしている免状のタイプ別に、法律は審査委員会の構成を定めている。仕事における男性と女性の「経験」は同一とは程遠い条件の下で積まれていることから、立法者は、さらに、このような「経験」は、ジェニソン法上の審査委員会に倣って、その構成が「男女間の均衡の取れた代表」になるような資格審査委員会によって評価されるべきであると定めた（第134条、第137条）。

● 憲法院によって画された限界

　パリテの論理を政治的選挙の領域を超えて及ぼそうとする立法者の意思に対抗して、憲法院は、パリテの手法の適用領域を厳格に限定した。憲法院によれば、「憲法第3条第5項『法律は選挙による議員職及び選挙による公職の男女の平等なアクセスを促進する』という表現に従えば、この条項の採択を導いた議会作業及び第3条への上記文言の挿入から、この規定は政治的な議員職と公職の選挙のみに適用されることが結論づけられる」（consid. 57 in décision n° 2001-445 DC du 19 juin 2001）。すなわち、憲法改正の結果もたらされた新たな憲法条項は、「政治的な議員職及び公職の選挙についてのみ適用される」にすぎない。国民主権の行使に当たらない領域では、1789年の人権宣言第6条が原則であり、パリテの論理による改革は、この原則を破ることはできない。人権宣言第6条は、「法律は一般意思の表明である」こと、「すべての市民は法律の目には平等である」ことを定めたあとで、すべての市民は「その能力にしたがって、かつその徳行と才能以外の差別なしに、等しくすべての位階、地位及び公職に就くことができる」と宣言しているのである。

　2001年5月から12月にかけて採択されたパリテの理念に基づく条項のいずれも、パリテの理念に基づいていることを理由にして、憲法所定の提訴権者によって、憲法院に違憲の申し立てをされることはなかった。コミューン議会議員選挙に導入された性別クォータ

制について1982年に行ったように、憲法院は独自の判断で、提訴権者から憲法適合性に疑義がさしはさまれていない条項について、職権による合憲性審査を実施したのであった。憲法院は、司法官職高等評議会に関するパリテを理念とする条項を違憲と判断し（décision n° 2001-445 DC du 19 juin 2001)、経験から獲得したものを有効にする審査委員会への女性の進出措置を定める法律の審署を、解釈留保付で認めた（décision n° 2001-455 DC du 12 janvier 2002)。すなわち、社会の現代化法律の第134条及び第137条によって定められた「審査委員会に与えられた使命により、この審査委員会のメンバーは、1789年人権宣言第6条の意味での『位階、地位及び公職』を占めている。職業平等に関する2001年5月9日法律によって採り上げられた定式を取り入れている第134条及び第137条は、男女間の均衡の取れた代表という目標を定めたにすぎない。これらの条項は、審査委員会を構成する際に、能力（compétences)、適正（aptitudes）及び資格（qualifications）の考慮よりも、性別（genre）の考慮を優先させることを目的としないし、そのような効果を持つものとはならない。この留保の下で、第134条及び第137条は憲法適合性についていかなる批判も招くことはない」（consid. 115 in décision n° 2001-455 DC du 12 janvier 2002)[32]と判断したのである。

● 人権宣言第6条の射程

これら2つの判決——1つは違憲判決、今1つは留保付合憲判決であるが——は、いずれもパリテ規定を1789年人権宣言第6条との関係から検討している。この観点からの検討は「本題から外れている」とする指摘[33]もあるが、ここでは、両判決で憲法院によっ

---

(32) カルヴェスは、この判決が用いた表現は、憲法院の歴史上初めて、数ヶ月判決に先立って審署されたジェニソン法の類似の規定に、「留保付の合憲」を及ぼすものだとしている（Calvès, *op. cit., supra note 20*, p. 99)。

(33) この立場からは、「司法官が同輩によって司法官職高等評議会のメンバーに指

第6章　フランスにおける男女平等とパリテ

て援用されている人権宣言第6条の射程を見極めようとするカルヴェス（Gwénaële Calvès）の分析[34]に注目したい。カルヴェスによれば、司法官職高等評議会判決においては、人権宣言第6条はアメリカ憲法で「ジェンダーブラインド」と呼ばれているような働きをしている。すなわち、性の違いを考慮することが全面的に禁止されているのである。1982年11月の憲法院判決と同様に、批判されたのは不確定な差別ではなく、「性を理由とする区別」そのものなのである。これに対して、社会の現代化法判決の場合は、性の考慮が原則的に排除されたのではなく、性の考慮が「能力」「徳行」「才能」の考慮に優越しないことを明らかにしたにすぎない。「能力」「徳行」「才能」の考慮よりも「性」の考慮を優先させた場合に、違憲と判断されるのである。もっとも、憲法院は「能力、適正及び資格の考慮」というより現代的な表現を用いている。この解釈態度は、EC裁判所が男女均等待遇原則をめぐる判例を通じて明らかにしてきた理論[35]に通底している。

憲法院は、憲法改正によって挿入された第3条第5項の射程を「政治的選挙」の領域に狭く限定することで、人権宣言第6条をフランス公法の要石として登場させている。人権宣言第6条の規範的

名されるのは、彼（女）の『徳行』と『才能』を考慮してというよりも、一般的にはそのものが擁護することを表明している利益や立場によってではないのか」あるいは「選抜の審査委員会の構成員の指名に関しては、すべての構成員は同一の公務員集団のメンバーであり、仮定的に「能力がある」はずではないのか」という疑問が提示される。Ibid., p. 100.

(34)　Ibid., p. 101.
(35)　1995年10月17日のカランケ（Kalanke）判決、1997年11月11日のマルシャル（Marschall）判決、2000年3月28日のバデック（Badeck）判決、2000年7月6日のアブラハムソン（Abrahamson）判決があげられる。雇用分野におけるポジティブ・アクションに関するEC裁判所の判例理論については別稿で検討する予定であるが、さしあたりは、西原・前掲書（注12）126頁以下、大藤紀子「欧州連合（EU）における男女共同参画政策とポジティヴ・アクション」辻村編・前掲書（注27）61頁以下を参照。また本書第6章第1節2を参照。

統制力と第3条第5項による立法者に対する許容は、原則と例外の関係にある。しかし人権宣言第6条が意味することが、いわゆる「ジェンダーブラインド」にとどまるのかどうか、性に結びつく考慮はどのような場合に認められるのか、現段階では、曖昧なままにある。

3　違憲と合法の間

● 問題の所在

フランスにおいては、男女平等原則は両性の非差別原則の厳格な適用として発展してきた。その憲法上の根拠は、1946年憲法前文第3項「法律は、女性に対して、すべての領域において、男性のそれと平等な諸権利を保障する」である。すなわち、このテクストは、「特に女性を犠牲にする差別を禁止する目的を有する法の前の平等の一般原則の適用」[36]であると位置づけられている。改正の結果挿入された1958年憲法第3条第5項は、「政治的選挙」に限って立法者に「奨励的」であれ「強制的」であれ、必要と判断する立法措置を取ることを可能ならしめる性質のものであって、1946年のテクストとは性格を異にする。良かれ悪しかれ憲法の規定自体が立法措置に方向性を与えるという意味においては、第4条第2項に挿入された「政党及び政治団体は、法律の定める条件にしたがって、第3条最終項（＝第5項）で表明された原則の実施に貢献する」のほうが有益であろう。

憲法院は判決を通じて、1999年の改正の限界を画する読み取りを示しているのであるが、政治部門（政府及立法者）は、1999年の憲法改正で打ち立てられたパリテの論理を、それ以外の分野、とりわけ公的および私的な職業分野にも及ぼそうとしている。パリテ

---

(36) Thierry S. Renoux et Michel de Villiers, *op. cit., supra note 13*, p. 340.

の論理が、特に上級の責任あるポストにおける男女の実質的平等に貢献しうる措置を追求する戦略となりうるという理解からである[37]。この場合、政治的選挙におけるパリテと異なり、人間を構成するのが男女半々だから、当該職業ポストにおいても男女半々であるべきだという主張は、受け入れにくい。なぜなら、選挙による議員職は、職業資格や専門的訓練を必須にして選抜試験を受けるものではないのに対し、例えば、1789年からの伝統が示すように、公務員などへの公務就任権は「職業選択の自由」としてはすべての人に開かれているが、実際にその職に就任するに際しては、その職に相応しい能力、適正、資格が要求されるからである。そこで、社会・経済分野により適合的な表現として「男女間の均衡のとれた代表（représentation équilibrée des hommes et des femmes）」という概念が導出され、2001年のいわゆるジェニソン法や社会の現代化法に用いられている。かような政治部門が推進する改革は、憲法院の判決といかなる関係に立つのであろうか。パリテの論理と男女平等原則として「非差別原則」を発展させてきた判例理論とのかかわり方の問題である。ジェニソン法を補充する2002年5月3日のデクレが審査委員会の構成員の3分の1が一方の性（事実上女性である）で占められるように規定していたことから、この論点が浮上した。

● 性別クォータ制違憲論

2002年10月18日のコンセイユ・デタ判決[38]は、2001-2002年度に実施された公法の教授資格（アグレガション）試験を対象としていた。訴えの理由の1つは、教授資格試験の審査委員会が男性のみで構成されており、この構成は、審査委員会が男女間の均衡のとれ

---

(37) Anicet Le Pors et Françoise Milewski, *Deuxième rapport du Comité de pilotage pour l'égal accès des femmes et des hommes aux emplois supérieurs des fonctions publiques*, La documentation Française, 2003, p. 92.

(38) CE 18 octobre 2002, *M.Catsiapis*, no. 242896, in *AJDA* 2002 p. 1353.

第Ⅱ部　平等の論理とパリテの論理

た代表を定める職業上の平等を定めるジェニソン法第20条に違反するというものであった。コンセイユ・デタは、当該条項は十分に細目が定められていないため、適用にあたってはコンセイユ・デタの意見を徴したデクレを必要としているところ、問題となっている教授資格試験の審査委員会の構成を定めるアレテを定めた際には、両性の比率を定めるデクレが制定されていなかったという技術的な理由から、この訴えを退けた。

　この判決のある評釈者は、「立法者が行政に対して定めた目的は明白で、審査委員会内部における男女間の均衡の取れた代表を確保することであるから、審査委員会は男女から構成されていなければならない」「従って、理論的には、コンセイユ・デタは、審査委員会が1人又は2人又は3人の女性を含んでおらず、男性のみから構成されているゆえに、審査委員会の構成が規則違反であることを確認すべきであった」ことを指摘した[39]。

　これに対し、憲法学の泰斗ルイ・ファヴォルー（Louis Favoreu）は、憲法次元の問題を忘れているとして、このコメントを批判した[40]。ファヴォルーは、位階、地位および公職への就任に関する憲法規定の解釈に当たっては、1999年の改正によって挿入された憲法第3条第5項が憲法の一般規定の例外に過ぎないという。憲法の一般規定は人権宣言第6条であり、「選挙による議員職および公職」以外については人権宣言第6条が適用されなければならないとする。憲法院の司法官職高等評議会判決および社会の現代化法判決がその証左として引用されている。政治的選挙以外の領域で性別クォータ制を課す法律ないし命令、とりわけ選抜試験の審査委員会

---

(39) Paul Cassia, note sous arrêt du Conseil d'État du 18 octobre 2002, *M.Catsiapis*, in *ibid.*, p. 1355.

(40) Louis Favoreu, L'inconstitutionnalité des quotas par sexe（sauf pour les elections politiques), in *AJDA* 2003, p. 313.

第6章　フランスにおける男女平等とパリテ

に性別クォータ制を課す規定は憲法違反である、と結論付ける。

　確かに、2002年5月3日のデクレは、命令制定権に選抜試験の審査委員会内における各性の割合を定めさせる法律の規定を適用させるものである。しかし、ファヴォルーによれば、これと同じ規定が社会の現代化法判決によって「効力のない (inopérantes)」ものにされてしまっている。その理由はこうである。憲法院は、同法の第134条および第137条は「2001年5月9日の法律〔ジェニソン法〕によって採用された定式表現を踏襲している」とした上で、これを厳格に解釈し、「審査委員会を構成する際に、能力 (compétences)、適正 (aptitudes) 及び資格 (qualifications) の考慮よりも、性別 (genre) の考慮を優先させることを目的としないし、そのような効果を持つものとはならない。この留保の下で、第134条及び第137条は憲法適合性についていかなる批判も招くことはない」と判断した。そして、この留保は社会の現代化法の第134条および第137条のみならず、2001年5月9日の法律からも「毒を除く」ことになる、というのである。つまり、2001年5月9日の法律については、憲法院の判断がなされていないのであるが、社会の現代化法に関する憲法院の判決によって2001年5月9日法律の当該条項は違憲と判断されたのであり、そのことによって少なくとも適用されないと考えるのである。そうであるなら、当該条項を介して立法者によって授権されているとしても、あれこれの資格審査委員会について、性別クォータ制を命令によって定めることは違憲である、と結論付けられるのである。それにもかかわらず、現実には、2001年5月9日の法律の「効力のない」と判断された条項を適用するために、2002年5月3日のデクレが制定されてしまったのである。数多くのデクレが同時に制定されていたとはいえ、法治国家の法的安全をゆるがせる問題だとして、ファヴォルーは苦言を呈している。

第Ⅱ部　平等の論理とパリテの論理

● 性別クォータ制違憲合法論

ファヴォルーによる2002年5月3日デクレ違憲論の主張は、あらゆる法領域の憲法一元化の意図に発していると理解できるが、この見解は憲法院判決の効果を定める憲法第62条の解釈と整合しないという批判[41]を招いた。その主張の大意はこうである。憲法第62条は、学説が行政・司法機関に取って代わってそのサンクションと拘束の程度を決定することを許すものではない。憲法院が行政機関および通常裁判機関の決定をコントロールする法的手段を有していないことから、憲法裁判官によるそれぞれの解釈において、従うに値するものとそうではないものを主権的に評価するのは、最終的には行政機関および通常の裁判機関なのである。憲法第62条は「憲法院判決は、公権力およびすべての行政・司法機関を拘束する」と毅然と規定しているが、制憲者は、憲法裁判官の判決の権威（autorité des décisions）を確保する権限を通常裁判官に与えている。規範は、それが名宛人としている機関が「これがそうだ」というものである。同様に、憲法裁判官の判決の権威は、破棄院とコンセイユ・デタが「これがそうだ」という規範である。憲法裁判官の判決の権威が名宛人とし、その効力を保障するのは、破棄院とコンセイユ・デタであって、学説ではない。憲法院の判決の権威は、通常裁判所裁判官による憲法院の判例の受容というプリズムを通じて評価されるのである。

2002年1月12日の憲法院判決で、社会の現代化法の第134条及び第137条は2001年5月9日のジェニソン法の定式表現を用いていると指摘したのは「傍論」にすぎず、この判決で憲法院が示した解釈留保の対象は厳密には、社会の現代化法の第134条及び第137条である。違憲判断を付託された法律によって直接的にも形式的にも

---

[41]　François Lichère et Alexandre Viala, La légalité des quotas par sexe（pour certains jurys de concours）, in *ADJA* 2003, p. 817.

影響が及んでいない別の法律に移し替えることができるとすることは、重要な段階を省略している。

　法律が規範的性質を持たない目標を定めているにすぎないと憲法院が判断している場合、行政裁判官は憲法院に従うことを義務付けられてはいない。2002年5月3日のデクレは2001年5月9日の法律を法的な基礎としており、2001年5月9日の法律と社会の現代化法とは同一の法律ではない。社会の現代化法律は「審査委員会は男女間の均衡の取れた代表を目指すように構成される」と規定しているにとどまるのに対し、2001年5月3日法律は、「コンセイユ・デタの意見を徴したデクレが、本条の適用条件、特に各性に帰属する審査委員会の構成員の比率を定める」と付け加えている。ここでの法律の文言は、立法者意思の単なる表明を超えている。このことから、国家行為が法律を根拠とするとき、「一般意思の表明」である法律をそのまま適用することを任務とする行政裁判所は、当該国家行為が憲法に適合するか否かを判断することができないという、いわゆる「法律スクリーン（loi-écran）」理論が働くことになる[42]。

　規定が規範性を欠いているために法律スクリーンが透明となると仮定したとしても、デクレの違法性は自明とはならない。コンセイユ・デタが、憲法院のそれとかなり近い平等原則の観念もっているとしても、ともかく男女平等に関しては、今後、機会の平等の考えに開放的になるかもしれない。デクレそれ自体は、必然的に、DPを含んではいない。第1条では「必要な能力を証明する男女がそれぞれ少なくとも構成員の3分の1の割合であること」、すなわち対等な能力を有したうえでのクォータ制を規定し、第2条では特別の規程が「職団（corps）の任用の制約と独自の必要を考慮して」この最低限の例外を定めることを可能にしている。2002年5月3日

---

[42]　「法律スクリーン」理論については、voir Dominique Rousseau et Alexandre Viala, *Droit constitutionnel*, Montchrestien, 2004, p. 287.

のデクレの違法性は、例外的に構成される審査委員会に関する修正を挿入した元老院議員の目には、明らかではなかったようである。

以上の論理から、2002年5月3日のデクレによって定められた性別クォータ制は、「違憲ではあるけれども合法である」と仮定されなければならない、と結論付けられている。

憲法院の判決の権威という観念を法律の合憲審査の不整合を取り繕う効果にまで引き伸ばすことはできない。違憲だが合法だという奇妙な状態を解消して、規範の階層制を確保しようというのであれば、通常裁判所における法律の違憲性の抗弁を認めるか、通常裁判による法律スクリーン理論の放棄を認めるほかないことになろう。

● 残された問題

公務員の上級職への男女の均等なアクセスのためのパイロット委員会 (Comité de pilotage pour l'égal accès des femmes et des hommes aux emplois supérieurs des fonctions publiques)[43]は、ポジティヴ・アクションについてのフランス国内の議論が、クォータ制に対する異論によって特徴づけられたままにあるという認識を示しつつ、「クォータ制の争い」を越えて、能力、適正、資格の平等の原則を尊重したうえで、ポジティヴ・アクションを容認するEU法の論理に与するよう提言している[44]。

人間が男女混成であることを哲学的背景とするパリテの論理は、あらゆる分野における性の偏在を克服するという政策課題を導出する。ここではパリテの論理は、50／50の目標値というより、ジェンダー主流化のフランス的表現として働いているように思われる。一方の性の偏在という状況を克服するために、あらゆる分野に女性

---

(43) 本委員会は、2000年11月10日のアレテ (arrêté) によって、5年の時限で公務担当大臣の下に置かれた委員会である。

(44) Le Pors et Milewski, *op. cit., supra note 37*, p. 98.

が進出できる用意ができていなければならない。従って、それに相応しい能力、適正、資格を有する女性を輩出する社会的基盤を整えることが政治に求められるはずである[45]。憲法院の判例理論と現実の政策との整合性はどのように図られていくのか、今後の動向が注目される[46]。

パリテの導入は、1982年の憲法院判決に対する、17年の歳月を経た後の憲法改正権力による応答であった。こうしたパースペクティヴで考えた場合、憲法院がパリテの論理を限定する意図に出てきている[47]という認識は、現段階に限ってのものでしかない。潜在的には、パリテが提起する課題は、憲法院・政治部門・憲法制定権力の三者構造が描くダイナミズム[48]の中に、投げ返されていると考えられよう。

---

(45) この点で興味深いシンポジウムとして、voir《La mixité menacée》: Colloque du 15 juin 2004 organisé sous le haut patronage de M.Christian Poncelet in Sénat , *Rapport d'information, no. 448, 2004.*

(46) 憲法院は、パリテを具体化する選挙ルールを定めた法律に関する2000年5月30日の判決で、「憲法の新規定(第3条第5項)と憲法性的権力が触れようとしなかった憲法的価値を有する規範及び規則との両立を確保することは立法者の役割」(consid. 7 in décision n° 2000-429 DC du 30 mai 2000) であると指摘している。

(47) パリテの論理を政治的選挙の領域を越えて推進しようという試みとして、本文で指摘したように、いわゆるジェニソン法、司法官職高等評議会法律、社会の現代化法律の制定があった。ジェニソン法はそもそも憲法院の審査に付されていない。また、後2者についても、憲法院に付託されたものの、パリテの論理を受け入れたと思われる規定に関しては、提訴の理由になっていない。つまり、政治部門の判断としては、明らかに「パリテの論理」を政治的選挙の領域を越えて追求するという意思を示している。ところが、憲法院は「職権」で当該条項の違憲審査を実施している。ここに見られる政治部門と憲法院との「ずれ」は、1982年の性別クォータ制判決に際に見られたものの再演であり、これをもって「憲法院はやりすぎ」と評するかどうか――あるいは「裁判官政治」というかどうか――は判断を避けるが、この「ずれ」そのものについては強調しておかなければならない。

(48) 三者構造についての検討として、山元一「現代フランス憲法学における立憲主義と民主主義」憲法問題13号(2002年)127頁以下参照。

第Ⅱ部　平等の論理とパリテの論理

● 終　章 ●

パリテが提起する普遍主義的憲法学の課題

1　普遍主義的市民像をめぐって
2　国民主権理論をめぐって
3　平等原則の射程をめぐって
4　脱「日本的例外」にむかって

終章　パリテが提起する普遍主義的憲法学の課題

● 本章の課題

　フランスは「一にして不可分の共和国」を自己理解としている。パリテの提案は、この自己理解を支える「普遍主義的市民像」を再検討に付すものであった。議員職や選挙による公職の当選者が「男女同数」となるように配慮することは、1982年の憲法院判決が読み解いたように、市民に性別があることを前提にしなければならないからである。市民に性別があるということは、フランス革命以来継承されてきた市民概念からの離脱なのであろうか、それとも市民概念の発展形態と考えるべきなのだろうか。議員職や公職の選挙の当選者に対するパリテの要請は、均質な国民を前提にした代表制を変容させるものとなるのか。そうであるなら、パリテは政治分野における「積極的是正措置」なのか、平等に代わる新たな「原理」であるのか。パリテ導入を可能にすることを目的とした憲法改正に先立つ審議は、原理論レベルの憲法論争さながらの様相をみせた。しかし、審議過程で浮き彫りにされた理論的争点が決着をみないまま、政治的妥協が図られ、憲法改正へと至った。

　パリテの導入が憲法改正といういわば制憲者の「政治的」決断を必要としたことは、パリテと普遍主義的憲法学との対立を象徴的に示している。パリテの導入は、普遍主義的憲法学に新たな「対抗関係」を与え、別の地平への展開を促すのか、あるいは「普遍主義的」憲法学のパラダイムに吸収されていくのか。パリテが普遍主義的憲法学に突きつけた理論的課題は、なお残されたままにある。以下では、この点の確認を行っておきたい。

終章　パリテが提起する普遍主義的憲法学の課題

1　普遍主義的市民像をめぐって

● フランスのフェミニズム

　パリテ論争で特徴的であったことの1つは、いわゆる「フェミニスト」と呼ばれる論客がパリテ反対派とパリテ賛成派の二手に分かれたことである[(1)]。フランスのフェミニズムは、近代市民革命期に思想的淵源を持つという意味で、フランスの共和主義と同根である。しかし革命期後の実際の歴史過程で、共和主義が体制を擁護するいわば正統思想として定着したのに対し、フェミニズムは市民権から排除された女性の解放を求める思想として、逆に「体制」を告発する役割を担ってきた。女性が選挙権を獲得した後、フェミニズムは、共和主義の保障する「法の下の平等」だけでは実現しえない現実の問題に直面する。見せかけの「普遍主義」の装いの下に、共和主義は「男性中心主義」という「暗黙の価値前提」を強要していると、フェミニズムは告発する。女性に選挙権及び被選挙権が承認された後も半世紀以上、女性の代表者が極めて少数にとどまっていることの認識では、フェミニスト陣営は一致していたが、その処方箋として提出されたパリテをめぐり、賛否両陣営に分かれたのだ[(2)]。ただし、どちらの陣営も自らの立場を「普遍主義」と称し

---

(1) フェミニスト陣営が賛否両論に分かれたことを論じるものとして、井上たか子「女性と市民権——E・バダンテール」三浦信孝編『来るべき〈民主主義〉——反グローバリズムの政治哲学』(藤原書店、2003年) 212頁以下を参照。パリテ論争に現れた「市民の性差」の問題については、これを主題とした堀茂樹「パリテ論争——市民に性差はあるか？」三浦信孝編『普遍性か差異か——共和主義の臨界、フランス』(藤原書店、2001年) 237頁以下を参照。

(2) パリテをめぐる論争が、今日活発化しているシティズンシップ論とジェンダー論が交錯する理論状況 (この点については、シャンタル・ムフ (千葉眞他訳)『政治的なるものの再興』(日本経済評論社、1998年) 151頁以下、辻村みよ子『市民主権の可能性』(有信堂、2002年) 188頁以下を参照) の中でどのように位置づけられるのか、それ自体興味深い論点である。ここでさしあたって考察の対象としているのは、公共空間において意見表明を行う法的地位という意味での、いわば狭義

ている点が、フランスのフェミニズムの特色といえる。「普遍主義」を自己理解とする共和主義との親和性を自己証明する必要性が、フランスのフェミニズムに独自の相貌を与えているともいえよう。

● 「平等主義的」普遍主義

パリテに反対する立場は、いわば「平等主義」的普遍主義の観点から、男女平等の推進が両性の「類似性」の名においてなされてきたという理解を示す(3)。その議論はこうである。あらゆる領域で女性が男性と同じ役割を果たすことができる能力を示すことで、伝統的な特性論による男女の活動領域の区分、いわゆる性別役割分担に関する固定観念を克服してきたという。男女間の真の平等は、私的領域における家庭責任と公的領域における職業上の負担を男女間で完全に分担することにある。しかし、家庭責任を分担することへの男性のためらいが、女性に政治活動に割くための時間をほとんど残していないのである。大多数を男性が占めている議会が妊娠中絶を議決したことが示すように、政治的立場は性によって決定されるのではなく、イデオロギーによって決定される。政治参加は性に由来する特性を考慮に入れる必要はないのである。パリテは、女性が歴史的に受けてきた不利益な取扱を埋め合わせることを目的に掲げるとしても、性別によって市民を区別し、男性を犠牲にして女性を

の「市民権」であって、哲学的背景にまで立ち入って論ずることはできない。シティズンシップ論とフェミニズム論との交錯は、主に、英米の政治哲学のパラダイムの中で論じられている。したがって、この理論的交錯の中にパリテ論争を位置づけるとなると、英米の政治哲学及びフランスの政治哲学のメタ理論ないし、両政治哲学の相関関係の把握が前提とされなければならない。英米のリベラリズムと共和主義の対抗とフランスにおける自由主義と共和主義の対抗関係は同一ではないからである。また、そもそも英米の「リベラリズム」とフランスの「自由主義」も同じではないし、共和主義の理解も英米とフランスでは異なる。参照、宇野重規『政治哲学へ──現代フランスとの対話』(東京大学出版会、2004 年) 174 頁以下。

(3) この代表的論客が、エリザベット・バダンテール (Élisabeth Badinter) である。

優遇することになる。これは市民権概念の普遍性の破壊に通じる。

パリテ推進派が指摘するように、確かに、普遍主義の名の下で、女性はその「本性」を理由に、公私区別論によって政治に参加することを禁じられて公的領域から排除され、婚姻により私的領域に閉じこめられていた。そこから抜け出て公民権を獲得するのに、男性におくれること、1世紀半もの時を要したのだ。そうはいってもこのことが可能となったのは、普遍主義的市民像がフィクションであったからこそであり、それゆえに、女性の要求を禁止するどころか、女性を解放する力を秘めることができたのである。こうした歴史を踏まえれば、あえて性の区別に訴えるのは、かつて女性を囲い込んだ「本性」を「法的」に再導入することになりはしないか、という懸念（「生物学が法を支配する」）が生じる。パリテの導入は、生物学が政治における法律を作り、性別の連帯が意見の連帯を凌駕するのであって、受け入れることはできないのである。

● 「差異主義的」普遍主義

他方、パリテ推進派は「差異主義的」普遍主義の立場に立つ。この立場はさらに二分される[4]。1つは「女性が女性である」ということに対応するある種の本質を求める「本質主義」的差異主義である[5]。今1つは、女性と男性との性差は歴史的・社会的に構築されたのであり、その結果男性と女性との間に差異が生じているとする「文化的」差異主義である[6]。

---

(4) 以下のフェミニズムとの交錯については、voir Olivia Bui-Xuan, *Le droit public français entre universalisme et différencialisme*, Economica, 2004, pp. 502 et s.

(5) アガサンスキー（Sylviane Agacinski）の主張は、母性に注目しており、この立場に近いと思われるが、パリテの導入が政治的日程に上ってくるにつれ、「普遍主義」に重点を移した論調になっている。この点については、井上・前掲論文（注1）の指摘を参照。

(6) ガスパール（Françoise Gaspard）、モスュ゠ラヴォ（Janine Mossuz-Lavau）の立場に代表される。

第Ⅱ部　平等の論理とパリテの論理

● 本質主義

　前者は、公権力が考慮すべき女性の「特性」があるという。女性の特性をそのものとして、女性は公的空間に入っていくべきであるという主張である。男女の違いを公共空間に導入しようとするもので、性別による差異それ自体の反映が目標となる。生物的な違いとしての性差の承認を求めているといってもいいだろう。公共空間において女性独自の特性とアイデンティティが考慮されることによって、女性の利益が追求できるとしている。男性と女性という普遍性の2つの性的に異なった形態が存在するという認識が根底にある。人間の男女混成性（mixité）が本来の「普遍主義」であるという。

● 社会的・文化的性差

　これに対して、もう1つの立場は、人間が男女混成であることを理由に、政治空間における男性の偏在が民主主義の状態を「不完全」なものにしているという認識を示すが、男女の間には本質的差異があるという見方をしていない。多くのパリテ推進派はこの立場に立っている。女性が現在置かれている社会的・文化的状況が、女性に男性とは異なるものの見方をさせているにすぎないと考える。こうした状況においては、女性が公共空間で意見表明を行うことによって、公共空間での議論がより豊かになると想定されている。

　パリテ派は、普遍的市民像はフィクションにすぎず男性支配のまやかしだと告発した。「普遍主義」は、人間の男女混成性を反映することで、「真正の」普遍主義たりうると主張するのである。パリテを実施した結果、議場の半分を女性が占めるようになったとしよう。パリテに懐疑的な人たちが懸念するように、このことが再び女性を「女性であるからという理由で」囲い込む事態を招くのだろうか。女性は「女性であるからという理由で」ゲットーに閉じこもるのだろうか。かような事態を想定したうえで、それを恐れて、あえ

て抽象的普遍主義を貫くというのであれば、女性の過少代表という現実は、どのように説明されることになるのだろうか。普遍的市民像が、女性を含めて万人に約束したはずのものを、現実が女性に対してのみ裏切っているということなのだろうか。普遍的市民像は、この裏切り続ける現実を変えうる潜在力をなお秘めているということになるのだろうか[7]。その潜在能力はどのようにしたら引き出され、女性の過少代表を覆す現実の力として発揮されるのだろうか。

パリテ推進派とパリテ懐疑派における「性差」をめぐる論争は、女性の排除につながるものなのか否か、正反対の認識に発している。

2 国民主権理論をめぐって

● 普遍主義的国民主権論

人権宣言第6条は、「法律は一般意思の表明である」と定式化し、さらに「いかなる団体」も「いかなる個人」も国民の主権を行使しえないとして、淵源における一般性を規定している（第3条）。この「国民の主権」の行使に参加する各人が市民であり、res publica（しかし national であるがゆえに閉鎖的な国民共同体）としての国家の構成員である。国民主権の単一不可分性は、市民の抽象性によって保障される。市民は特定の「国家」に帰属する以上、当該国民共同体内部でのみ通用する「特定の」普遍性によって特徴づけられるが、その内部ではなお「普遍的」な権利主体でありうる。

これが普遍主義的国民主権の理解である。この立場からすれば、

---

(7) ブランディヌ・クリジェルは、こうした普遍的人間像は抽象的な法的・政治的身分である「市民」として描かれてきたが、「自然」こそが普遍であるから政治的権利を「人間の自然権」としての「人権」に基礎付けるべきだとして、パリテを正当化している（Blandine Kriegel, Parité et Principe d'égalité in *Rapport public no. 48, «Sur le principe d'égalité»*, EDCE, La documentation Française, 1996, pp. 375 et s. 佐藤修一郎訳「フランスにおける男女平等（3）」比較法雑誌第36巻第1号（2002年）45頁以下）。

性の二元性によって規定される市民の概念は国民主権の不可分性と両立しない。互換性のある市民から構成される選挙人団の不可分性が、主権の不可分性を担保している。代表者は、誰であれそして全員が男性であっても、全ての代表される人々（男性及び女性）の名において発言する。代表者が「女性として」選出されるという提案は、女性を想定された「本性」や「文化」に応じた範疇的な要求を担いうる同質な集団にしてしまうのではないか。「女性」であることが、「委任」を与えられていることになりはしないか。議員職や公職の選挙当選者にパリテを要求する主張は、こうした疑問を引き起こす。「人民のいかなる部分も、いかなる個人も、主権の行使を自己のために独占することはできない」（フランス憲法第3条第2項）はずである。普遍主義的国民主権論からすれば、女性の代表者であっても、男性の代表者と同様に普遍主義のフィクションに従って、人類の半分である女性の立場を擁護する職務を自らにあてがってはならない。女性は女性に投票することを義務づけられないし、女性は女性を擁護することを義務づけられない。

● 主権の「再定義」

パリテの導入に当たり、憲法第3条の主権規定を改正しなければならなかったのは、直接には、1982年の憲法院判決が示したように、選挙による議員職にパリテを求めることが「主権」行使にかかわるという認識があったからである。改正第3条は、改正しないままであれば、憲法院によって憲法の基本原理に反すると判断されたと思われる立法措置を可能ならしめることを目的としており、改正前の憲法の基本原理と矛盾する条項を同一の憲法に追加しようという企てである。いいかえれば、伝統的主権概念のいわば「再定義」の提案となるはずであった。実際、憲法改正に先行する審議の中で、この点が繰り返し強調されていた。たとえば、「国民主権は女性と

終章　パリテが提起する普遍主義的憲法学の課題

男性から構成される人民に属する。人民は女性代表者と男性代表者を通じて主権を行使する。」「1946年憲法前文第3項はすでに男女の平等を保障しているが、ここで提案されていることは、主権観念の新しい解釈である」[8]という確認がなされていた。

● **本質主義の陥穽**

女性の特性を承認する「本質主義的」差異主義論者（性差を生物的意味で捉える立場）は、女性を母性と同一視する傾向がある。この主張は、一定の性別役割分担を結晶化させてしまうと同時に、女性に特有の利益があるという帰結を生む。その結果、パリテ推進派は女性の利益は女性議員によってより良く擁護されると考えるからパリテを導入しようとしているのではないか、すなわち、利益代表理論の立場からパリテの導入を正当化しようとしているのではないか、という反パリテ派の憶測を生む。そうだとすると、女性以外の集団についても同様に利益代表の主張ができるのではないか、という疑念を招くことになる。こうして、パリテの主張は、「性別」にとどまらず、必然的に、アラブ系移民2世、ホモセクシュエル、ユダヤ人、プロテスタント、障害者などのさまざまな社会的マイノリティーの政治的代表への権利を容認し、社会を共同体主義へと導くと批判されるのである。反パリテ派の推論どおり、実際、パリテが共同体の代表への権利主張を導く根拠に使われているという状況も生まれているようである[9]。

---

(8) *J. O., A. N., Documents parlementaires*, Rapport no. 1377 (1998-1999), p. 11.
(9) ミュリエル・ジョリヴィエ（鳥取絹子訳）『移民と現代フランス──フランスは「住めば都」か』（集英社・2003年）91頁は、「パリテ法が実施されているんだから、マグレブ出身者が出身地に見合った候補者の数を要求するのは間違っていないと思うね。政治家に女性が少ないと言って、あなたたちは割当制を決めた。政治家にマグレブ出身者が全くいないなら、なぜそこでも割当制にしないんだ。女性とブールは同じじゃないが、マイノリティという点では同じだ」というパリで区会議員を務めるアルジェリア移民二世の言葉を伝えている。

第Ⅱ部　平等の論理とパリテの論理

● パリテ正当化の試み

　社会的・文化的性差に基礎を置くパリテの主張者は、女性議員が女性の特有の利益を擁護しそれを代表するということを、パリテ正当化の理由として述べることはない。それでは、パリテを前提とする代表制はどのように理論化されるのだろうか。元老院の法案検討委員会の報告者は、代表的な理論としてフランシーヌ・ドミッシェル（Francine Demichel）教授の代表制論を紹介している(10)。同教授によれば、性別は、人の観念そのものから分離することができない唯一の要素であるが、「人が持つ属性は、偶然であったり（名前、職業、資産状態、階級ないし社会的グループへの帰属）、変動したり（年齢）、民主主義においては承認しがたいもの（人種、肌の色）であったりする。代表においてこれらの要素〔性別以外の属性：糠塚注記〕を考慮することは、代表の変容を招くだろう。なぜならそうした考慮は、代表を社会の多様性の写真（une photographie）にしてしまうからだ。性別は、個人と社会体のアイデンティティそのものを定めるのに役立ち、それゆえに、代表制理論において考慮されなければならない唯一の要素である」(11)という。このことは、女性が女性を代表すべきであるということを意味するのではない。選出された男性議員が男性も女性も代表していたように、選出された女性議員は女性も男性も代表する、という。いいかえれば、一般意思を表明するのに男女の差異はなく、意思主義的な主権論が保持されていることが強調されている。この意味で、直接制の代替物としての代議制の下で、母集団を「より適正に代表する」という試み(12)と

---

(10) *J. O., Sénat, Documents parlementaires*, Rapport no. 156（1998-1999）, p. 32.

(11) Francine Demichel, A parts égales : contribution au débat sur la parité, in Recueil Dalloz, 1996 12ᵉ cahier, p. 97.

(12) 例えば、鳴子博子「パリテかクォータか、普遍主義か差異主義か——ルソー主義から見た政治哲学的考察」法學新法第 109 巻第 3 号（2002 年）123‐124 頁、126 頁、宮島喬「シティズンシップにおけるジェンダーと平等——フランス政治とパリ

終章　パリテが提起する普遍主義的憲法学の課題

して、パリテが正当化されているわけではない。さらにいえば、代表性は、代表する者と代表される者の共通の特徴で保障されているわけではないのだ。もっとも、共通の特徴が代表する者の活動が代表される者の求めるものと一致しやすいという想定は成り立ちうることは留保しておかなければならない。「人民のいかなる部分も、いかなる個人も、主権の行使を自己のために独占することはできない」(1958年憲法第3条第2項) 以上、国民が男女半々で構成されているのに、男性が政治的権力を独占している状況は、受け入れがたいとされるのである。

同様に理性的存在として男女を捉えるのであれば、ことさらパリテによって主権者のあり方を再定義することの意義は何であろうか。この点について、ロザンヴァロン (Pierre Rosanvallon) の代表理論[13]は興味深い。ロザンヴァロンは、代表には「委任＝代表」(représentaion-mandat) と「表象＝代表」(représentaion-figuration) いう2つの機能があることを指摘する。前者が「主権が機械的に全市民間で分割されることを志向する純粋に量的な平等のみを構想する」のに対し、後者は「より質的な平等」、すなわち「社会の構成員をその活動とその規定 (déterminations) の多元性において把握する、多様性の尊重と特殊性の公正な配慮」を要請する[14]、とする。この理論によれば──2つの機能の関係をどのように理解すべきなのかという点は措くとして──パリテの主張を代表制の後者の要請とし

テ (男女同数制) をめぐって」応用社会学研究46号 (2004年) 14頁。

(13) ロザンヴァロンは歴史学者・社会哲学者であるが、普通選挙・代表制・人民主権の視角からフランスの民主主義の歴史を描く3部作を相次いで発表している。これをテーマとする、只野雅人「代表の概念に関する覚書 (1)～(4・完)──P.ロザンヴァロンによるフランス民主主義の歴史から」一橋法学第1巻第1号 (2002年) 107頁以下、同第3号 (2002年) 105頁以下、同第2巻第3号 (2003年) 69頁以下、同第3巻第1号 (2004年) 83頁以下を参照。

(14) Pierre Rosanvallon, *Le peuple introuvable, Histoire de la représentation démocratique en France*, 1998, Gallimard, p. 137.

て位置づけることが可能であろう[15]。ただし、この場合は、パリテの論理を受け入れる代償として、「性別」以外の「多様性」と「特殊性」を尊重することが「公正」の観点から求められることになる。

● 理性的存在の社会的・文化的性差

フランスの伝統的代表制理論によれば、男性代表者は男性・女性の区別なく、その政治的意思を代表する。そして女性代表者も同様に男性・女性の区別なくその政治的意思を代表する。この意味で男女の本質的違いはない。女性が本質的に男性と異なる仕方で一般意思を解釈することはないのである。しかし社会的・文化的性差の観点からすると、男性と女性は、異なる経験を経ていることから、異なる見方をする。結果として、パリテ構成の議会が男性中心に構成されてきた議会とは異なる政策課題を追求するとしたら、それは「女性特有」のものが反映されたからだというよりも、社会的・文化的性差がもたらす違いからそうなったのである。反パリテ派は、「女性として」選出されることが女性代表者に女性特有の委任を与えることになりはしないかという批判を提起しているが、社会的・文化的性差に基づく「差異主義的」普遍主義の立場からの上記の見解は、この批判への応答として興味深い。加えていえば、パリテの実施はすでに確認したように、政党ないし政治団体を媒介にせざるをえない。従って、女性議員といえども、政党ないし政治団体所属の議員として、当該政党ないし政治団体の政策課題の実現に向けて議員活動を遂行することが期待されているのであって、フランスのフェミニズムの伝統[16]が示すように、たまたま「女性」議員であるにすぎない。パリテの主張は、政治における男性偏在を断罪し、

---

(15) *Ibid.*, pp. 347 et s.
(16) 第1章第3節のオズーフによるサンドのエピソードを参照されたい。

男女は半々に存在すべきだということに尽きるのである。女性が置かれている現状が、女性の社会的・文化的経験をもって、パラドキシカルにも、女性に公共空間の議論をより豊かなものにするよう貢献させるのである。

代表制が社会と政治を連結することを課題とし、フランスの意思主義的主権論が政治の場で社会を構成するものとして登場したのであれば、政治の場の構成力が社会に及ぼす反作用こそ、パリテに込められた期待であるやも知れない。そうであれば、大々的な論争を巻き起こして憲法改正を断行したうえで、パリテを導入したプロセスこそ、最大の政治的貢献であったといえるだろう。

3 平等原則の射程をめぐって

● 憲法院の定式

フランス憲法は「出生、人種または宗教による差別なしに、すべての市民に対して法律の前の平等を保障する」と規定するが、法律は一定の要件に一定の法的効果を結びつけるものであるから、広い意味では差別をしている。憲法院は、憲法は立法者に対して「恣意的な差別」を禁止しているのだと解釈し、「平等原則は、立法者が異なる事情を異なるやり方で規制することも、一般利益を理由に平等原則の例外を設けることも禁じていない。但しどちらの場合であっても、その結果生じるかもしれない取扱いの差異が、それを設定する法律の目的と密接な関係になければならない」[17]という定式を示している。憲法院は、経済・社会法、財政法、税法の領域について立法者の選択の合理性を推定する審査基準を用い、憲法が明示的に区別を禁止している標識（出生、人種、宗教、信条、性）に基づく差別や基本権行使に関わること、刑法、選挙法の領域では、厳格

---

(17) Consid. 10 in décision n° 87-232 DC du 7 janvier 1988, in *RJC* I-317.

な審査基準を用いるとされている[18]。とりわけ「市民という資格」がかかわる場面では、1982年の憲法院判決が性別を設けること自体を違憲とし、性別クォータ制の導入を阻止したのであった。

● イタリア憲法裁判所判決

1982年の憲法院と同様に、1995年に性別クォータ制に違憲判決[19]を下したイタリアの憲法裁判所は、このことを次のように説明していた。「殊に、被選挙権に関しては、…性別を考慮したあらゆる区分は、不利な立場にあるとみなされる集団に帰属する他の市民を優遇する為に、一定の市民にとってある基本的権利の具体的内容を縮減するものであるので、客観的に差別的なものとならざるをえない」。「(クォータ制のような) 措置は、特定の結果を達成することを女性に対して妨げる障害を『除去する』ことを目的とするものではなく、むしろ女性に対してそのような結果それ自体を直接的に付与することを目的とするものである…。要するに、認知される条件上の不平等は、除去されるのではなく、性別に基づいた優先的保護に正当性を付与する動機を単に構成するのである」と。

「選挙による議員職及び公職」へのアクセスは、候補者名簿への登載が第1歩である。パリテが政党ないし政治団体を介在して実施されるものである以上、女性は女性であるという理由だけで、「選挙による議員職及び公職」に就任することはありえない。男性が候補者として選別されるのと同様に、女性候補者も政党ないし政治団体による「選別」という段階を経ている。しかし、パリテは選出の

---

(18) Favoreu et al., *Droit constitutionnel*, 4ᵉ éd., Dalloz, 2001, p. 824.
(19) 江原勝行抄訳・解説「イタリア憲法裁判所1995年9月6-12日判決 (第422号)」辻村みよ子研究代表『福島県男女共生センター平成13・14年度公募研究成果報告書「国・地方自治体等の政策・方針決定過程への男女共同参画——世界のポジティヴ・アクションと日本の実践的課題」』(2003年) 201頁以下による。序章 (注19) を参照。

終章　パリテが提起する普遍主義的憲法学の課題

機会の半分を女性に開放する。とりわけ厳格な方式のパリテを導入する選挙においては、女性への機会開放を政党ないし政治団体に強いるのである。かような選挙における候補者名簿への登載は、女性にとってこれまで困難であった地位へのアクセスをより確実なものにする。この意味で、確かにイタリアの憲法裁判所が指摘するように、パリテは女性に対して、男性並みの「結果」を付与しようとしている。

● 非対称なのに「平等」

人間は、人間性を有する点において相互に差別されることのない存在である。このような個人から構成される社会には、個人を超越する権威などなく、各人の善き生は、各人によって構想され、選択され、意味づけられる。このような意味で抽象的個人像を描き、平等原則は個人の本源的平等を追求してきたのであった。もっとも、1944年に女性参政権が承認される前まで参政権の行使はもっぱら男性に限られており、その意味で主権行使にかかわる市民の資格は、そもそも「ジェンダー化」されていた。それが、女性に参政権が与えられることによって、「政治上の権利を有する成年男女（deux sexes）のフランス国民」が「選挙人」となった。形式的には万人に対して開放されているにもかかわらず、「選挙によって選出される議員職と公職」への就任を困難にする不利益が一方的に女性の側に堆積されている結果、政治空間において女性が過少代表となっている。この認識から、この地位への「男女の（des femmes et des hommes）」平等なアクセスを実質化しようという主張が生まれたのである。

革命期に「人一般の平等」を形式的に保障しただけでは、男女平等は達成されなかった。公共空間から排除された女性が、公共空間に参入可能となるためには、「男女平等」が憲法原則化され、女性

231

に「公民権」が保障される必要があった。このときから、公共空間は否応なく「男女平等」のあり方を討議のアジェンダに加えなければならなくなったのではあるまいか。生物学的に、あるいは過去からの社会的・文化的蓄積によって、男女が現実には非対称な存在であるにもかかわらず、「平等」であるというのはどういうことなのか。「男女非差別原則」あるいは「ジェンダーブラインド」は、そのひとつの回答と位置づけられよう。他方、パリテは、公共空間に「男」「女」が存在することを要求する。抽象的市民のみが存在すると想定される公共空間に「男」「女」が存在するということは、己と相互互換されない、異なる「他者」の存在の承認が求められることになる。そこでは平等は、差異の承認との関係で、構想されなければならない。「非対称であるが平等」である「男」「女」が構成する公共空間は、その「差異の承認」を問いなおす過程として立ち現れることになろう。

● 「性差」という標識は特別か

「本質的」であれ、あるいは「社会的・文化的」に構成されたものであれ、「性差」の強調は、パリテ反対派を勢いづかせることになろう。歴史的に人々を区別してきた標識は、人種、言語、宗教、文化、皮膚の色、貧富など様々であり、だからこそ、そのような標識に基づく差別が禁止されるというのが、憲法学における平等原則の通常の理解である。これに対し、「性」という「差異」だけに注目し「区別する」というパリテの主張は、どのように正当化されるのであろうか。パリテ論者は、女性はマイノリティーでもカテゴリーでもなく、様々なカテゴリーを横断して存在すると応答する。よく引用される表現を使えば、「年老いていようと若かろうと、黒人であろうと白人であろうと、金持ちであろうと貧しかろうと、キリスト教徒であろうとイスラム教徒であろうと、男であるか女であ

終章　パリテが提起する普遍主義的憲法学の課題

るかである」。これに対し、確かに「年老いた人にも若い人にも、キリスト教徒にもイスラム教徒にも、男性にも女性にも黒人はいる」という反論は可能である。しかし、男女の区別はそれと生まれついたら（性同一性症候群の人たちは別として）変わらずそうであり続け、この区別はほぼ量的に等しく、2つにしか区分されない。人は男か女以外の存在様式を持たないのが自然の姿であり、それこそが普遍の姿である[20]。この意味で社会的状態、文化的状態、人種と呼ばれるものの区別とは決定的に異なる。それでいて女性はあるあらゆるカテゴリーにおいて、常に男性とともに共生し、女性だけで厳密な集団を構成しているわけではない。女性の存在をこのように捉えたとすると、逆に、他の社会集団（民族的マイノリティー、障害者など）と同列に女性を扱うことの意味が問われることにならないだろうか。つまり、「性別」をことさら他の差別禁止の標識と同列に扱うことの積極的意義は何であるのか、パリテ派に対して、平等主義的普遍主義派は応答する必要がある[21]。

　憲法院はパリテの適用が「政治的選挙の領域」にのみ及ぶことを注意深く区分けし、パリテを「例外」扱いにしているかのようであ

---

[20]　もっとも生物学的な性別・性差については自然的で所与のものとする考え方に対し、それは社会的・文化的に形成されたものであり、異性愛主義に根ざした社会的なバイアスが含まれていることから、性同一性症候群の人々や同性愛者の差別につながるという批判がある（辻村みよ子『ジェンダーと法』（不磨書房、2005年）2-3頁参照）。かような論点は、少なくともパリテ論争に関連しては登場していないことを前提に、本文のように記述する。

[21]　筆者は、この問題についてジュアンジャン（Olivier Jouanjan）教授に質問する機会を得たことがある（拙稿「ジュアンジャン教授講演に対するコメント」辻村みよ子編『世界のポジティヴ・アクションと男女共同参画』（東北大学出版会、2004年）162-163頁）。一定の集団に困難を強いた社会暴力の是正を目的としているいわゆる「アファーマティヴ・アクション」の措置においては、確かに、集団が何であるかを問題にすることは重要ではなく、社会的差別という現実的事実こそが基準となる。しかしながら、パリテ派がことさら「性別」を主張することへの批判としてこのレトリックが使えるのか、という疑問が残るように思う。

る。こうした「封じ込め」によって、個人主義的原理に刻印されている平等の定式化にパリテの論理が変化を及ぼさないままにおくことは可能だろうか。政治部門は、雇用分野にパリテの論理を波及させることを企図しており、EC裁判所が判例理論を通じて形成している男女均等待遇の原則との接合を模索しつつある。フランスにおける男女平等原則は変化の途上にある。平等原則は20世紀に実質的平等の要求を受け入れる方向へ進展した。それは経済的社会的権利の出現と軌を一にした。今フランスが平等原則の変化の時代に入っているとするならば、平等原則はどの方向へ進展していくのだろうか。平等原則の変化を促す要因は何であろうか。多文化主義とともにジェンダーがその要因をなしていることは確かであろう。それが新しい権利の要求を伴うものなのかどうか、関心がもたれる。

4 脱「日本的例外」にむかって

● フランスとスイス

ひとつのパラドックスがある。1789年の革命以来、抽象的市民像に基礎を置く「一にして不可分の共和国」であるフランスは、統合型国家の典型として理解されている。そのフランスが、性別のある市民概念を受け入れ、パリテを導入した。フランス・モデルと対照的な多元型に属する国であるスイスは、2000年3月、性別クォータ制を求める人民イニシアティブを大差で否決（82％の反対）した[22]。スイスでは、脆弱な連邦制という歴史的事情から、カントン（州）、言語、政党を基準とする、公式・非公式の比例システムが連邦機関の構成を決定してきたが、その「公式の」決定要素として性別を導入することが棄却されたのである[23]。スイスに

---

(22) スイスとフランスの対比については、Lea Sgierによる興味深い研究がある。See Lea Sgier, Political Representation and Gender Quotas, Paper for delivery at the ECPR Joint Sessions, March 28 -April 2, 2003, Edingburgh, UK.

終章　パリテが提起する普遍主義的憲法学の課題

おいて、多元主義の公式の理由として考慮されるのは連邦制にかかわる地域的要素にかぎられる。政府に該当する連邦参事会の閣僚の選任にあたっては、「国内各地域と言語領域が適切に代表されるように配慮しなければならない」(憲法第175条第4項) が、著名な「魔法の公式」と呼ばれる構成員7名の政党別配分は、慣習上のものにすぎない[24]。

● 残された課題

市民に「性差」があるというとき、「性差」の意味の捉え方で伝統的国民主権理論との抵触問題が生じた。「性差」を本質主義的に捉えるならば、女性議員は女性の利益代表と捉えているとして、普遍主義的国民主権理論からの批判を招くことになる。これに対して、「性差」を社会的文化的な「差異」として捉えておいて、女性議員と男性議員が「代表者」として「一般意思」を解釈する活動において違いはないとして、抵触問題の回避が図られている。仮に「違い」があるとすれば、現在の社会的文化的状況を反映して「違い」が生じているにすぎないと理解するのである。「平等原則」についても、差異化された非対称な性が「平等」であるとはどういうことなのかという観点から問い直され、ひとつの解答として、政治的代表における「パリテ」という方式が導かれたのであった。これによって「性差」が「解消」されるのか、あるいは「差異」として「固定化」されるのかは、もはや筆者の能力を越えた問題になる[25]。

---

(23)　もっともスイスにおいては、女性の連邦における参政権の承認は1971年と大幅におくれたが、1995年時点で女性議員率は国民院(下院)で21.5％、全邦院(上院)で17.4％に達しており、「危機的状況ではない」という認識があった (*Bulletin officiel de l'Assemblée fédérale*, 21 avril 1999, p. 715.)。2004年現在、女性議員率は下院で25％、上院で23.9％で、いずれもフランスを上回っている (辻村・前掲『ジェンダーと法』(注20) 105頁による)。

(24)　スイス憲法については、小林武「スイス連邦〈解説〉」樋口陽一・吉田善明編『解説　世界憲法集 (第4版)』(三省堂、2001年) 107頁以下を参照。

第Ⅱ部 平等の論理とパリテの論理

● 日本への示唆

　本来ならば、パリテ推進派及びパリテ懐疑派の議論を踏まえて、何がしかの定見を導出しなければならないかもしれない。しかし、筆者の現在の能力では積極的な構想を打ち出すにはことはできない。バナールな暫定的結論に満足せざるを得ない。パリテの主張を実現するためには、名簿登載順が男女交互方式による、拘束名簿式比例代表１回投票制が望ましく、選挙区は広ければ広いに越したことはない。確かに強制なくして女性の政治参画は進展しない。しかし、政治領域おけるパリテを法律によって強制することは、フランスの事例が示すごとく、多くの理論的困難を引き起こす。フランスは、憲法改正によってこの問題を回避したかに見えるが、すべての国に妥当する移植可能な方式とは思えない。仮令そのようにして困難を乗り越えたとしても、結局のところ、政党の媒介なしにはパリテを実施することはできない。そうであるとするなら、女性の政治参画を促す方式としては、フランス流にいえば「４条方式」、政党にインセンティヴを与える奨励的方式を取るという（ただし女性議員率を基準にした）方法が、より一般性があろう。今日の民主政治は政党を抜きには語れないとされるが、いわゆる無党派層（支持政党なし）と呼ばれる人々が「第１党」を占める日本で、こうした方式を実施する基盤があるのか、疑わしい向きもあろう。現状では、確かに、政党と一般国民との関係構築が求められる段階にあるかもしれない。しかし、女性が直面する困難な状況に政党が本気で取り組み

---

(25)　ラディカルにいえば、「差異の消滅した世界」が目指されなければならないことになるが、その場合、生物学的性差と社会・文化的性差との関係が問題となる。両者を別々に定義することに成功したとしても、なお、生物学的性差が社会的・文化的性差にどのように・どこまで影響を及ぼすのか否かは明らかになっているわけではないからである。生物学的性差がことの性質上「解消不能」であるとするなら、「差異の消滅」は目標の設定としては困難となる。筆者には明快な解はない。この問題については、上野千鶴子『差異の政治学』（岩波書店、2002年）３頁以下を参照。

終章　パリテが提起する普遍主義的憲法学の課題

(もちろん、政党の課題がこれにつきるわけではない)、女性の支持を集め、女性の候補者を発掘していくことにより、政党と国民との関係に新たな局面が生じてくる可能性は否定できないのではなかろうか。

　フランスにおけるパリテの実験の観察によれば、フランス政府がパリテの論理を他の領域に推し進めようとする方式も興味深い。パリテの正当性は「人間が男女混成である」ということに尽きる。これを前提に、あらゆる分野について、そこに「なぜ男性という一方の性だけが偏在しているのか」という問いを発することが可能となったのである。この問いから、ジェンダー主流化の政策が始まる。いずれにせよ、女性議員率という数量的反映ではなく、政治的討論の選択の中身に、男女共同参画社会の実質的形成のための新たな改良が盛り込まれることが重要である。その第1歩は、パリテの論理が獲得した「なぜ女性がいないのか」「なぜ一方の性だけが偏在しているのか」という問いを発することである。フランスの伝統的な普遍主義的共和主義の論理（さらには、普遍主義的憲法学の論理）は、「女性の不在」を「見えないもの」にしてしまい、それを放置することを許してきた。当たり前と見過ごされてきた光景に、女性の不在の理由を問うためには、討論を数量的に多数の男性議員が支配しているよりも、討論に参加する女性議員の数が増すことに越したことはないのは確かである。

補遺　モスュ=ラヴォとの対話[1]

糠塚（以下 N と略記）：フランスが 1944 年に選挙権および被選挙権を女性に与えたとき、フランスはすでに他の国におくれをとっていました。それから 50 年、パリテ規定が憲法に挿入される直前になっても、他の分野では進出しているにもかかわらず、フランス女性は政治的に大幅に過少代表のままでした。人権の普遍性を生み出したこの国のこのようなおくれはどのように説明されるのでしょうか。フランスの近代史は共和主義的普遍主義の約束を裏切って展開したのでしょうか。それとも共和主義的普遍主義こそ本質的に男性的なのでしょうか。この共和主義的普遍主義にこそ男女の不平等の責任があるのでしょうか。

モスュ=ラヴォ（以下 M-L と略記）：フランス女性が選挙による議員職を奪われていたのには、きわめて長い伝統があります。多くのヨーロッパ諸国とは異なり、フランス女性は王位継承から排除されてきたのです。15 世紀に聖職者によって歪曲されたサリカ法は、王位

（1）ジャニーヌ・モスュ=ラヴォ（Janine Mossuz-Lavau）氏は、現在 CEVIPOF － CNRS（国立科学研究所フランス政治生活研究センター）に所属し、パリ政治学院で DEA コースの講義を担当する研究者である。首相直属のパリテ監視委員会（Observatoire de la parité）の委員の 1 人でもある。特にフランス社会およびヨーロッパ社会における女性問題、政治行動、文学と政治の関係について研究している。女性問題に関する数多くの著書、論文がある。日本では *Femmes/Hommes : Pour la parité*, Paris, Presses de Sciences Po, 1998 の著者として知られている。最近の著書に *La vie sexuelle en France*, Edition de La Martinière, 2002 がある。

　以下に訳出するものは、2003 年 11 月に東京大学の招聘で来日された氏に対して糠塚が試みた質問に対する氏からの回答である（2003 年 12 月文書による回答を得た）。その後、2004 年 11 月に開催された東北大学 COE 国際シンポジウム「ジェンダー法学・政治学の比較的展望」において、氏に対する質問の機会を得ることができた。記して御礼申し上げたい。この折の質問については、拙稿「モスュ=ラヴォ報告に対するコメント」辻村みよ子・山元一編『ジェンダー法学・政治学の可能性』（東北大学出版会、2005 年）119 頁以下を参照。

は男性のみ継承すると定めたのです。このことが数世紀にわたって適用され、国民共同体に悪しき慣習を植えつけたのです。女性は最高権力を行使するに相応しくないと明示的に名指しされたのです。1789年の革命は（納税による制限）選挙権を男性に与えましたが、女性は相変わらず政治活動に参加する能力がないという理由で排除されました。1848年において確立されたのは、同様の理由から、半普通選挙制（suffrage semi-universel）にすぎません。また制度上の理由として単記多数代表制2回投票制（mode de scrutin uninominal majoritaire à deux tours）を挙げることができます。この選挙制度は現職議員という名望家に特権を与え、彼らが選挙区を封土として所有し、政治的な退職年齢がないことから終身で当該選挙区を代表し続けることを許しているのです。政党は一般的に女性よりも他の政治的公職を有する男性を立候補させます。同様な政治的キャリアを積むことができなかった女性よりも当該男性の方が上回る名声を得ているからだというのがその理由です。政治領域で女性が候補者となるのがあたりまえではなかったのですから、女性が政治の世界に入るのが男性に比べておくれたのは当然です。また、1985年12月30日の法律で制限されるようになったとはいえ、兼職制度は相変わらず大きな影響を残しておりまして、きわめて限られた人数の人々の手に主要なポストが握られているという事態になっています。これらの人々のほとんどが男性です。

　しかし、女性が選挙によって選ばれる議員職に就くことが難しい主たる理由は、多くの政党のやる気のなさにあります。最近の緑の党や左翼政党を例外として、政党は回路を閉ざした男性サークルで、同じようなことを続け、男性からポストの1つを取り上げてそれを女性に与えることなど考えもしないのです。長い間、政党幹部は「女性を見つけることができなかった」、「候補者にするに十分な数がそろわなかった」と言って、自らを正当化してきました。しかし、

フィリップ・バタイユ（Philippe Bataille）とフランソワーズ・ガスパール（Françoise Gaspard）が社会党の女性候補者について1997年に実施したアンケートが示すところによれば、事実は全く違います。1997年、社会党は選挙区の28％を女性に割り当てました。これらの選挙区のうち40％で、2人ないし3人の女性が候補者に応募しました。このことは、状況が開かれていけば、女性は特別のためらいなく政治参加することを示しています。しかし、女性は、チャンスがなく受け入れられないと認識すれば、政治参加から身を遠ざけるのです。

　今申し上げてきたことに、女性が職業を持っているときですら、女性だけが広範に家事労働を負っていることによる困難をすぐ付け加えなければなりません。最近実施された世論調査によると、フランスでは60％の男性が全く家事責任を果たしていません。別の数字を示せば、フランスでは家事労働の80％を女性が果たしているのです。こういった状況では、すでに負っている2つの日常的仕事に加えて「政治の仕事」を加えることは、女性にとって容易ではありません。

　国会の女性議員率40％の北欧諸国と比較して女性代表の分野におけるフランスのおくれがあるとするなら、その責めは、1970年代に女性運動がもっとも力強かった時代に、女性運動が政治的権力を要求してこなかったことにもあります。当時の闘いは自由な自己処分権（人工妊娠中絶のための闘い）、家事労働、職業上の平等をめぐるものであって、（政党、選挙、被選議会というような）国会に眼を向けた活動は闘争をかきたてなかったのです。それどころか政党に参加したフェミニストは敵と手を組んだという嫌疑をかけられさえしました。共和主義的普遍主義はつい最近まで本質的に男性本位で、この「男性本位」というのは実際に男性ということを指しているのではなく、中立的であると「正当化」されてきたのです。現実

には女性は共和国から排除され、この意味で民主主義は、選挙がついに「普通」(universel) となった1944年に、樹立されたのです。

N：フランス語は男性形を中性、一般、普遍と同一視し、女性形を特殊としています。言語はどこまで男女不平等に影響を及ぼしているのでしょうか。「人権（droits de l'homme）」という表現が男性を人一般に混同しているという論争があります。あなたはどうお考えですか。

M-L：言語は男女間の不平等を助長するのに確かに一役買っています。複数の主体の中の1人だけが男性であるような文は、その文を構成するすべての言葉を男性形にしなければならないことからもお分かりでしょう。もっともほんのしばらく前まで、女性閣僚は大臣閣下（Monsieur le Ministre）と呼ばれていました。物事が変わり始めています。職務名を女性名詞にしています。女性議員（une députée）、女性研究者（une chercheuse）、女性教授（une professeure）などです。しかし、複数の男性もしくは複数の女性を示すのに複数形を使わなければならなくなるや否や、問題は残ります。文法規則では男性形がいつも女性形に優位しているのです。出版物に複数の男女が関わっているのであれば、著者（auteur(e)s）というような表現を用いて「厄介な仕事をする」ことになります。あるいは「彼らと彼女たちは……」で文を始めたり、「この映画の男優および女優は……」とうように主語を複数形にすることになります。しかしまだためらいがあります。一定程度の柔軟性が必要だと思います。肩書き、職業、公務の名詞に女性形を作ることは、大いなる進歩です。これらの仕事を指す名詞の女性形を作るということは、あらゆる仕事が男性と同様に女性によっても遂行されると人々に考える習慣を与えることになります。女性形の文法形式の下で仕事を指し示せば、女性も男性と同様にそういった仕事をしているのだということをよりよく表現できるのです。

N：あなたが考えるパリテの概念とは何ですか。パリテの原則とはどういう次元で作用するのでしょうか。平等原則でしょうか、国民主権原理でしょうか、それとも権利主体、市民権のレベルでしょうか。何が問題となるのでしょうか。

M-L：私にとってパリテとは、平等を実現するやり方の1つです。たとえば国会において、女性が代表されることだけで満足しなければならないのに、男性だけが代表者たりうるということには何の理由もありえません。パリテは（1944年に獲得されたような）形式的平等から実質的平等、すなわち、潜在的なものにとどまるのではなく、実質的な被選挙権への通路なのです。

N：差別を排除する目的で出生、人種、宗教の区別を扱っている憲法第1条ではなく、一にして不可分の国民主権に関わる憲法第3条にパリテの考え方が挿入されました。社会党政権は、これは1982年および1999年の憲法院判決を克服するためであった、と説明していました。したがいまして、憲法第1条は性の区別に触れないままにあるわけです。このことは何を意味するのでしょうか。国民主権を再定義するために、パリテを国民主権に結びつけたのでしょうか。以後、国民主権は女性と男性から構成される人民に帰属することになるのでしょうか。人民は男性代表者と女性代表者を介して国民主権を行使することになるのでしょうか。パリテ原則の挿入は国民主権の伝統的行使に影響を及ぼし、国民主権概念の新しい解釈を導くものとなるのでしょうか。

M-L：私は憲法の専門家ではないのでこの問題にうまく答えられないのですが、パリテ原則の導入は国民主権の伝統的行使に影響を及ぼすとは考えておりません。憲法改正といわゆるパリテ法の制定に先立つ、興奮したそしてしばしば激しかった論争のさなか、男性議員は有権者の自由を侵害するとして（たとえば「気の毒な有権者」は女性に対して投票することを義務付けられるようになる、という論法で）

モスュ゠ラヴォとの対話

パリテに敵対する自らの立場を正当化していました。有権者が爾後あれやこれやの人に投票する選択肢しかもたないとしても、有権者は政党が選び、自分に近いと感じる候補者に投票するという選択肢だけしかもともとなかったのです。候補者が有権者によって指名されたことは1度もなかったのです。したがいまして、有権者の自由の制約に関する議論は人を欺く偽善であるように私には思われます。

N：あなたは御高著 *Femmes/Hommes : Pour la parité* の中で、女性候補者は男性候補者と対等に政治プロジェクトへの賛同に応じて選ばれていると書かれています。理性がそなわった者として女性は男性と同じように一般意思を解釈するわけです。そうだとするならパリテは何に役立つというのでしょうか。パリテはもっぱら男女同数という構成、議会が完全に男女同数で構成されることを追及するのでしょうか。R. カレ・ド・マルベール（R.Carré de Malberg）以来、フランスの学説は純粋代表と半代表を区別してきました。半代表制は比例代表制と矛盾しません。パリテが半代表制の下で理解されるものであるとすると、女性以外の者が代表されることを欲することをなぜ否定することができるでしょうか。

M-L：フランスにおいて主要な対立軸の1つは右派／左派というものです。少数の人々にとっては候補者のパーソナリティが重要な要素となりますが、有権者はまず自分が帰属するあれこれの政治的集団（famille politique）にしたがって投票する候補者選びをするのです。何らかの政治プロジェクトを主張し擁護しているという理由で、男性と対等に女性は選出されることになるのです。女性が様々な政党が作成する候補者名簿に男性とともに名を連ねている場合はなおさらです。そして国会あるいはそれ以外の被選議会で、女性は自らが帰属する政治集団の立場を擁護することになります。こういったことがなぜ問題となるのか、私には理解できません。たとえ女性がこれだけのことしかやらなかったとしても、自分の考えを擁護する

という男性と同じ可能性を女性が有していることはまったくもって正当なことではないでしょうか。女性は女性の地位や女性の権利について考えているだけではなく、治安であろうと外交政策であろうと、現に生活している社会のあらゆる問題について様々なことを考えているのです。つまり、現状において女性は女性であるからということではなくて、別の何かをもたらしうると私は考えているのです。私は本質主義者でも差異主義者でもありません。しかし、女性は男性とは異なる歴史的社会的立場におかれていたということから、女性は別の見定め方をすると私は考えています。男性が特に公的領域の責任を引き受けているのに対し、女性は公的領域および私的領域で同時に責任を引き受けております。このことが恐らくより完全な問題の理解力を女性に与えているのです。なぜなら女性は男性よりも日常的な現実に根差して生活しているからです。それゆえ女性はフランスで代表制の危機（エリートに対する信頼の欠如、エリートは普通の人々の抱える問題に理解がないという印象など）と呼ばれる現象を徐々に解決していくことに貢献しうるでしょう。法律の制定やコミューンおよび地域圏での決定に際し、女性住民に対する影響を忘れないように女性たちは振舞うでありましょう。

N：憲法改正にもかかわらず、国会が僅かしか女性議員率を上げることができなかったのはなぜでしょうか。政党のやる気のなさが伝えられていますが、コミューン議会は女性議員率が比較的に上昇しました。なぜでしょうか。

M-L：いわゆるパリテ法の存在にもかかわらず、2002年の選挙においては国会の女性議員率は上昇しませんでした。なぜなら選挙方法のためにパリテが国民議会に対して義務づけられなかったからです。比例選挙についてはパリテが義務付けられました。男女同数ではない候補者名簿が受理されなかったからです。このことがコミューン議会における47.5％という女性議員率を可能にしました。

しかし国民議会については、候補者のパリテを尊重しなかった政党に対して公的助成金を減額しただけでした。大政党は女性を立候補させることよりも財政的に不利益を課せられる方を選びました。UMP の女性候補者率は 20％、社会党の女性候補者率は 36％でした。もらい損なった助成金の総額は UMP で 2007 年まで毎年 400 万ドル強、社会党で毎年 100 万ドルほどです。

N：パリテ法の法文は政治的パリテにとって十分でしょうか。法律よりもむしろメンタリティーのレベルで欠けているものがあるのではないでしょうか。こうした空隙を埋めるために何をすべきでしょうか。

M-L：単記多数投票制で実施される選挙については、明らかに現行法では不十分です。現多数派はこれ以上の強制的措置に反対しているので、現行法を強化することはできません。パリテ監視委員会で実施した憲法専門家からの意見聴取によっても支持されているのですが、私の考えはこうです。国民議会議員選挙に際してパリテを尊重しない政党に与えられなかったお金を、もっとも多くの女性を選出させた政党に割り当てるというものです。県議会議員選挙については、現行法の対象となっていないのですが、選挙方法を変えること以外思いつきません。これらの選挙をパリテが義務付けられる名簿式比例選挙制で実施するか、選挙区を 2 つずつ結合して、そのようにしてできた新しい選挙区毎に、男女から構成される「一対」(un "ticket") を立候補させるのです。この方法ですと、必然的に男性候補者と女性候補者に投票することになります。

N：パリテ派は性の二元性こそが普遍的な違いであって、それはカテゴリー上の違いではないと断言しています。「女性は男性とは違うのだ」というような女性の特性を口実にして女性を人権の普遍性から排除させないようにするにはどうしたらよいでしょう。

　また、憲法院は立法者が政治的選挙以外の領域にパリテ原則を導

入することを拒み、パリテ原則を共和主義伝統の真の例外的措置であるという理解を示しています。フランスはフランス的例外に終止符を打つ方向に歩み始めたのでしょうか。パリテはフランスの共和主義的伝統に変化をもたらしたのでしょうか。

M-L：女性が国民代表から遠ざけられてきたという意味での「フランス的例外」からわれわれを離脱させる過程に、フランスは踏み入ったと私は考えています。国会の問題はまだ解決されていませんが、人口3,500人以上のコミューンでは、コミューン議会はほぼ男女同数となりました。2004年に実施される地域圏（レジオン）議会議員選挙およびヨーロッパ議会議員選挙ではほぼパリテ原則が適用されます。パリテ監視委員会の仕事の目標は、社会全般にパリテの文化を広めることです。それはその目標に到達することを意味するのではなく、いわゆるパリテ法にともなった議論がパリテ文化の考え方を広め始めたというのと同じ意味合いです。あらゆる領域で女性が突き当たっている差別を抗議する声が上がっているのです。

N：日本社会はあいかわらず女性を、個人権が十分に確立していない私的領域に囲い込んでいます。女性の権利を促進するために日本は何をすべきでしょうか。政治におけるパリテは日本の女性にとって好ましい考え方でしょうか。政治におけるパリテが成功する条件は何でしょうか。

M-L：日本における女性の権利について鍵となる点は、女性が職業活動に大挙して参入することだと考えます。日本の女性が自立（律）せず、男性に頼って生きている限り、女性は望んでいる権利を獲得することはどうやってもできないように思います。このことは女性が家庭生活と職業生活を両立できるように公権力が手段を整えることを想定してのことです。つまり、託児所や保育所、（フランスのように）3歳から迎え入れてくれる学校などの整備です。こうしたことは女性団体や政党に帰属する女性たちが闘って要求しな

ければ獲得されることはないでしょう。しかしより一般にはメンタリティーの問題があります。たいへん短い日本滞在でしたが、日本の女性が子どもを育てるために仕事を中断し、それだけに専念しなければよい母親とは評価されないということがよく理解できました。システム全体をすっかり変えるためには、まだまだやるべきことはたくさんあるのです。

─────────〈初出一覧〉─────────

第1部

序章…書下し、2005年

第1章…「フランス共和主義と女性の政治的権利」関東学院法学第14巻第3・4合併号、2005年

第2章～第4章…「パリテの提案と『市民』概念」関東学院法学第8巻第2号、1998年／「男女共同参画──フランスの『男女平等に関する憲法改正草案』を素材に」法律時報71巻4号、1999年／「フランス社会と平等原則」日仏法学22号、2000年／「パリテ──その後」法律時報73巻1号、2001年／「パリテ──違憲判決をのりこえるための憲法改正と憲法院」フランス憲法判例研究会編『フランスの憲法判例』(信山社)、2002年／「政治参画とジェンダー──フランスのパリテ法を中心に」ジュリスト1237号、2003年／「パリテが提起する普遍主義的憲法学の課題」辻村みよ子編『世界のポジティヴ・アクションと男女共同参画』前半部分(東北大学出版会)、2004年(第4章大幅加筆・修正)

第2部

第5章…「国家像の変容と平等原則」関東学院法学第8巻第1号、1998年／「フランスにおける『平等』──『原点』と『現点』」三浦信孝編『来るべき〈民主主義〉──反グローバリズムの政治哲学』(藤原書店)、2003年 (大幅加筆・修正)

第6章…書下し、2005年

終章…「パリテが提起する普遍主義的憲法学の課題」(前出)後半部分(大幅加筆・修正)

補遺…関東学院法学第13巻第4号、2004年

事項索引

あ行

アソシアシオン……33, 159, 168-169
アファーマティヴ・アクション
　………………………………6, 175
アムステルダム条約…………51, 189
アロンディスマン（arrondisse-
　ment）投票制……………………89
アンシャン・レジーム……17, 23, 35,
　　　　　　　　　　　　　　154
イタリア憲法裁判所判決………230
一にして不可分…………………153
一にして不可分の共和国…152, 154,
　　　　194, 234, 177, 180, 218
一にして不可分の共和国原理…166
一般利益…………………………164
エスニシティ……………………179
欧州議会議員選挙…95, 97, 141, 199
欧州地域語少数言語憲章………166

か行

海外フランス人高等評議会……110
家事の社会化………………………30
カミーユ・セー法（loi Camille Sée）
　…………………………………36
ガラス天井………………………203
カランケ事件判決………………188
カントン……………………………93
緩和されたパリテ………104, 128
議員選挙……………………………97
機会の平等…………9, 67, 150, 173
逆差別………………………………9
教育への機会均等………………173

教育優先区域制度（ZEP）………172
矯正的正義………………………150
共同体（communauté）
　……………………………81, 168, 225
共同体主義（communautarisme）
　………………………………81, 225
共和国原理………………………176
共和国市民………………………35-36
共和国の不可分性…95, 143, 166-167
共和主義……………………169, 219
共和主義的家族像………………34, 47
共和主義的結婚……………………26
共和主義的普遍主義
　………………………80, 179, 239, 241
共和政体……………………………82
均等待遇指令……………………185-186
クォータ（PA）条項……………188
クォータ制…6, 56-57, 60, 62-63, 68,
　　　　　　　　86, 106, 214
クォータ（PA）制……188, 190-191
形式的平等……………9, 83, 152, 156
結果の平等…………………………67, 150
厳格なパリテ……103, 114, 117, 128,
　　　　　　　　138, 199
県議会議員選挙…………93, 125, 143
兼職禁止……………………………65
兼職制限………………………62, 69, 111
兼職制度……………………55, 96, 240
憲法院………………………………58
憲法改正無限界論………………113
憲法制定権力……………………143
憲法第3条………………………59, 63
権利における平等………………152

i

事項索引

元老院議員選挙 ……90, 98, 126, 199
交互方式 ……………………………143
公私二元論…………………………47, 154
功　績 ………………………………150
公的助成 ……………100, 104, 135
公的助成金……………62, 109, 116
公　務 ………………………………155
公務就任権 …………………………209
公務役 ………………………………158
合理的理由 …………………………9
国　民…………………………………52
国民議会議員選挙 ……88, 98, 134
国民国家 ……………………………170
国民主権……………………79, 153, 243
国立行政学院（高級官僚養成機関：
　ENA）………………………………171
50％クォータ制 ……………108, 195
個　人 ………………………………27, 47
個人の尊厳……………………………84
コミューン間協力公施設法人 …124
コミューン議会議員選挙
　………………………56, 92, 97, 121
コルシカ議会議員選挙 …59, 68, 140
コルシカ人民 ………………………166
コンセイユ・デタ（Conseil d'État）
　………………………63-64, 139, 161, 169

さ　行

差　異…………………………………72
差異主義 ……………………………168
「差異主義的」普遍主義…………221
差異における平等（égalité dans
　la différence）……………………83
「才能」と「功績」による分配…156
差異の承認……………………83, 232
裁判官政治……………………82, 215

サリカ法 ……………………………240
サリカ法典（Lex Salica）…………22
参政権 ………………………………43
恣意的差別の禁止 …………………163
ジェニソン法 ………………………202
ジェンダー・エンパワーメント
　指数（GEM）……………………2
ジェンダー主流化 ……3, 214, 237
ジェンダーブラインド ……207, 232
実質的平等……………9, 66, 157, 191
司法官職高等評議会組織法 ……202
市　民…16-18, 26, 29, 44, 53, 64, 152
市民権 ……………34, 153, 193-194, 220
市民という資格………………………59
市民の権利……………………………16
社会権…………………………9, 31, 160
社会的差別 …………………………164
社会の現代化法 ……………………204
社会復帰のための最低収入（RMI）
　…………………………………………170
社会保障制度 ………………………160
ジャコバン型 ………………………170
シャバダ（chabada）方式 ………61
集団的権利 …………………………168
主　権 ………………………………224
受動市民 ……………………………155
「シュベーヌマン法」loi Che-
　vènement ………………………124
小選挙区制……………………………55
小選挙区多数代表2回投票制
　………………………………………55, 89
女子教育………………………………34
女性（femme）および女性市民
　（citoyenne）の権利宣言 …4, 155
女性および女性市民の権利の宣言
　…………………………………………52

ii

事項索引

助成金……………………77, 115
女性差別撤廃条約……………3, 6
女性参政権………25, 39, 42, 44-45
女性参政論者（la première suffragiste française）……………39
女性性（féminité）………………67
女性の権利および男女の機会均等に関する国会議員代表団……101
女性の参政権…………8, 47, 54, 183
ジョ報告…………………………96
指令 76／207EEC 号……………185
人　権…………16, 149, 152, 242
人権宣言
　………16, 24, 52, 153, 157, 162, 183
人権宣言第 6 条………59, 67, 85, 192, 205-206, 210
スイス…………………………234
スティグマ………………………84
請　願……………………………40
性　差………83, 223, 232, 235
性中立的平等……………………187
政党助成金………………………69
生物学的差異……………………79
性　別……………………………79
性別クォータ制……58, 187, 192, 210
性別クォータ制違憲合法論……212
性別クォータ制違憲判決………58
性別クォータ制違憲論…………209
性別役割分担………34, 187, 220
性別役割分担論……25, 44, 47, 54
責任の原理……………………159
積極的改善措置……………………7
積極的是正………………………83
積極的是正措置…10, 62-63, 65, 112, 170, 173-174
絶対的平等………………8, 46, 66

摂理国家……………………159
1982年11月16日の憲法院判決
　……………………………192
1982年の憲法院判決……………63
1982年の判決……………69, 70
1946年憲法前文………158, 162
1946年憲法前文第 3 項
　………53, 60, 69, 77, 80, 193, 197
選挙人の選択の自由……………84
選択投票…………138-139, 142
1791年憲法………………………24
1793年憲法………21, 25, 52, 157
1848年憲法………………21, 158
相対的平等…………………8, 163
組織法律…………………98, 110

た　行

第 3 条改正……70, 75-77, 79, 84, 196
第二共和制憲法…………………31
第 4 条改正……69-70, 75-77, 197
多元型……………………234, 168
多数代表連記 2 回投票制………92
多文化主義………………170, 180
単記多数代表制 2 回投票制
　（mode de scrutin uninominal
　majoritaire à deux tours）……240
男子制限選挙制…………………18
男女間の均衡のとれた代表
　（représentation équi librée）
　………………202, 205-206, 209
男女共同参画社会基本法…………2
男女均等待遇原則………207, 234
男女交互方式……102, 105, 129, 138-139, 142, 144, 197, 236
男女雇用機会均等法………4, 7
男女混成（mixité）……78, 214, 237

iii

事 項 索 引

男女混成基金 …………………98
男女混成性（mixité）…………222
男女の非差別原則 …………185, 232
男女平等 ………………53, 231
地域圏議会………………………97
地域圏（レジオン）議会議員選挙
　………………………………94
地域圏議会議員選挙 ……………139
中間団体 ………………………151
超憲法規範………………………82
「地理的」積極的是正措置………180
妻の能力 …………………………38
ディワン会 ……………………168
伝統的代表制理論 ……………228
統合型 …………………………234

な 行

ナポレオン民法典………27, 30, 38
ニース条約 ……………………141
納税拒否闘争……………………40
納税者株主論……………………20
能動市民…………………………18, 155

は 行

博　愛 …………………………158
パナシャージュ……92, 101, 138-139,
　　　　　　　　　　　　　142
パリ・コミューン………………34
パリ政治学院 …………………173
パリテ………10, 59, 61-64, 66-68, 70,
　75, 77, 80, 83, 96, 100, 102, 107, 109,
　113, 144, 195, 232, 243
パリテ懐疑派……………………72
パリテ監視委員会……62-63, 96, 101,
　　　　125, 129, 134, 136, 144, 246
パリテ慎重派……………72, 79, 84

パリテ推進派 …………………71, 84
パリテ反対派……………………72
パリテ反対論……………………74
パリテ論者………………74, 79, 82
パリテ論争 ……………………71, 78
反教権主義的共和主義……………44
「半」普通選挙制…………………32, 53
半普通選挙制（suffrage semi-
　universel）…………………240
非差別原則 ………182, 184, 209
必　要 …………………………150
平　等 …………………………148
平等権 …………………………161
平等原則 ………63, 82, 161, 229
「平等主義的」普遍主義…………220
平等の機会 ……………………191
ファルー法（loi de Falloux）……35
フェミニスト …………39, 44, 56, 73
フェミニスム…………32, 46-47, 219
福祉国家 ………150, 170, 174, 176
普通選挙制 ……………………29, 53
普遍主義 ………47, 67, 69-72, 78-85,
　　　　112, 153, 156, 165, 196
普遍主義者………………………79
普遍主義的国民主権 ……………223
普遍主義的市民像………17, 171, 219
普遍的人間（humanité）像 ……78
フランス型福祉国家 …………159, 170
フランス共和主義………………47
フランス人民の統一性（unicité）
　………………………………143, 167
フランス的積極的是正措置（DP）
　………………………………171
「文化的」差異主義………………221
文化的多元主義 ………………169
分配的正義 ……………………150

ヘラクレス（Héraclès）像 ………15
法の下の平等 ……………………8
法の支配 …………………………150
法の前の平等 ……………………153
法律スクリーン（loi-éecran）理論
　………………………………213
法律の一般性 ……………………153
法律の前の平等 …………166-167
補欠候補者 ………………………145
保　険 ……………………………160
ポジィティヴ・アクション
　…………………5, 59, 186, 214
本質主義 …………………………225
「本質主義」的差異主義…………221

　　　　ま　行

マイノリティ …………165, 168, 179
マリアンヌ（Marianne）…………14
マルシャル事件判決 ……………189

「身分」による分配………………156
名　士 ……………………………125
名望家……………………………55
名簿式2回投票制………………58
名簿式比例代表制………………55
名簿の結合………………………95

　　　　ら　行

ライシテ …………………………177
利益代表理論 ……………………225
離　婚 …………………27, 31, 37-38
立候補制…………………………84
立候補登録制 ……………………102
両性の非差別原則 ………………186
類似への権利（droit à la ressemblance）………………………83
連帯の原理 ………………………159
労働審判所（conseils prud'hommes）
　………………………………41

人名索引

あ 行

アガサンスキー (Sylviane Agacinski) ……221
シルヴィアヌ・アガサンスキ (Sylviane Agacinski) ………71, 78
ニコル・アムリヌ (Nicole Ameline) ……………62, 134
ジゼール・アリミ (Gisèle Halimi) ……………57, 63, 68, 195
ヴデル (George Vedel) …………57
アデマール・エスマン (Adhémar Esmein) ……………39
オークレール……………………46
ユベルティーヌ・オークレール (Hubertine Auclert) ……………39
モナ・オズーフ (Mona Ozouf) ………………44, 45, 46
オスタリエ……………………68
オデット・カザノヴァ (Odette Casanova) ……………102

か 行

フランソワーズ・ガスパール (Françoise Gaspard) ………………61, 221, 241
カタラ (Nicole Catala) …………69
ギー・カルカソンヌ (Guy Carcassonne) …………68, 98, 167
カルヴェス (Gwénaële Calvès) ………………176, 206, 207
ガンベッタ (Léon Gambetta) ………………89, 91
ギグ………64, 68, 70, 75, 79, 81, 82
ギグ (Elisabeth Guigou) 法相 ………………66, 78, 85
キー・キャバネル (Guy Cabanel) ………………69, 75, 76, 80
ギュヨマール (Pierre Guyomar) ……………25
グージュ……………………26
ブランディヌ・クリジェル ……223
クレッソン (Cresson) ………57, 62
クレマンソー (Georges Clemenceau) ……………44

さ 行

サルコジ (Nicolas Sarkozy) ……176
ダニエール・サルナーヴ (Danièle Sallenave) ……………72
サン-テチエンヌ (Rabaut SaintÉtienne) ……………156
ジョルジュ・サンド (George Sand) ………………32, 46
シエイエス……………………17, 157
カトリーヌ・ジェニソン ………101
ヴァレリー=ジスカール・デスタン (Valéry Giscard d'Éstaing) ……………56
ジュアンジャン (Olivier Jouanjan) ……………233
シュナペール (Dominique Schnapper) ……………179
シュヴェーヌマン (Chevènement) ……………62
ジュペ (Juppé) ……………63

人名索引

ジュリア（Didier Julia）………67
ジョスパン（Lionel Jospin）…62, 64
ドミニック・ジョ（Dominique Gillot）………………96
シラク（Jacques Chirac）
　………………62, 66, 140
フランソワーズ・ジルー
　（Françoise Giroud）………65
ジンメルマン（Marie-Jo Zimmermann）………………144
クロード・セルヴァン＝シュライバー（Claude Servan-Shereiber）
　………………………61

た 行

タスカ………69, 70, 78, 81
カトリーヌ・タスカ（Cathrine Tasca）………………65
タスカ議員………………85
辻村みよ子………………2
デュアメル………………68, 85
ルイ・デュモン（Louis Dumont）
　………………………46
アイーサ・デルムーシュ
　（Aïssa Dermouche）…………176
オランプ・ドゥ・グージュ
　（Olympe de Gouges）…24, 52, 155
ガストン・ドゥフェール
　（Gaston Defferre）……………57
フランシーヌ・ドゥミッシェル
　（Francine Demichel）………80
ジョスラン・ドゥ・ロアン………76
ジル・ドゥ・ロビヤン
　（Gilles de Robien）……………62
ドゴール（Charles de Gaulle）
　………………………53, 57

トックヴィル（A. Tocqeville）…168
フランシーヌ・ドミッシェル
　（Francine Demichel）…………226
ジャンヌ・ドロワン（Jeanne Deroin）………………32

な 行

ウジェニー・ニボワイエ（Eugénie Niboyet）………………30
ネーゲル（Thomas Nagel）……175

は 行

レイモン・バール（Raymond Barre）………………56
ロズリヌ・バシュロ（Roselyne Bachelot）………………74
フィリップ・バタイユ（Philippe Bataille）………………241
エリザベット・バダンテール
　（Elisabeth Badinter）…68, 72, 79, 220
バダンテール元老院議員
　………72, 76, 79, 81, 85, 201
バラデュール（Édouard Balladur）
　………………………62
樋口陽一…………………52, 152
エヴリヌ・ピジエ（Evelyne Pisier）
　………………………68, 72
フェルディナン・ビュイッソン
　（Ferdinand Buisson）…………42
ビュルドー（Georges Burdeau）161
ファヴォルー（Loui Favoreu）…61
ルイ・ファヴォルー
　（Louis Favoreu）…………165, 210
ルイ・フィリップ………………29
ジュール・フェリー

vii

人名索引

(Jule Ferry) ……………35
ブタン (Christine Boutin) ………81
ヴデル …………………67, 68, 195, 196
ピエール=エチィエンヌ・フランダン (Pierre-Etienne Flandin) ……………42
プルードン (Proudhon) ……32, 44
ジュヌヴィエーヴ・フレス………79
ペ リ……………………68
モニク・ペルティエ (Monique Pelletier) ……………………56
シモーヌ・ボーヴォワール (Simone de Beauvoir) …………50
ポルタリス……………………28

ま 行

ルイーズ・ミッシェル (Louise Michel)……………………34
フランソワ・ミッテラン (François Mitterrand) …………57
モスュ=ラヴォ (Janine Mossuz-Lavau) ………………………221
ジャニーヌ・モスュ=ラヴォ (Janine Mossuz-Lavau) ………239

ら 行

ジャック・ラルシェ………………68
アラン・リシャール (Alain Richard) ……………………57
アンヌ・ル=ガル (Anne Le Gall) ……………………61
レオニー・ルザード (Léonie Rouzade) ………………40
ルソー…………………23, 33, 35, 152
ドミニック・ルソー (Dominique Rousseau) ………197
ルドリュ=ロラン (Alexandre Ledru-Rollin) ……………………29
ルルーシュ……………………68
ロカール (Michel Rocard) ………61
ロザンヴァロン (Pierre Rosan-vallon) ………………29, 45, 227
オランド・ロドリグ (Olinde Rodrigues) ……………………31
ポリーヌ・ロラン (Pauline Roland) ……………………33

コンセイユ・デタ判決

C. E., 9 mai 1913, Roubeau ……162
CE Ass. 3 juillet 1936, *Demoiselle Bobard et autres* ……………184
CE, Assemblée, 6 janvier 1956, *Syndicat national autonome du cadre d'administration générale des colonies et sieur Montlivet* …………………………184

CE Ass. 28 janvier 1972 *Fédération générale des syndicates de la police C. G. T* ………………185
CE 18 octobre 2002, *M. Catsiapis*, no. 242896 ……………………209
CE, 29 novembre 2002, n° 238653 ……………………………………169

憲法院判決

Décision n° 73-51 DC du 27 décembre 1973 ················162
Décision n° 76-71 DC du 30 décembre 1976 ···················95
Décision n° 78-103 DC du 17 janvier 1979 ·······················66
Décision n° 80-125 DC du 19 décembre 1980 ················193
Décision n° 82-146 DC du 18 novembre 1982 ··················58
Décision n° 82-146 DC du 20 novembre 1982 ················106
Décision n° 82-148 DC du 14 décembre 1982 ··················66
Décision n° 82-153 DC du 14 janvier 1983 ·····················172
Décision n° 83-162 DC du 20 juillet 1983 ·······················165
Décision n° 87-232 DC du 7 janvier 1988 ················164, 229
Décision n° 91-290 DC du 9 mai 1991 ····························166
Décision n° 94-358 DC du 26 janvier 1995 ·····················178
Décision n° 97-394 DC du 31 décembre 1997 ··············51, 189
Décision n° 98-407 DC du 14 janvier 1999 ···········60, 68, 106
Décision n° 99-410 DC du 15 mars 1999····························113
Décision n° 99-412 DC du 15 juin 1999 ···························167
DDécision n° 2000-427 DC du 30 mars 2000····························111
Décision n° 2000-429 DC du 30 mai 2000 ·················107, 215
Décision n° 2000-431 DC du 6 juillet 2000 ·······················126
Décision n° 2001-450 DC du 11 juillet 2001 ·······················173
Décision n° 2001-445 DC du 19 juin 2001 ·················205, 206
Décision n° 2001-455 DC du 12 janvier 2002 ························206
Décision n° 2003-468 DC du 3 avril 2003 ·············140, 143, 200
Décision n° 2003-475 DC du 24 juillet 2003 ·························200
Décision n° 2000-430 DC du 29 juin 2000 ····························114

〈著者紹介〉

糠塚康江（ぬかつか やすえ）

静岡県生まれ
一橋大学大学院法学研究科博士課程単位取得
・法学博士
現在、関東学院大学法学部教授

〈主要著作〉

杉原泰雄先生古稀記念論文集刊行会編『二一世紀の立憲主義』（勁草書房・2000、共著）

三浦信孝編『普遍性か差異か——共和主義の臨界、フランス』（藤原書店・2001、共著）

中村睦男・高橋和之・辻村みよ子編『欧州統合とフランス憲法の変容』（有斐閣・2003年、共著）

「コミュニティと『自治』——政治空間の重層化と補完性の原理」（憲法理論研究会編『憲法と自治』〔憲法理論叢書11巻〕敬文堂・2003年、共著）

樋口陽一・森英樹・高見勝利・辻村みよ子編『国家と自由——憲法学の可能性』（日本評論社・2004年、共著）

パリテの論理—男女共同参画の技法

2005年11月10日　第1版第1刷発行
3235-01011　p280：Y3200E：b020

著　者　糠　塚　康　江
発行者　今　井　　　貴
発行所　株式会社信山社

〒113-0033　東京都文京区本郷6-2-9-102
Tel　03-3818-1019
Fax　03-3818-0344
info@shinzansha.co.jp

出版契約 3235-1010　Printed in Japan

©糠塚康江 2005　印刷・製本／松澤印刷・大三製本
ISBN4-7972-3235-8　C3332　分類321-401-a005

禁コピー　信山社　2005

辻村みよ子 著
東北大学大学院法学研究科教授

ISBN4-7972-9114-1 C3332
本体3,400円(税別)

「ジェンダー法学」のスタンダード

●ジェンダーと法●

性別役割分業に由来する不合理な差別が、日本の至る所に存在し、男女の平等な社会参画を阻んでいる。固定的な男女分業システムを転換し、意欲・能力・適正に基づいた自己の生き方を選択できる社会をつくるための提案。

```
           法律
判例   男女共同参画社会を実現するために   実務
           学説
```

―― 法律・学説・判例・実務の総合的研究 ――

第1章	総論:フェミニズム・ジェンダーと法
第2章	女性の権利の展開と女性差別撤廃条約
第3章	世界各国の男女共同参画政策とポジティヴ・アクション
第4章	日本の男女共同参画社会基本法と諸政策
第5章	日本国憲法の平等原理と性差別の違憲審査基準
第6章	政治参画とジェンダー
第7章	雇用とジェンダー
第8章	社会保障とジェンダー
第9章	家族とジェンダー
第10章	リプロダクティヴ・ライツ
第11章	ドメスティック・ヴァイオレンス
第12章	セクシュアル・ハラスメント
第13章	セクシュアリティとポルノ・買売春
第14章	司法におけるジェンダー・バイアスと理論的課題

導入対話による
ジェンダー法学【第2版】

監修:浅倉むつ子
阿部浩己/林瑞枝/相澤美智子/山崎久民/戒能民江/
武田万里子/宮園久栄/堀口悦子

¥2,400(税別)

発行:不磨書房

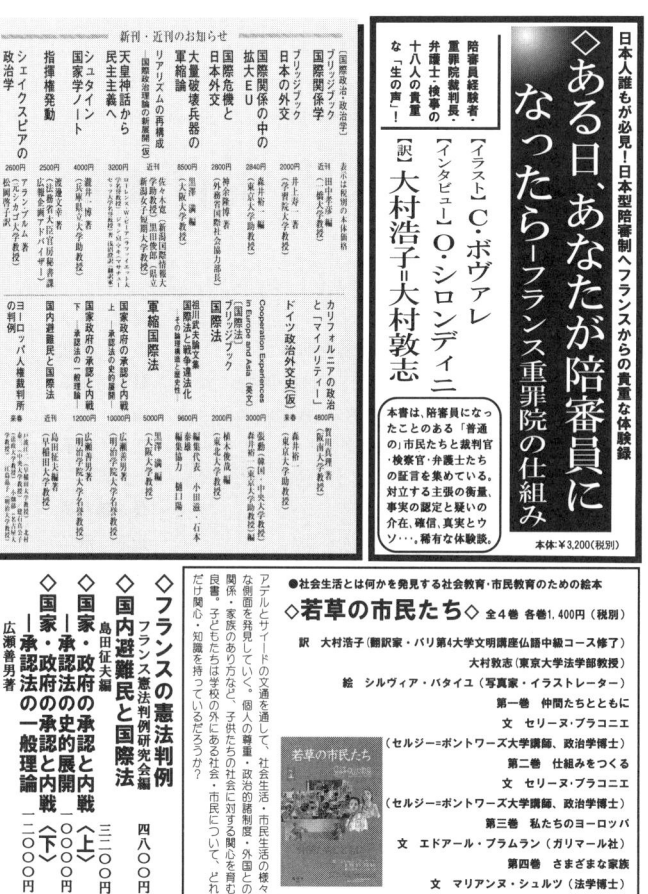

◇ある日、あなたが陪審員になったら―フランス重罪院の仕組み

日本人誰もが必見！日本型陪審制へフランスからの貴重な体験録

[イラスト] C・ボヴァレ
[インタビュー] O・シロンディニ
[訳] 大村浩子＝大村敦志

陪審員経験者・重罪院裁判長・弁護士・検事たちの十八人の貴重な「生の声」！

本書は、陪審員になったことのある「普通」の市民たちと裁判官・検察官・弁護士たちの証言を集めている。対立する主張の衝量、事実の認定と疑いの介在、確信、真実とウソ…、稀有な体験談。

本体￥3,200（税別）

新刊・近刊のお知らせ

ブリッジブック 国際政治学・政治学
国際関係学
近刊 （一橋大学准教授） 2000円

ブリッジブック
日本の外交
添谷芳秀 著（慶應義塾大学教授） 2840円

国際関係の中の拡大EU
羽場久美子 著（青山学院大学教授） 2800円

大量破壊兵器の軍縮論
黒澤満 編（大阪女学院大学教授） 8500円

国際危機と民主主義
佐々木寛（新潟国際情報大学）・黒田俊郎（県立新潟女子短期大学教授）編 3200円

天皇神話の再構成
—国際政治理論の新展開(5)—
森井裕一（東京大学准教授） 4000円

リアリズムから民主主義へ
渡辺靖 文学（広島修道大学助教授） 2500円

シュタイン国家学ノート
鹽津徹（広島修道大学法学部教授） 2600円

指揮権発動
村井敏邦（龍谷大学法科大学院教授） 2600円

シェイクスピアの政治学
アラン・ブルーム 著（ペンシルバニア大学教授）松岡絵理子 訳

カリフォルニアの政治と「マイノリティー」
張勲（愛知大学助教授） 4800円

Oceania and Asia
（英文）
Editors 小田進一・石本 3000円

祖国は女たちを食う
—国際法と戦争違法化—
編集代表 小田進一 編集協力 樋口陽一 9600円

ブリッジブック 国際法
植木俊哉 編（東北大学教授） 2000円

ドイツ政治外交史(仮)
（東京大学助教授） 5000円

軍縮国際法
黒澤満 10000円

国家政府の承認と内戦
（明治学院大学法学部教授） 12000円

国内避難民と国際法
島田征夫 編（早稲田大学教授） 未刊

ヨーロッパ人権裁判所の判例
未刊

◇フランスの憲法判例
フランス憲法判例研究会編 四八〇〇円

◇国内避難民と国際法
島田征夫編

◇国家・政府の承認法の史的展開〈上〉
三〇〇〇円

◇国家・政府の承認法の史的展開〈下〉
三〇〇〇円

◇国家・政府の承認法の一般理論
二〇〇〇円
広瀬善男 著

●社会生活とは何かを発見する社会教育・市民教育のための絵本

◇若草の市民たち 全4巻 各巻1,400円（税別）

訳 大村浩子（翻訳家・パリ第4大学文明講座仏語中級コース修了）
大村敦志（東京大学法学部教授）
絵 シルヴィア・バタイユ（写真家・イラストレーター）

- 第一巻 仲間たちとともに
  文 セリーヌ・プラコニエ（セルジー＝ポントワーズ大学講師、政治学博士）
- 第二巻 仕組みをつくる
  文 セリーヌ・プラコニエ（セルジー＝ポントワーズ大学講師、政治学博士）
- 第三巻 私たちのヨーロッパ
  文 エドアール・プラムラン（ガリマール社）
- 第四巻 さまざまな家族
  文 マリアンヌ・シュルツ（法学博士）

アデルとサイードの文通を通して、社会生活・市民生活の様々な側面を発見していく。個人の尊重、政治的諸制度、外国との関係・家族のあり方など、子供たちの社会に対する関心を育む良書。子どもたちは学校の社会にあるとき、市民について、どれだけ関心・知識を持っているだろうか？

◇第一線の執筆者による最先端の憲法論◇　ISBN4-7972-3236-6　C3332

憲法の現在(いま)

2005年11月刊行

自由人権協会 編

本体3,200円（税別）

はしがき		紙谷　雅子
第1章	最近の憲法をめぐる諸問題	奥平　康弘
第2章	平等権と司法審査―性差別を中心として	君塚　正臣
第3章	今、憲法裁判所が熱い―欧州流と韓流と日流と	山元　一
第4章	憲法と国際人権条約―イギリスと日本の比較	江島　晶子
第5章	憲法を改正することの意味―または、冷戦終結の意味	長谷部恭男
第6章	現在の憲法論―9条を中心に	愛敬　浩二
第7章	国家と宗教の周辺	齊藤小百合
第8章	憲法の想定する自己決定・自己責任の構想	中島　徹
第9章	表現の自由の公共性	毛利　透
第10章	思想良心の自由と国歌斉唱	佐々木弘通
第11章	外国人の人権保障	近藤　敦
第12章	立憲主義の展望―リベラリズムからの愛国心	阪口正二郎
まとめ		川岸　令和

法曹養成実務入門講座 別巻　　ISBN4-7972-5350-9　C3332

基礎法学と実定法学の協働
広い視野・深い洞察力のある大樹のような法律家のために

別巻編集　伊藤滋夫　　　　　　　　　各本体2,400円（税別）

はしがき　伊藤滋夫

第1部
・法適用と価値判断
　　―法哲学研究者の観点から―　　　　　　　　　陶久利彦
・客観的実質的価値提示の現代的意義
　　―新自然法論の主張をもとに―　　　　　　　　河見誠
・法曹養成における基礎法学の役割
　　―法社会学の観点から―　　　　　　　　　　　六本佳平
・実体法学と基礎法学の協働
　　―ドイツ法史の観点から―　　　　　　　　　　石部雅亮
・基礎法学への期待
　　―民事法研究者の立場から―　　　　　　　　　伊藤滋夫

第2部
基礎法学と実定法学の協働　　　　　（司　会）　星野英一
 I　はじめに　　　　　　　　　　　（出席者）　陶久利彦
 II　各領域参加者の論考に関して　　　　　　　　六本佳平
 III　論稿と報告を踏えての意見交換　　　　　　　石部雅亮
 IV　おわりに　　　　　　　　　　　　　　　　　伊藤滋夫
 V　座談会を終えて
　　　　　　　　　　　　　　　　　　　　　　　（発言順）

皇室典範（昭和22年）
芦部信喜・高見勝利編著　36,893円

皇室経済法
芦部信喜・高見勝利編著　48,544円

明治皇室典範　上・下（明治22年）
小林宏・島善高 編著　35,922円／45,000円

帝室制度稿本
有賀長雄編　三浦祐史解題　25,000円

皇室典範講義・皇室典範増補講義
穂積八束講述　三浦祐史解題　50,000円

スポーツ六法
小笠原正・塩野宏・松尾浩也編　2800円

刑事法辞典
三井誠・町野朔・曽根威彦・中森喜彦・吉岡一男・西田典之編　6300円

中嶋士元也先生還暦記念
労働関係法の現代的展開
土田道夫・荒木尚志・小畑史子編集　10000円

日本民法典資料集成　1
広中俊雄編著　110000円

信山社
http://www.shinzansha.co.jp/